W0058531

Theodor Veiter
Kein Schlußstrich

Theodor Veiter

Kein Schlußstrich

Die Sudetendeutschen und die Tschechen in Geschichte und Gegenwart

AMALTHEA

© 1994 by Amalthea Verlag Ges.m.b.H.,
Wien · München
Alle Rechte vorbehalten
Umschlaggestaltung: Wolfgang Heinzel
Herstellung/Satz: VerlagsService Dr. Helmut Neuberger
& Karl Schaumann GmbH, Heimstetten
Gesetzt aus der 10/12 Punkt Times
Druck und Bindung: Wiener Verlag, Himberg bei Wien
Printed in Austria 1994
ISBN 3-85002-362-1

Inhalt

5

Anhang

Einleitung

Der neue bayerische Ministerpräsident Edmund Stoiber hat die tschechische Regierung aufgefordert, einen offenen Dialog mit der Sudetendeutschen Landsmannschaft aufzunehmen, um den Weg in die Europäische Gemeinschaft vorzubereiten. Er bedauerte, daß die tschechische Regierung keinen Vertreter zum traditionellen Pfingsttreffen der Sudetendeutschen, das 1993 in Nürnberg stattfand, entsandte. Für Bayern sind die Sudetendeutschen der vierte Stamm Bayerns, und wie Stoiber ausführte, stehe er zu den Verpflichtungen, die sich aus der Schirmherrschaft des Freistaates Bayern für die Sudetendeutschen ergeben.

Bekanntlich sind die Sudetendeutschen im großen und ganzen durch die sogenannten Beneš-Dekrete am Ende des Zweiten Weltkrieges aus ihrer angestammten Heimat vertrieben worden, und es blieb nur eine relativ kleine Anzahl von Sudetendeutschen in Böhmen, Mähren und Schlesien zurück. Darüber gibt es Statistiken, die auf amtlichen tschechischen Unterlagen beruhen. Danach leben in der Tschechischen Republik noch 40.000 Deutsche (0,5% der Gesamteinwohnerzahl von 10.362.000). Die Zahl der vertriebenen Sudetendeutschen ist nicht exakt zu ermitteln, da auf der Flucht sehr viele von ihnen ums Leben kamen. Wenn man von den Slowaken absieht, ist die Tschechische Republik ein national einheitlicher Staat, in welchem nur 4% Minderheiten leben. Rechnet man die 425.000 Slowaken hinzu, was aber der offiziellen tschechischen Politik widerspricht, so erhöht sich die Zahl der Minderheiten auf das Doppelte, nämlich um 4,1% auf 8,1%. Von einiger Bedeutung sind nur die

Magyaren (Ungarn) mit 0,2% (23.000) und die im übrigen weitgehend diskriminierten und verfolgten Polen mit 0,7% (70.000), während die sonstigen Minderheiten, nämlich Ukrainer und Russini, kaum relevant sind, da sie nur 0,1% der Bevölkerung ausmachen.

Am 15. Mai 1993 haben die tschechischen Bürger ungarischer, ukrainischer, polnischer und deutscher Volkszugehörigkeit, die allesamt im tschechischen Parlament nicht vertreten sind, einen Dachverband gegründet, der sich Coexistentia nennt. Zum Obmann dieses Verbandes wurde der in der Republik Tschechien beheimatete Pole Stanislaw Gawlik gewählt. Seit kurzem haben die restlichen Deutschen eine Landesversammlung der Deutschen in Böhmen, Mähren und Schlesien gegründet, die sich nicht zuletzt mit Vermögensfragen beschäftigt.

Die neue Verfassung der Tschechischen Republik enthält keinerlei Minderheitenschutz, und die Deutschen in Böhmen, Mähren und Schlesien verlangen vor allem eine Verfassungsbestimmung über Menschenrechte und Grundfreiheiten der nationalen Minderheiten. Darüber hinaus fordern sie die Einrichtung eines Ombudsmannes, die Errichtung von Euroregionen an der Grenze zu Polen, zur Slowakei und vor allem zu Deutschland. Hierbei spielt die Euregio Egrensis eine wichtige Rolle. Die Euregio Egrensis soll grenzüberschreitend sein, das heißt auf der einen Seite Gebiete in Bayern sowie in Polen umfassen, auf der anderen Seite die Stadt Eger (Cheb) und die Bäderkette von Karlsbad nach Norden einbeziehen. Außerdem verlangen die Deutschen in Böhmen, Mähren und Schlesien die Wiederherstellung einer Marktwirtschaft in den Grenzgebieten, die Schaffung eines Rates der Minderheiten und die Wiedereinführung der erst kürzlich aufgehobenen Minderheitenvorschulen sowie die Zulassung der Minderheitssprachen im öffentlichen Leben.

Von erheblicher Bedeutung für die heutige Lage in der tschechischen Republik sind nach wie vor die Vermögenskonfiskationen, die zusammen mit der Vertreibung den Sudetendeutschen ein ungeheures Unrecht zugefügt haben. Es wäre natürlich zu viel verlangt, wollte man allen Sudetendeutschen die Rückkehr in ihre angestammte Heimat ermöglichen und gleichzeitig die Vermögenskonfiskationen durch die Beneš-Dekrete restlos aufheben. Man muß bedenken, daß viele Sudetendeutsche nicht nur zugunsten des Staates enteignet wurden, sondern daß auch ein beträchtlicher Teil ihrer Liegenschaften an neue Eigentümer ging, die teilweise gar keine Ahnung davon haben, daß sie deutsches Eigentum übertragen erhielten. Man muß bedenken, daß im Jahre 1945 auch die Polen auf dem Boden der ČSFR entschädigungslos enteignet wurden, und die heutige Tschechische Republik gar nicht daran denkt, den Berechtigten dieses geraubte Vermögen zurückzugeben. Man muß weiters bedenken, daß die ČSFR das kirchliche Vermögen der katholischen Kirche und ihrer Einrichtungen konfiskatorisch enteignet hat und offenkundig nicht daran denkt, dieses Unrecht wiedergutzumachen.

Der Vorschlag des bayerischen Ministerpräsidenten an die Prager Regierung, in Gespräche mit der bayerischen Regierung als Vertreterin der sudetendeutschen Vertriebenen einzutreten, ist wahrscheinlich die einzige Möglichkeit, einer wirklichen Aussöhnung zwischen Deutschen und Tschechen.

Zu berücksichtigen wird aber auch sein, daß der Fürst von Liechtenstein hinsichtlich seiner umfangreichen Besitzungen in Schlesien (Jägerndorf) und in Mähren (Eisgrub/Ledenice) einen völkerrechtlichen Anspruch auf Rückgabe der konfiszierten Vermögenswerte hat. Der Fürst von Liechtenstein ist ein Staatsoberhaupt, die konfiskatorische Enteignung des Vermögens von Staatsoberhäuptern ist ein völkerrechtliches Delikt und absolut verboten. Der Fürst von Liechtenstein, früher Franz Josef II., hat einen völkerrechtlichen Anspruch auf Rückgabe (nicht nur Entschädigung der säkularisierten Liegenschaften und der sonstigen Vermögenswerte), und nur soweit diese Rückgabe nicht möglich ist, besteht ein Anspruch auf Entschädigung in Geld.

Die Sudetendeutsche Landsmannschaft gliedert sich in mehrere, zum Teil sehr beachtliche Teilgruppierungen, von denen die kleinste die Seliger Gemeinde ist, die der politischen Linken zugehört. Sie hat sich mit den Enteignungen im großen und ganzen abgefunden. Selbstverständlich strebt aber auch sie die Erlaubnis der Vertriebenen zur Rückkehr in die alte Heimat an. Betont deutschnational und nach den vorhandenen Veröffentlichungen intransingent ist die stärkste sudetendeutsche Gruppierung, nämlich der Witiko Bund. Diesbezüglich sei auf das neueste Buch des Bankdirektors Horst Rudolf Übelacker aus dem Hohenrain Verlag in Tübingen verwiesen. Eine Art mittlere Position nimmt die betont katholische Ackermann Gemeinde ein, die unter der Leitung des Präsidenten Prof. Josef Stingl steht.

In den Jahrzehnten der Vertreibung haben sich die Sudetendeutschen sehr gut entwickelt, ein angesehenes Verlagshaus (Sudetendeutscher Verlag) in München gegründet, ferner in der Hochstraße Nummer 8 in München das Sudetendeutsche Haus geschaffen, wo auch die kulturellen Einrichtungen der Sudetendeutschen wie das Sudetendeutsche Archiv, ihren Sitz haben. Es ist unvorstellbar, daß die Sudetendeutschen nach allfälliger Rückkehr in ihre angestammte Heimat auf diese Neueinrichtungen verzichten werden. Das bedeutet aber, daß bei Aufhebung der Beneš-Dekrete nur ein Bruchteil der vertriebenen Sudetendeutschen wieder in die alte Heimat zurückkehren wird, so daß die Hauptproblematik heute in der Wiedergutmachung der erlittenen Vermögensschäden besteht. Wie hoch diese Vermögensschäden sind, ist sehr schwer abzuschätzen. Es gibt darüber eine Menge Berechnungen, aber keine einzige wird wirklich stimmen.

Ein Problem stellt auch die Regionalisierung dar. Abgesehen von der Euregio Egrensis sollte auch eine entsprechende Zahl von Regionen, allenfalls sogar von grenzüberschreitenden Euregionen, auf dem Gebiete der heutigen Tschechischen Republik geschaffen werden. Dies gilt insbesondere vom südböhmischen Raum im Bereich von Pilsen, das dem Bundesland Oberösterreich weitaus näher liegt als der Hauptstadt Prag, während im Falle Gmünd eine Abtretung des von den Tschechen widerrechtlich in Besitz genommenen Bahnhofes Gmünd/České Velenice wohl nur an Österreich in Frage kommen kann. Ebenso ist es vollkommen rechtswidrig, und zwar auch völkerrechtswidrig, das Gebiet von Lundenburg (Břeclav), das zu Niederösterreich gehört hat, okkupiert zu haben, und auch Znaim/Znojmo hat im tschechischen Staatsverband nichts zu suchen, sondern wäre wiederum dem deutschen Siedlungs- und Hoheitsgebiet einzugliedern. Eine Region im völkerrechtlichen Sinne wäre auch in Brünn zu schaffen, und daß Troppau, eine Grenzregion, allenfalls eine Euregion mit dem angrenzenden polnischen Gebiet zu sein hätte, ist auch durchaus einleuchtend und keineswegs eine Utopie. Für Verhandlungen zwischen Deutschland bzw. Bayern und der Tschechischen Republik ist die Zeit aber wohl noch nicht reif. Dies hat sich bei den Besprechungen, die Václav Havel mit der deutschen Regierung in Bonn führte, deutlich gezeigt.

Herausgekommen ist dabei eigentlich nichts. Man wird wohl abwarten müssen, bis es zu einer echten europäischen Einigung kommt. Dann erst wird die sudetendeutsche Frage unter humanitären Gesichtspunkten gelöst werden können.

1. Die Tschechen in der Habsburger Monarchie

Es fällt auf, daß auch nichtkommunistische tschechische Autoren von heute dem Problem der Tschechen in der Habsburger Monarchie absolut verständnislos gegenüberstehen. In diesem Zusammenhang ist auf das Buch des linksgerichteten tschechischen Sozialhistorikers Jiři Kořalka über die »Tschechen im Habsburger Reich und in Europa 1815–1914« hinzuweisen. [1] Kořalka erwähnt mit keiner Silbe das von Karl Gottfried Hugelmann 1936 in Wien herausgegebene Buch »Das Nationalitätenrecht des alten Österreich«, worin sich ein rund 150 Seiten umfassender Beitrag des Autors des vorliegenden Buches über die Sudetenländer befindet. Er hat aber auch alle von österreichischen Deutschen verfaßten sonstigen Bücher über dieses Thema vollkommen ignoriert. Am Schluß seines Buchtextes nimmt er heftig gegen die österreichischen Deutschen Stellung, und daß es auch Sudetendeutsche gegeben habe, verschwieg er permanent. Er spricht grundsätzlich von böhmischen Ländern und bejaht das sogenannte Böhmische Staatsrecht, das mit dem Ende des Ersten Weltkrieges jede Grundlage verloren hatte, und sieht in den drei Kronländern Böhmen, Mähren und Österreichisch Schlesien eine rein tschechische politische Einheit. Er übersieht dabei, daß die Tschechen in Schlesien nur eine Minderheit gewesen sind und keineswegs das sogenannte Böhmische Staatsrecht vertreten haben, zumal sie in erster Linie antipolnische Grundgedanken vertraten. Kořalka stammt aus Mähren, hat sich aber, worauf Arnold Suppan in seiner einleitenden bio-bibliographischen Skizze zum 60. Geburtstag von Kořalka in glänzender Weise hinweist, stets als tschechischer Nationalist bekannt und keineswegs als Tscheche aus Mähren. Daher wird im vorliegenden Buch auch der Mährische Ausgleich von 1905 ausdrücklich mißbilligt und auch die sehr maßvolle Buchpublikation des tschechischen Autors Rudolf Wierer zum Böhmischen Staatsrecht abgelehnt. Daß Rudolf Wierer nach dem Kriege am Forschungsinstitut für den Donauraum in Wien zu diesen Fragen ein grundlegendes Werk publiziert hat, wird ebenfalls nicht erwähnt.

Kořalka behandelt die Geschichte der Sudetendeutschen, soweit er sie überhaupt registriert, aus einem sehr betont tschechischen Blickwinkel heraus. Das ist weiters nicht verwunderlich, denn die tschechische Literatur von heute billigt ja den sogenannten Abschub (Odsun) der Sudetendeutschen und auch die vielfältigen negativen Folgen der Vertreibung für den Tschechischen Staat. [2]

Was bei den tschechischen Autoren von heute, darunter auch Kořalka so mißfällt, ist ihre Behauptung, daß die Sudetendeutschen bzw. die Germanen in Böhmen und Mähren ursprünglich gar nicht beheimatet waren, sondern daß es die Tschechen gewesen seien, die dieses Gebiet besiedelten. Etwa 60 vor Christus verließen die Kelten Böhmen und Mähren (in Schlesien waren sie nie anwesend), und an ihrer Stelle treten Germanenstämme in Erscheinung, vor allem die Markomannen und Quaden, die auch die Bezeichnung »Böhmen« prägten. Der wichtigste Fluß Böhmens, die Elbe, trägt einen germanischen Namen und bedeutet »Der helle Fluß«. Die Tschechen haben daraus dann Labe gemacht. Auch die March, der Fluß, der Mähren den Namen gab, ist über die Germanen zu uns gekommen. Im 9. Jahrhundert taucht die Schreibung »Mahara« auf, wobei ahaha Wasser heißt und sich in zahlreichen Fluß- und Ortsnamen in Mähren erhalten hat. Auch der Name des tschechischen Nationalflusses Moldau geht auf ein germanisches Wort zurück, das von den Tschechen übernommen wurde, wobei die tschechische Form dann wiederum von den deutschen Kolonisten im 12. und 13. Jahrhundert übernommen worden ist. Auf germanisch hieß der Fluß Wiltaha (Wildwasser) und tschechisch wurde dann daraus Vltava. Die Deutschen ersetzten das V durch M, was dann zu dem Wort Moldau führte. In der Mundart des Böhmerwaldes hat sich für den Oberlauf der Moldau bis heute die lautgerechte Entsprechung des tschechischen Veltava erhalten, nämlich: Wulda. Die Tschechen kamen also später als die Deutschen bzw. als die Germanen nach Böhmen und Mähren, wobei in der tschechischen Geschichtsschreibung der Berg Rip bei Raudniz eine große Rolle spielt, denn er erhebt sich zirka 450 Meter unmittelbar aus dem flachen Umland. Von diesem Berg aus soll auch der Stammvater der Tschechen, Bochemus, das Land in Besitz genommen haben. [3]

Die Sudetendeutschen waren keineswegs eine einheitliche Nationalität oder Volksgruppe, sondern gliederten sich in vier Gruppen von deutschen Volksangehörigen in der einstigen Donaumonarchie. Eine Gruppe waren die Deutschen im Riesengebirge an der Grenze zu Schlesien, eine weitere umfaßte die schon früh nach Böhmen gekommenen Deutschen aus Karlsbad, Marienbad und dem nur durch einen Zufall zu Böhmen gekommenen Eger bzw. Egerland (Cheb). Eine dritte Gruppe siedelte im Raume Böhmerwald bzw. an der Grenze zu Bayern und zu Oberösterreich mit Budweis (Bodeowice) und Pilsen als Mittelpunkt. Eine vierte Gruppe hatte sich in Mähren niedergelassen, und zwar vor allem im Süden von Mähren im Bereiche von Znaim (Znojmo) und Iglau (Jihlava). Heute gibt es im Riesengebirge keine deutschen Siedlungen mehr, die ehemaligen deutschen Dörfer sind mehr oder weniger dem Erdboden gleichgemacht, wie eine Rundfahrt der Angehörigen der Radenteiner Magnesitwerke vor wenigen Jahren ergeben hat, die dort eine Art Zweigstelle der später auf die Veitscher Magnesitwerke übergegangenen Radenteiner Magnesitwerke aus Kärnten besitzen.

Obwohl Böhmen eine geradezu klassische geographische und geopolitische Einheit darstellt, gab es zur Römerzeit keine politische Einheit. Es war damals von deutschen Stämmen besiedelt, den Markomannen und Quaden. Nur gelegentlich wurde vom späteren Österreich aus, und zwar aus Carnuntum, der Garnisonsstadt östlich von Wien besiedelt. Die Römer haben aber immer die Donau als Grenze betrachtet.

Die Völkerwanderung brachte große Veränderungen mit sich, die deutschen Stämme verschwanden, dafür kamen vor allem Slawen ins Land, die sich später Tschechen nannten, in der deutschen Literatur aber geraume Zeit hindurch als Böhmen bezeichnet worden sind. Gleichzeitig kamen auch Deutsche aus dem Karolingerreich nach Böhmen, vor allem in der Zeit Kaisers Arnulf von Kärnten. Mit Mähren hatte dies alles entgegen der heutigen sudetendeutschen Literatur nichts zu tun. Nach Mähren kamen slawische Stämme, die dann das Großmährische Reich errichteten, das aber im Jahre 906 durch die Magyaren zerstört wurde. Die Tschechen errichteten dann unter den Přemisliden ein Königreich, das auch die Deutschen, die seit Anfang des 19. Jahrhunderts Sudetendeutsche heißen, umfaßte. Nachdem die Přemisliden, die bereits in Prag eine deutschsprachige Universität errichtet hatten, ausgestorben waren, gingen Böhmen, Mähren und auch ganz Schlesien auf die luxemburgischen Kaiser über, von denen Karl IV. eine entscheidende Rolle spielen sollte. Die heutige sudetendeutsche Landsmannschaft verleiht den Europäischen Karlspreis in Erinnerung an Karl IV., also nicht etwa Karl den Großen, da Karl IV. für die Sudetendeutschen außerordentlich viel übrig hatte.

Erst mit dem Aussterben der Luxemburger fielen Böhmen, Mähren und Schlesien an die Habsburger, die sich systematisch der Pflege der deutschen Sprache zuwandten, aber keineswegs eine deutsche Volkstumspolitik betrieben. Die Habsburger hatten aber relativ bald mit religiösen Problemen zu kämpfen, da der tschechische Reformator Jan Hus für einen großen Teil der ins Land gekommenen und dort niedergelassenen Tschechen in Böhmen eine tschechische Vormachtstellung errichten wollte, die religiös orientiert war. Das führte dann zur Schlacht am Weißen Berg, die die Hussiten verloren, und letztlich auch zum Untergang von Jan Hus, der auf dem Konzil zu Konstanz als Ketzer verbrannt wurde.

In weiterer Folge sanken die Tschechen nicht nur in Mähren, sondern auch in Böhmen zur völligen Bedeutungslosigkeit herab und waren im Grunde genommen nur noch eine Minderheit. Über all diese Peripetien gibt es eine Fülle von Literatur, wozu aber zu bemerken wäre, daß diese auch in den sudetendeutschen Publikationen kaum erwähnt wird, was im Grunde genommen unbegreiflich erscheint. [4]

Die Sudetendeutschen begannen sich ab Ende des 18. Jahrhunderts trotz der mundartlichen, zum Teil sehr betonten Verschiedenheit, als eine einheitliche Nationalität, also Volksgruppe zu fühlen, und auch zu organisieren. Dies hängt mit der zunehmenden Betonung der tschechischen Nationalität in der Habsburger Monarchie zusammen, denn die Tschechen haben in Böhmen seit Kaiserin Maria Theresia damit begonnen, ihre juristische Stellung herauszuarbeiten und nannten diese »Böhmisches Staatsrecht«. Tatsächlich hat es aber nie ein böhmisches Staatsrecht gegeben, und bei Beginn der Herrschaft Kaiserin Maria Theresias war das tschechische Volk in Böhmen, und erst recht in Mähren, in eine Phase des Untergangs getreten. Tschechisch wurde nur noch in bäuerlichen Bereichen gesprochen, Prag war faktisch eine deutsche Stadt und blieb dies auch bis zur Jahrhundertwende. [5]

16

Die Rettung der tschechischen Sprache und ihre Erhebung in den Rang einer Kultursprache erfolgte durch Kaiserin Maria Theresia, als diese mit dem Reichs-Volksschulgesetz die allgemeine Schulpflicht einführte, womit auf einen Schlag die tschechische Sprache in den von Tschechen besiedelten Gebieten gewissermaßen hoffähig wurde. Dies hing natürlich auch mit der Erhebung der nationalen Minderheiten in Europa zusammen, die sich um die Wende vom 18. auf das 19. Jahrhundert durchsetzte. In der Frankfurter Paulskirche kam es wohl zu einer Berücksichtigung auch der sprachlichen Minderheiten in Österreich, aber die Beschlüsse der Paulskirche haben praktisch nie Geltung erlangt. Die Tschechen sind es in erster Linie gewesen, die in der Zeit des Absolutismus nach dem Wiener Kongreß bis zum Revolutionsjahr 1848 an politischem Gewicht zunahmen, was auf der anderen Seite aber auch Gegenaktionen der Sudetendeutschen mit sich brachte.

Die Peripetien in Bezug auf die Verfassung des Kaisertums Österreich 1848/49 und der Folgeära gingen an den tschechischen Forderungen mehr oder weniger vorbei, und es ist bemerkenswert, daß in Ungarn, das ja als eigener Staat im Rahmen der Donaumonarchie erst 1867 entstand, keineswegs Magyarisch bzw. Ungarisch Staatssprache war, sondern das Lateinische. Für das Verhältnis der tschechischen Sprache und der tschechischen Volksgruppe wurde dann 1867, nach dem verlorenen Krieg von 1866, eine Verfassung für die westliche Reichshälfte, zu der die Sudetenländer gehörten, erlassen, die erstmals in Österreich im Artikel XIX des Staatsgrundgesetzes über die allgemeinen Rechte der Staatsbürger ein Recht der Nationalitäten festlegte, das im übrigen auch in der heutigen Republik Österreich unverändert in Geltung steht, aber durch neue Gesetze weitgehend überholt ist.

Für die Auseinandersetzung zwischen Sudetendeutschen und Tschechen ist Artikel XIX StGG bis zum Ende der

Monarchie von entscheidender Bedeutung gewesen. Art. XIX StGG hatte folgenden Wortlaut:

»Alle Volksstämme des Staates sind gleichberechtigt. Jeder Volksstamm hat ein unverletzliches Recht auf Wahrung und Pflege seiner Nationalität und Sprache. Die Gleichberechtigung aller landesüblichen Sprachen in Schule, Amt und öffentlichem Leben wird vom Staate anerkannt. In den Ländern, in welchen mehrere Volksstämme wohnen, sollen die öffentlichen Unterrichtsanstalten derart eingerichtet sein, daß ohne Anwendung eines Zwanges durch Erlernung einer zweiten Landessprache, jeder dieser Volksstämme die erforderlichen Mittel für Ausbildung in seiner Sprache erhält.« [6]

Die Auslegung des Artikels XIX StGG stieß vor allem in bezug auf den Ausdruck »landesübliche Sprache« auf Schwierigkeiten, wobei der Ausdruck in Absatz e des Artikels XIX »Landessprache« die Hauptschwierigkeiten bot. Das Leitmotiv fast aller nationalen Kämpfe in den Sudetenländern in den Jahren 1880–1914 war der unterschiedliche Sinn, den Deutsche und Tschechen dem Wort »landesübliche Sprache« beilegten. Seitens der Sudetendeutschen wurde behauptet, daß das Wort »landesüblich« im 2. Absatz des Art. XIX die Bedeutung von »bezirksüblich« (gerichtsüblich) habe, und daß es sich hier nicht um eine Gleichberechtigungsnormierung für das ganze Land im Sinne einer zweisprachigen Gleichberechtigung handle, sondern um eine Gleichberechtigung jener Landessprachen, die im Wirkungsumfang der infragestehenden Behörde, der gegenüber die Gleichberechtigung im äußeren Dienst geltend gemacht wurde, nirgendwo üblich war. Das Wort »landesüblich« erscheint zum ersten Mal in der Allgemeinen Gerichtsordnung (AGO) vom 1. Mai 1781, nach deren § 13 die Parteien und ihre Rechtsfreunde bei der mündlichen Verhandlung eine landesübliche Sprache gebrauchen sollten. Die Tschechen behaupteten »landesüblich« sei jede Sprache, die

18

von einem größeren Prozentsatz der Bevölkerung in einem Kronland gesprochen werde. [7]

Zu vermerken ist, daß die Tschechen im allgemeinen von einem böhmischen Staatsrecht sprachen, demzufolge im Sinne der pragmatischen Sanktion das Recht der drei böhmischen Länder (Böhmen, Mähren, Schlesien) bestanden habe, im Falle des Aussterbens der Dynastie den König von Böhmen frei zu wählen. Es sollte auch für den österreichischen Kaiser bei der Krönung zum König von Böhmen bleiben. Die Tschechen in Mähren lehnten den entscheidenden Punkt, nämlich die Unterordnung Mährens unter die böhmische Krone, ab.

Im Jahre 1322 ging das Egerland in den Besitz der böhmischen Krone über, und Karl IV. erwarb auch noch das restliche Schlesien, das nach dem Siebenjährigen Krieg von Kaiserin Maria Theresia noch als Kronbesitz erhalten worden war, und die Niederlausitz. Im übrigen war das Verhältnis zwischen der Krone Böhmens und den übrigen Ländern der Monarchie das einer Personalunion. Von einer Gleichberechtigung der Sprachen war aber auch beim böhmischen Staatsrecht nie die Rede. Ferdinand I. sprach gelegentlich von einer Wiedererrichtung des böhmischen Staatsrechts im Jahre 1848, aber die entscheidenden Tatsachen des historischen böhmischen Staatsrechts fanden dabei keinerlei Verwirklichung.

Im übrigen blieb es bis zum Ersten Weltkrieg sprachenrechtlich für Böhmen beim Art. XIX StGG, obwohl die Tschechen immer wieder versuchten, aus Böhmen ein einheitliches Kronland mit Gleichberechtigung der beiden Sprachen zu machen.

Tschechischerseits wurde immer wieder der Versuch gemacht, die deutsche Sprache als Amtssprache des inneren Dienstes durch eine Gleichberechtigung von Deutsch und Tschechisch zu ersetzen, aber das ist praktisch nie gelungen. Die innere Amtssprache blieb in Böhmen, und erst recht in Mähren und Schlesien, die deutsche Sprache, denn mit der Frage des Nationalitätenrechts hat die innere Dienstsprache nichts zu tun.

Wiederholt haben die Sudetendeutschen in der Zeit von 1848 bis 1914 die Forderung erhoben, ein eigenes Kronland Sudetenland zu errichten, durch welches die rein deutschen Gebiete vereinigt werden sollten, dies offenbar in Vorwegnahme dessen, was dann später im Münchener Abkommen Wirklichkeit wurde. Hingegen gelang es, wenngleich nur in bescheidenem Ausmaß, nationale Abgrenzungen in Böhmen, und später auch in Mähren, nie aber in Schlesien, herbeizuführen. So wurden, auch mit tschechischer Zustimmung, die Gerichtsbezirke nach Möglichkeit einsprachig gemacht, dies allerdings nur bis zum Jahre 1897. Der Nationalitätenkampf zwischen Deutschen und Tschechen in Böhmen erfuhr eine dramatische Zäsur durch die Sprachenverordnung des Ministerpräsidenten Badeni vom 5. April 1897, LGB1. Nr. 12 (Böhmens). Damit wurde die innere tschechische Dienstsprache, wie die Tschechen diese forderten, eingeführt. (§ 7 Abs. 1 der Sprachenverordnung). [8]

Die Badenischen Verordnungen wirkten sich notwendigerweise auf die deutsche Sprache in Böhmen sehr negativ aus, denn die Sudetendeutschen beherrschten im allgemeinen das Tschechische nicht, während die tschechischen Beamten und Richter durchwegs Deutsch verstanden, da dieses doch die einigende Kultursprache des Reiches, zumindest der westlichen Reichshälfte war, obwohl es keine österreichische Staatssprache gab.

Badenis Nachfolger, Ministerpräsident Gautsch, hob die Badenischen Sprachenverordnungen auf und erließ am 24. Februar 1898 mit LBGL. Nummer 16 für das Kronland Böhmen eine neue Sprachenverordnung, die hinsichtlich des inneren Dienstes die tschechische Sprache stark einschränkte. Im § 7 wurde das Land in einsprachige und sprachlich gemischte Bezirke geteilt, worunter gemischtsprachige Amtsbezirke waren, die mindestens 25% anderssprachiger Bevölkerung aufwiesen. Die Anwendung der tschechischen Sprache im inneren Dienst wurde auf die reinsprachig tschechischen und gemischten Gerichtsbezirke beschränkt. Am 14. Oktober 1899, Böhmischs LGBL Nummer 29, wurde durch den Ministerpräsidenten Clary-Aldringen die Sprachenverordnung wieder aufgehoben. Damit war die ausschließliche Verwendung des Deutschen als innere Amtssprache wieder hergestellt. Das galt auch für den inneren Dienst der Post und Telegraphenämter in Böhmen. Tschechische Eingaben wurden zwar angenommen, aber in deutscher Sprache erledigt.

Bei den autonomen Behörden in Böhmen gab es einen regelrechten Kampf zwischen Sudetendeutschen und Tschechen. Praktisch wurde es den Gemeinden (Gemeindevertretungen) überlassen, welche Sprachenregelung Platz zu greifen hatte. In den sogenannten Wiener Punktationen der deutsch-tschechischen Ausgleichskonferenz vom 19. Jänner 1890 wurde vorgesehen, daß Eingaben an Gemeinden und Bezirke, bei denen ein Viertel der anwesenden Bevölkerung der letzten Volkszählung sich zur anderen Landessprache bekannte, angenommen werden mußten.

Ab etwa 1887 wurde seitens der Regierung der Versuch unternommen, eine weitgehende Gliederung der Gerichte und anderen Bezirke nach nationalen Merkmalen durchzuführen. Eine deutsch-tschechische Ausgleichskonferenz vom Jahre 1890 war dem Ziel gewidmet, nationale Bezirke durchzuführen. Praktisch wurde dies für Böhmen nicht erreicht, wohl aber war schon am 24. Februar 1873 mit einem böhmischen Landesgesetz, LBGL Nummer 17, eine nationale Abgrenzung der Schulbezirke, also primär eine territoriale Schulautonomie, statuiert worden. Mit dem Landesgesetz vom 24. Juni 1890, LGBL Nummer 46, wurde der Landesschulrat in zwei nationale Sektionen geteilt, mit Landesgesetz vom 20. März 1891, LGBL Nummer 20, der Landeskulturrat so verändert, daß darin auch Gedanken personeller Autonomie aufschienen. Auch die Ärztekammer für das Königreich Böhmen wurde in zwei nationale Sektionen geteilt, eine tschechische und eine deutsche. Am 2.1.1913 wurde mit dem Landesgesetz, LGBL Nummer 3, die böhmische Ingenieurkammer in eine böhmische Sektion mit Sitz in Prag und eine deutsche mit Sitz in Tepatzschönau geteilt. In weiterer Folge wurde auch noch der Versuch unternommen, die beiden Volksstämme, deren Anerkennung in § XIX des StGG nur angedeutet ist, mit Rechtpersönlichkeit auszustatten. Der Erste Weltkrieg hat diese Pläne auf Errichtung einer nationalen Autonomie nicht mehr Wirklichkeit werden lassen.

Die drei Sudetenländer hatten 1900 folgende Bevölkerungszahlen: Böhmen 5.843.094, Mähren 2.276.870, Schlesien 605.649. Dies waren 36,50% der gesamten Bevölkerung der österreichischen Reichshälfte. Flächenmäßig hatte Böhmen 51.948 km^2, Mähren 29.222 km^2, Schlesien 5.147 km^2. Das waren 26,45% der österreichischen Reichshälfte.

Prag mit Vororten hatte im Jahr 1900 400.000 Einwohner, davon 13% Deutsche und 87% Tschechen. Vorwiegend Deutsche lebten in Brünn, in Aussig, in Reichenberg, in Troppau, in Iglau, in Teplitz, in Gablonz, in Warnsdorf, in Olmütz, in Brüx, in Teschen, in Jägerndorf, in Znaim, in Bilelitz, in Saaz, in Trautenau und in Komotau, während Karlsbad, Eger und Asch in Böhmen zu 100% von Sudetendeutschen bewohnt waren.

Polen gab es nur in Tropau (2%), in Mährisch Ostrau (13%), in Teschen (43%) und in Beliz (17%). Die Polen hatten aber keine wie immer gearteten Nationalitätenrechte, und auch nach Errichtung der Tschechoslowakei wurden die Polen von den Tschechen weitestgehend diskriminiert. Näheres dazu findet sich in der umfassenden Darstellung Theodor Veiters »Die Sudetenländer«, einschließlich der gesamten maßgebenden Literatur zum Nationalitätenrecht in Böhmen, Mähren und Schlesien. Ein wenig erfreuliches Buch ist jenes von Jiři Kořalka, »Tschechen im Habsburgerreich in Europa 1815–1914. Sozialgeschichtliche Zusammenhänge der neuzeitlichen Nationsbildung und der Nationalitätenfrage in den böhmischen Ländern«, Wien, München 1991. Obwohl dieses Buch vom österreichischen Ost- und Südosteuropa Institut als Band XVIII herausgegeben wurde, also einem in jeder Hinsicht absolut seriösen Institut, ist dieses Buch eines ansonsten durchaus angesehenen Autors, der aber nationalistischer Tscheche ist, von einer Einseitigkeit gekennzeichnet, die nur dadurch erklärbar ist, daß Kořalka als führender tschechischer Sozialdemokrat mit Sorgfalt alles ausgeklammert hat, was von den Sudetendeutschen in der Habsburgermonarchie vertreten wurde. Aus dieser Grundhaltung heraus hat er die immerhin 131 Seiten umfassende und bis heute maßgebend gebliebene Abhandlung des Verfassers des vorliegenden Buches über die Sudetenländer in dem monumentalen Werk »Das Nationalitätenrecht des Alten Österreich« vollkommen verschwiegen und damit die Voraussetzungen einer rechtlichen Regelung des Verhältnisses zwischen Tschechen und Deutschen in der westlichen Reichshälfte der Habsburger Monarchie ausgeklammert. Ebenso hat er systematisch die zahlreiche Literatur über das deutsch-tschechische Verhältnis im alten Österreich unerwähnt gelassen. So vor allem die vielen Werke von Alfred Fischel, Raimund Friedrich Kaindl, Harry Klepetař, Max Menger, Gustav Kolmer und Emanuel Rádl (einem führenden tschechischen Autor), von Karl Renner bzw. (Pseudonym) Rudolf Springer, Alfred Skene und von Friedrich Wieser. Von den Sudetendeutschen ist bei Kořalka nirgendwo die Rede. Er vertritt ausschließlich die tschechische Literatur und das Tschechentum bzw. das sogenannte Böhmische Staatsrecht und im übrigen die sozialdemokratische Ideenwelt.

In Wirklichkeit waren die Sudetendeutschen, deren Existenz in nationalistisch-tschechischer Literatur überhaupt geleugnet wird, sehr an einem Ausgleich mit den Tschechen in Böhmen interessiert, und zwar sowohl bei den Ausgleichsversuchen von 1871 wie beim böhmischen Ausgleichsversuch von 1890.

Es gelang nicht, in Böhmen zu mehr zu kommen, als zu einem System der nationalen Gleichberechtigung zwischen Deutschen und Tschechen, wobei es ein Nachteil für die Tschechen war, daß die innere Amtssprache der staatlichen Behörden ausschließlich das Deutsche war. In Wirklichkeit wurde allerdings nicht nur bei den autonomen Behörden, wo Deutsch und Tschechisch gleichberechtigt waren, sondern auch bei den gesamtstaatlichen Behörden das Tschechische weitgehend berücksichtigt, was damit zusammenhing, daß die Staatsbeamten zu einem erheblichen Teil Tschechen gewesen sind. Das hatte seine Gründe nicht nur in der Überzahl der tschechischen Bevölkerung gegenüber den Sudetendeutschen in Böhmen, sondern auch in der Tatsache, daß die Wirtschaft, vor allem die Industrie in Böhmen, die Domäne der Deutschen gewesen ist, während die Tschechen vielfach unselbständig erwerbstätig waren. Man muß auch berücksichtigen, daß die deutsche Sprache in der österreichischen Reichshälfte der Donaumonarchie zwar keineswegs Staatssprache, wohl aber allgemeine Verkehrs- und Kultursprache war, was sich auch in den Minderheitengebieten außerhalb der Sudetenländer nachhaltig auswirkte. Ähnliches galt sogar in Gebieten wie Welschtirol oder in Triest oder auch in dem vorwiegend von Slowenen besiedelten Kronland Krain, ebenso in der Bukowina. Nur Galizien bildete da eine gewisse Ausnahme, weil dort die deutsche Sprache gegenüber der polnischen stark zurücktrat und das Ruthenische (Ukrainische) bis zum polnisch-ruthenischen Ausgleich vom Jahre 1914 ziemlich diskriminiert war. [9]

Hingegen gelang es im Jahre 1905, für Mähren eine deutsch-tschechische Ausgleichsordnung herbeizuführen, wobei das Prinzip der nationalen Kurie im Vordergrund stand. Der Landtag wurde in zwei Teile geteilt, einen tschechischen und einen deutschen. In Mähren hingegen war der deutsch-tschechische Gegensatz nicht annähernd so ausgeprägt wie in Böhmen, da in Mähren die größeren Städte durchwegs eine deutsche Mehrheit aufweisen, vor allem die Hauptstadt Brünn, aber auch Iglau und Znaim, und nur Mährisch Ostdrau und Kremsier keine tschechischen Mehrheiten hatten. [10]

Was Schlesien (Österreichisch Schlesien) anlangt, so hat dieser relativ kleine Teil des ehemaligen Herzogtums Schlesien, der von dem preußischen König Friedrich II. nach dem Siebenjährigen Krieg mit Österreich nicht Preußen einverleibt wurde, auch eine tschechische Bevölkerung gehabt, die aber nur eine sprachliche Minderheit gewesen ist und im übrigen keine nationalpolitische Bedeutung hatte. Eher kann dies von der im östlichen Schlesien wohnhaften polnischen Bevölkerung behauptet werden (Gebiet von Teschen). Zu erwähnen ist in diesem Zusammenhang aber, daß in Schlesien auch die Fürsten von Liechtenstein größere Besitzungen hatten (Jägerndorf). Sie wurden aber von den Tschechen so behandelt, als wären sie Sudetendeutsche gewesen.

Am Beginn des Ersten Weltkrieges waren die österreichischen Tschechen mehr oder weniger loyal, ein Teil von ihnen schlug sich jedoch auf die Seite der Alliierten, vor allem tschechische Truppenverbände der österreichisch-ungarischen Armee, die in Galizien zu den Russen übergingen und sich unter der Führung des General Gayda als tschechische Legionen im Rahmen der zaristischen Armee etablierten und gegen Österreich-Un-

garn kämpften. Mit dem Ausbruch der russischen Revo-
lution stellten sich die tschechischen Legionen an die
Seite der antikommunistischen bewaffneten Truppen des
Generals Koltschak und gingen mit diesem in den politischen Untergang. Nach Kriegsende wurden sie von der
Ersten Tschechoslowakischen Republik in großzügiger
Weise belohnt und gründeten auch eine eigene Bank, die
Živnostenska Banka.
Führende tschechische Politiker, die gegen die Sudetendeutschen eingestellt waren, begaben sich bei Kriegsbe-
ginn in die USA, so vor allem der ehemalige österreichische Abgeordnete Thomas G. Masaryk (1914) und sein
enger Mitarbeiter Edvard Beneš (1915), wo ein tschechischer Nationalrat gegründet wurde. Diesem schlossen
sich am 30.5.1918 in Pittsburgh auch die antiungarischen
Exilslowaken an, denen versprochen wurde, daß die Slowakei als Gliedstaat der künftigen tschechoslowakischen
Republik eine slowakische Autonomie erhalten werde,
was allerdings dann nicht eingehalten wurde. [11]
Während des Ersten Weltkrieges spitzten sich die Gegensätze zwischen den Sudetendeutschen und den Tschechen in Böhmen – weniger auch jenen in Mähren –
zu, wobei von sudetendeutscher Seite noch unter Kaiser Karl I. 1917 ein Verfassungsentwurf auf der Basis des
Zusammenlebens gleichberechtigter Nationen in der Donaumonarchie vorgelegt wurde. Dieser Entwurf stammte
von dem sudetendeutschen Führer Rudolf Lodgman von
Auen. [12]
Die Tschechen lehnten aber jede Gleichberechtigung mit
den Sudetendeutschen ab, die ihrerseits im Rahmen einer
künftigen tschechisch-slowakischen Republik eine, allerdings geschützte, nationale Minderheit sein sollten.
Lodgman von Auen und der sudetendeutsche Sozialdemokrat Jodok Seliger, nach dem heute innerhalb der Sudetendeutschen Landsmannschaft der sozialdemokratische, nicht sehr ins Gewicht fallende Seliger-Bund be-

nannt ist, waren bemüht, eine einverständliche Lösung zwischen Deutschen und Tschechen herbeizuführen, was aber in erster Linie an dem tschechischen Parteiführer Thomás Garrigue Masaryk scheiterte, der bei den Alliierten über einen großen Einfluß verfügte. Auf sudetendeutscher Seite entstanden Gegenbewegungen, vor allem im Bund Böhmerland unter Führung von Emil Lehmann und Dr. Gustav Peters (1885–1959). Dort war auch die Zeitschrift »Witiko« entstanden, die dem heutigen, rechtsgerichteten Witiko Bund in der Sudetendeutschen Landsmannschaft als Sprachrohr diente. Auch die deutsche Wandervogelbewegung, die 1912 entstand, gehört hierher und trug zusätzlich zu den Gegensätzen bei. Auch die spätere Organisation der Sudetendeutschen Jugendbewegung unter Heinz Rutha, des späteren Assistenten und Nachfolgers von Othmar Spann, Walter Heinrich und Konrad Henlein fallen in diesen Zeitraum. Überhaupt ist es von Wichtigkeit, auf die universalistische Lehre des Rechtsphilosophen Prof. Othmar Spann hinzuweisen, der nach dem Ersten Weltkrieg an der Universität Wien ein philosophisches Gesamtwerk aufgebaut hat, das seinesgleichen sucht.

Rutha hat in weiterer Folge zusammen mit sudetendeutschen Jugendverbänden sogenannte Gilden gegründet, zerstritt sich dann aber mit den Nationalsozialisten und Adolf Hitler und wurde dann auch ein Opfer des Dritten Reiches. [13]

Es fällt auf, daß Walter Becher in seinem sicher sehr informativen Buch »Zeitzeuge« wohl den Witiko Bund, dem er offenbar angehört, herausgestellt hat, aber nicht auch die katholische sudetendeutsche Gruppierung »Ackermann Gemeinde«, und auch kein Wort über die akademische sudetendeutsche katholische Bewegung Staffelstein erwähnt. Auf der anderen Seite rühmt er aber den Soziologen Othmar Spann (1878–1950), der sieben Jahre seines akademischen Wirkens an der deutschen technischen Hochschule in Brünn verbrachte. Othmar Spann hat auch 1920 eine kleine, aber außerordentlich inhaltsreiche Schrift »Vom Wesen des Volkstums. Was ist deutsch?« herausgebracht, womit er in schroffem Gegensatz zu Hitler geriet, der schließlich nach dem sogenannten Anschluß Othmar Spann absetzte und dessen Anhänger ermorden ließ.

Zur Frage des Verhältnisses zwischen Deutschen und Tschechen in der westlichen Reichshälfte der Habsburger Monarchie gibt es außer der umfangreichen Abhandlung von Theodor Veiter im »Nationalitätenrecht des alten Österreich«, Wien 1936, noch eine ganze Reihe von Publikationen, die aufzeigen, daß das deutsch-tschechische Verhältnis, wenn auch beschränkt auf Böhmen, da die Verhältnisse in Mähren wesentlich anders waren, zu den großen Problemen nationalitätenrechtlicher Natur gehört hat, wobei allerdings nicht übersehen werden soll, daß auch andere nationalitätenpolitische Gegensätze in der gesamten Habsburger Monarchie, also in Österreich und Ungarn, zu einer Reihe von letztlich ungelösten Fragen führten. Zu erwähnen ist hierbei der Gegensatz zwischen Slowenen und Deutschen in Krain (nur am Rande auch in der Untersteiermark), zwischen Italienern und Deutschösterreichern in Welschtirol, im Küstenland, in Istrien und in Triest, der Gegensatz zwischen Ruthenen (Ukrainern) und Polen in Galizien bis zum polnisch-ruthenischen Ausgleich von 1914. Die Kampfstellung zwischen Magyaren (Ungarn) und Slowaken in Oberungarn, die zum Teil kritische Lage der ethnischen Minderheiten in der Bukowina, in Bosnien-Herzegowina, in Siebenbürgen, im Banat, in Dalmatien, in Krakau, zuzüglich der lokalen ethnopolitischen Gegensätze in Cilli, in Kärnten mit der Slowenenproblematik, im Olsa-Gebiet, im österreichischen Schlesien und im westlichen Ungarn. [14] Während die Mehrheit der tschechischen Bevölkerung in der Heimat mehr oder weniger willig von 1914–1918 auf

Seite der Mittelmächte kämpfte bzw. ihre Pflicht getan hatte, wenn man von den tschechischen Legionen in Rußland bzw. Sibirien absieht, bemühten sich Thomas G. Masaryk und Edvard Beneš, die Alliierten für eine Auflösung der Habsburger Monarchie zu gewinnen. Masaryk war bereits 1914 emigriert, Beneš 1915. Sie gründeten 1915 das Tschechische Auslandskomitee, das dann später Nationalrat genannt wurde. Mit den gegen die magyarische Gewaltherrschaft auftretenden Exilslowaken in den USA schlossen Masaryk und Beneš am 30.5.1918 in Pittsburgh einen Vertrag, wonach die Slowakei nach Kriegsende einem neu zu schaffenden tschechoslowakischen Staat angehören und eine slowakische Autonomie bekommen sollte. Am 18. Oktober 1918 wurde in den USA auch ein tschechoslowakischer Nationalrat gegründet, der die Unabhängigkeit der neuen Tschechoslowakischen Regierung erklärte. [15]

Zu betonen ist, daß in weiterer Folge noch weitere Gespräche zwischen Tschechen und Slowaken stattfanden, als sich herausstellte, daß die Tschechen nicht die Absicht hatten, der Slowakei die versprochene Autonomie zu gewähren. Auch im sogenannten Kaschauer Statut vom 5. April 1945, das die tschechoslowakische Regierung über die vorgesehene Behandlung der Sudeten- und Karpatendeutschen beschloß, wurde eine Art Gleichberechtigung der Tschechen und Slowaken festgelegt. In Wirklichkeit wurde den Slowaken keinerlei Gleichberechtigung zuerkannt, auch nicht nach der bald darauf erfolgten Gründung der neuen Tschechoslowakischen Republik. Im Kaschauer Statut wurde den Sudetendeutschen die tschechoslowakische Staatsbürgerschaft aberkannt, von einer Ausweisung ist darin aber nicht die Rede. [16]

2. Die Sudetendeutschen in der Ersten Tschechoslowakischen Republik von 1918 bis zum Münchner Abkommen

Die Vorbereitungen, die die exiltschechische Regierung in London unter Tomas G. Masaryk in die Wege geleitet hatte, führten noch während des Krieges zum sogenannten Pittsburgher Vertrag zwischen Exiltschechen und Exilslowaken. In St. Germain wurde über den Staatsvertrag – nicht: Friedensvertrag, da Österreich am Ersten Weltkrieg überhaupt nicht beteiligt war – der Alliierten mit Österreich das Selbstbestimmungsrecht der Völker mit Füßen getreten. Es kam ohne Volksabstimmung zur Abtretung Südtirols an Italien, des Kanaltales (einschließlich Weißenfels) an Italien, der Untersteiermark an den neuen Staat Jugoslawien und vor allem der Sudetenländer an die am 28. Oktober 1918 gebildete neue Tschechoslowakische Republik. Dabei wurden den Sudetendeutschen, ebenfalls ohne Volksabstimmung und ohne Selbstbestimmungsrecht, sogar noch Gebiete aus Niederösterreich, die an die Tschechoslowakei abgetreten worden waren, hinzugeschlagen. Es handelte sich dabei um das Gebiet von Lundenburg (Bŕelav) und den Bahnhof von Gmünd (České Velenice). Zu bemerken ist noch, daß die österreichische Delegation in Paris bzw. St. Germain unter der Leitung des Staatskanzlers Dr. Karl Renner von den Alliierten auf das schändlichste in Käfigen untergebracht wurde und nur zur Kenntnis nehmen durfte, was die Friedenskonferenz über das Gebiet Österreichs beschließen würde. Dies ging dann in den Staatsvertrag von St. Germain vom 10.9.1919 ein, der zwischen den Alliierten und der Tschechoslowakei abgeschlossen wurde. Die Abtretung von Gebieten, die nur von österreichischen Deutschen bzw. Deutsch-Österreichern bewohnt gewesen waren, wurde vom österreichischen Nationalrat nur unter Protest zur Kenntnis genommen, was ja auch für die Abtretung Südtirols galt. Das österreichische Parlament drückte insbesondere eine Ablehnung der Abtretung der sudetendeutschen Gebiete an die neue Tschechoslowakei aus, konnte aber praktisch dagegen nichts tun. Der Staatsvertrag von St. Germain war alles in allem ein reines Diktat, wobei auf österreichischer Seite nur der US-amerikanische Präsident Woodrow Wilson stand, der sich aber mit seiner pro-österreichischen Grundhaltung nicht durchsetzen konnte. [17]

Die Lage der Sudetendeutschen in Böhmen, aber auch in Mähren und Schlesien war durch einen Ausspruch Masaryks gekennzeichnet: »Wir haben unseren Staat geschaffen. Damit ist auch die staatsrechtliche Stellung unserer Deutschen gegeben, die ursprünglich als Kolonisten und Emigranten zu uns gekommen waren.« [18]

Die 1918–1919 errichtete Tschechoslowakei war im Grunde genommen immer ein Kunststaat, der sich als Nationalstaat der Tschechen gab, wobei eine Autonomie der zahlenmäßig sehr starken Minderheiten von vorneherein abgelehnt wurde. Die Slowakei wurde nur aufgrund der im Ausland geschlossenen Verträge zwischen Exilpolitikern der neuen Tschechoslowakischen Republik eingegliedert, war von Anfang an ein ungeliebtes und diskriminiertes Anhängsel zum Staat der Tschechen, insbesondere jenen in Böhmen, und hatte keinerlei politische Rechte, auch nicht im Sinne einer nationalen Autonomie.

Schon im Pittsburgher Vertrag zwischen einer Gruppe von Exiltschechen aus der österreichischen Reichshälfte der Habsburger Monarchie und den Exilslowaken aus Ungarn wurde ausdrücklich schon im Punkt 1 des Vertrages vom 30. Mai 1918, an dessen Formulierung Tomas G. Masaryk persönlich teilnahm, ausdrücklich die Autonomie der beiden Vertragsstaaten, nämlich des tschechischen Vertragsstaates (umfassend Böhmen und Mähren, also nicht auch Schlesien) und der Slowakei, vereinbart. Es sollten »Eine Föderation der Staaten« mit einer kompletten Autonomie für die Slowakei und ein Bundesstaat geschaffen werden, bei dem die Demokratie im Vordergrund stand. Weitere Vereinbarungen wurden zwischen den Exiltschechen und den Exilslowaken in Turciansky Svatý Martin und dann noch in Kaschau/Kosice abgeschlossen. Dazu ist zu bemerken, daß die Slowaken im ungarischen Staat außerordentlich benachteiligt waren und deshalb diese Verträge von Pittsburgh und anderen Orten geschlossen haben. [19]

Die neugegründete Tschechoslowakische Republik hielt sich nicht im geringsten an die den Slowaken gemachten Zusagen, was zu erbitterten Gegensätzen zu den führenden Slowaken, vor allem den Katholiken unter ihnen, führte. Auch die den südkarpatischen Ruthenen (Ukrainern) im Rahmen des tschechoslowakischen Staates als autonome Einheit einzurichtende Autonomie wurde von der tschechoslowakischen Regierung nicht bewilligt. Laut Prager Tagblatt vom 30.10.1928 erklärte Masaryk am 28.10.1919: »Es wird über territoriale Autonomie keine Diskussionen geben.« Allerdings wurde den Sudetendeutschen eine gewisse Schulautonomie gewährt, wobei aber manche deutschen Schulen geschlossen wurden. Im wesentlichen gab es für die Sudetendeutschen jedoch nur Verfolgung und Diskriminierung. Darüber wird in der Zeitschrift »Nation und Staat« seit vielen Jahren ständig berichtet. Die Zeitschrift »Nation und Staat« war auch das Organ der europäischen Nationalitätenkongresse der Zwischenkriegszeit und ist nach dem Zweiten Welkrieg von der Föderalistischen Union Europäischer Volksgruppen durch die Zeitschrift »Europa Ethnica« ersetzt worden.

Die erste Tschechoslowakische Republik hat einen Minderheitenschutzvertrag bzw. ein Minderheitenschutzgesetz erlassen (SLG Nummer 508), das unter anderem den freien Gebrauch der Muttersprache sowie eine angemessene Möglichkeit des mündlichen und schriftlichen Gebrauches der Minderheitssprache vor Gericht sicherte. In Wirklichkeit wurde aber nichts Derartiges zugunsten der Sudetendeutschen verwirklicht. Ganz im Gegenteil wurden bei der Festlegung einer 20%igen Zugehörigkeit der Bevölkerung zu einer nationalen Minderheit die Grenzen innerhalb der Tschechoslowakei nach Möglichkeit so gezogen, daß möglichst wenige Bezirke unter den Minderheitenschutz fielen. Lediglich gewisse Maßnahmen im Sinne einer Schulautonomie wurden im tschechoslowakisch-österreichischen Vertrag vom 7.6.1920 (sogenannter Brünner Vertrag) festgesetzt, womit vor allem den Wiener Tschechen die gewisse Schutzbestimmung gewährleistet werden sollte. [20]

Ganz allgemein muß gesagt werden, daß die Sudetendeutschen in der Ersten Tschechoslowakischen Republik weitgehend diskriminiert waren, was dann wiederum zu politischen Aktionen, vor allem der Sudetendeutschen Partei von Konrad Henlein, geführt hat. [21]

Im großen und ganzen war die Geschichte der Ersten Tschechoslowakischen Republik von 1919 bis zum Münchner Abkommen durch eine Diskriminierung aller Minderheiten, insbesondere aber der Sudetendeutschen gekennzeichnet. Eine Ausnahme scheint nur in der Vereinbarung zwischen Tschechen, Slowaken und deutschen Kabinettsmitgliedern über eine soziale, kulturelle und wirtschaftliche Politik vom 17.2.1937 vorhanden zu sein. Aber diese Vereinbarungen sind niemals in die Realität umgesetzt worden. [22]

Wie wenig es den Tschechen wichtig zu sein schien, sich an einen völkerrechtlich gegebenen Mindeststandard zu halten, zeigt die Tatsache, daß sich die Erste Tschechoslowakische Republik sofort nach ihrer Gründung 1918 entschloß, den fürstlichen Besitz des Fürsten von

Liechtenstein entschädigungslos zu enteignen. Der damalige Fürst Johannes von Liechtenstein war aber in der Bevölkerung sehr beliebt, und vor allem die Schweiz hat bei der tschechoslowakischen Regierung interveniert, um diese Enteignung zu verhindern.

Schreiben des Regierenden Fürsten Hans Adam II. an den Verfasser des vorliegenden Buches vom 17. August 1993:

Schloß Vaduz, 17. August 1993

Herrn Univ. Professor
Dr. Theodor Veiter
Schillerstraße 7/28
A-6800 Feldkirch

Sehr geehrter Herr Professor Dr. Veiter

Danke sehr für Ihren Brief bezüglich der Tschechischen Republik. Nachdem wir mit der Tschechischen Republik bis jetzt keine Verhandlungen über eine Entschädigung oder gar Rückgabe des beschlagnahmten Vermögens gehabt haben, gab es auch keine Gespräche über eventuelle Entschädigungszahlungen. Daß die tschechische Regierung einen bestimmten Betrag nennt, um dann umgehend zu sagen, daß sie so eine Zahlung ablehnt, kann eigentlich nur bedeuten, daß sie über das liechtensteinische Problem Selbstgespräche führt. Das ist immerhin schon ein Fortschritt, denn bis jetzt hat man die entschädigungslose Enteignung der liechtensteinischen Staatsbürger überhaupt nicht als ein Problem gesehen.

Mit freundlichen Grüßen
Hans-Adam II.
Fürst von Liechtenstein

Schon die tschechoslowakische Regierung der ersten Republik bemühte sich kontinuierlich, den Besitz von liech-

tensteinischen Staatsbürgern auf dem Boden der Tschechoslowakei zu nationalisieren. Die diesbezüglichen Verhandlungen haben bis 1938 gedauert, also praktisch bis
zum Münchner Abkommen, wobei man sich schließlich
weitgehend darauf geeinigt hatte, im Zuge der Bodenreform ungefähr die Hälfte der davon betroffenen 160.000
Hektar Grund abzugeben und diese Hälfte gemäß den
Satzungen der Bodenreform zu entschädigen. Mit der Besetzung der Tschechoslowakei durch das Deutsche Reich
wurde nur ein Teil der Entschädigungen ausbezahlt. Auch
dieser blieb bis 1945 (Gründung der Zweiten Republik)
im sogenannten Protektorat Böhmen und Mähren belas-
sen. Dann wurden diese Besitzungen Opfer der sogenannten Beneš-Dekrete. Zu bemerken ist, daß nicht nur
das Vermögen des Fürsten von Liechtenstein konfisziert
wurde, sondern alle Vermögenschaften liechtensteinischer Staatsbürger bzw. Landesbürger, obwohl diese weder Deutsche noch Österreicher gewesen sind.

3. Das Münchner Abkommen
und die Beneš-Dekrete

Wie sich aus den Akten des Nürnberger Kriegsverbrecherprozesses ergibt, nahm die nachdrückliche Verfolgung der Sudetendeutschen durch die Erste Tschechoslowakische Republik immer krassere Formen an, wobei Zwischenfälle im Sudetenland bewiesen, daß die Lage für das Sudetendeutschtum völlig unerträglich und damit zu einer Gefahr für den europäischen Frieden geworden war. Dies behauptete jedenfalls Adolf Hitler am 26.9.1938, wobei er dem nationalsozialistischen Gauleiter Konrad Henlein persönlich den Auftrag erteilte, sich der Sudetendeutschen anzunehmen. (Nürnberger Prozeß Dokument 2788PS)

Es kam dann – zweifellos auf Veranlassung Adolf Hitlers und Konrad Henleins – in München zum sogenannten Münchner Abkommen vom 29. und 30. September 1938, nachdem zuvor am 19. bzw. 21. September 1938 ein Basisabkommen über die Abtretung des Sudetenlandes durch die Tschechoslowakei zwischen den vier Mächten abschlossen worden war. Dabei wurde auf das Selbstbestimmungsrecht der Sudetendeutschen und auf ihr Recht auf die Heimat Bezug genommen. Die vier Mächte, nämlich Großbritannien, Frankreich, die UdSSR und Italien, haben mit der Tschechoslowakei und dem Deutschen Reich am 4. und 5.10.1938 bzw. am 1.1.1940 das Münchner Viermächte-Abkommen abgeschlossen. Die Regierung der Tschechoslowakischen Republik gab in aller Form ihre Zustimmung zum Münchner Abkommen bekannt. Das Münchner Abkommen wurde somit auf Basis völkerrechtlicher Normen abgeschlossen. Es besteht nicht der geringste Grund zu behaupten, das Münchner

Abkommen sei nicht rechtsgültig zustande gekommen. Dies ergibt sich auch aus der gesamten völkerrechtlichen Literatur, ausgenommen natürlich die heutige tschechische Literatur. [23]

Die Behauptung, die die Alliierten nach dem Zweiten Weltkrieg ebenso aufgestellt haben wie die Tschechoslowakei, wonach das Münchner Abkommen von Anfang an nichtig gewesen sei, entspricht nicht den völkerrechtlichen Tatsachen. Richtig ist lediglich, daß das Münchner Abkommen aufgrund des übereinstimmenden Willens der Alliierten, insbesondere auch aufgrund der Potsdamer Konferenz, spätestens mit der Potsdamer Konferenz, außer Kraft gesetzt worden ist, wozu auch die BRD ihre Zustimmung gegeben hat. Zweifellos hat das nationalsozialistische Deutsche Reich gegenüber den Tschechen, die dann widerrechtlich in ein Protektorat gezwungen wurden, völkerrechtswidrige Handlungen gesetzt, wobei nicht nur Massenmorde, wie in Lidice, eine Rolle gespielt haben. Aber man sieht ja im Falle des heutigen Restjugoslawien, daß völkerrechtlich einwandfrei zustande gekommene internationale Verträge und Vereinbarungen niemals ex tunc, sondern stets nur ex nunc außer Kraft gesetzt werden können.

Das Münchner Abkommen wäre wohl nie geschlossen worden, wenn die Tschechoslowakei in der Zeit zwischen dem Ersten Weltkrieg und dem Jahre 1938 nicht systematisch die Sudetendeutschen diskriminiert und verfolgt hätte. Dann wäre es wohl nicht zur Gründung der Sudetendeutschen Partei unter Konrad Henlein, Heinz Rutha und auch Walter Heinrich gekommen. Daß Henlein und Rutha sich dann vom Dritten Reich distanzierten und dafür den Tod erlitten, ändert nichts an der Tatsache, daß das Dritte Reich nach dem Münchner Abkommen ein Terrorregime in Böhmen, teilweise auch in Mähren errichtete, welche Gebiete als Reichsprotektorat Böhmen und Mähren über den Zweiten Weltkrieg hinaus bis zu dessen

Ende bestanden haben. Man muß dabei aber bedenken, daß zu diesem Zeitpunkt bereits eine exiltschechische Regierung unter der Leitung von Eduard Beneš bestand. Der Versuch des österreichischen Bundeskanzlers Kurt Schuschnigg, in Prag bei dem Ministerpräsidenten Milan Hodža und vor allem dem Außenminister Eduard Beneš eine Rettung der Sudetendeutschen durchzusetzen, scheiterte. Der Verfasser des vorliegenden Buches war als ständiger Auslandsbegleiter des Bundeskanzlers Schuschnigg im fraglichen Zeitraum von 1937/1938 zweimal in Prag, wo Gespräche mit Beneš stattfanden, die nicht das geringste Ergebnis brachten, da Beneš nicht gewillt war, auf die antiösterreichische sogenannte Kleine Entente zu verzichten. [24]
Zweifellos hat das sogenannte Dritte Reich mit der einseitigen Einrichtung des Reichsprotektorats Böhmen und Mähren – Schlesien gehörte gar nicht dazu – am tschechischen Volk ein grobes Unrecht begangen, die Tschechen im Protektorat sogar verfolgt, und mit gutem Grunde wurde vom Präsidenten des Bundes der Vertriebenen (BdV) Dr. Herbert Czaja neuerdings zum Ausdruck gebracht, daß die Untaten Deutscher kein Tabu seien. [25]
Der exiltschechische Politiker und nach dem Rücktritt Masaryks zum Leiter der exiltschechoslowakischen Regierung berufene Eduard Beneš erließ unmittelbar nach dem Ende des Zweiten Weltkrieges, das auch die Wiederherstellung der Tschechoslowakischen Republik mit sich brachte, eine Reihe von Dekreten gegen die Sudetendeutschen. Das erste dieser Dekrete datiert vom 19. Mai 1945 und betraf die totale Enteignung »staatlich unzuverlässiger Personen«. Als solche galten nach §4 des Dekretes alle Personen deutscher und magyarischer Nationalität. Was die Magyaren anlangte, so hing deren Rechtslage mit den beiden Wiener Schiedssprüchen zusammen, durch die verschiedene oberungarische Gebiete dem neuen slowakischen Staat zugesprochen wurden und

wo sich einige hunderttausend Magyaren befanden. Der Wiener Schiedsspruch wurde von dem aus Österreich stammenden und keineswegs nationalsozialistischen Generalkonsul Dr. Karl Schwagula in die Wege geleitet.

Das nächste Beneš-Dekret war jenes vom 21. Juni 1945 über die Konfiskation und Aufteilung des landwirtschaftlichen Vermögens der Deutschen, Magyaren »und anderer Verräter«.

Das Dekret vom 2. August 1945 hatte die kollektive Aberkennung der Staatsangehörigkeit von Personen deutscher oder magyarischer Nationalität zum Gegenstand. (Für die zurückbehaltenen Zwangsarbeiter wurde es einige Jahre später wieder aufgehoben.)

Das Dekret vom 19. Juni 1945 betraf die »Bestrafung nazistischer Verbrecher, Verräter und ihrer Helfer«. Damit wurden gleichzeitig Volksgerichte eingerichtet, die jeweils aus einem tschechischen Berufsrichter und vier Vertretern der zugelassenen tschechischen politischen Parteien zusammengesetzt waren. Die Gerichte fällten Urteile, die längst vor der Verhandlung schon dem Wortlaut nach feststanden, wobei viele gar nicht wußten, warum sie verhaftet worden waren. Sie gingen meist ohne schriftliches Urteil in den Tod. [26]

Die Beneš-Dekrete führten sofort nach Wiedererrichtung der Tschechoslowakei zu einer »wilden« Vertreibung der Sudetendeutschen, und zwar im Ausmaße von rund 1.600.000, während die restlichen etwa 1,6 Millionen Sudetendeutschen ermordet wurden oder noch vor Kriegsende flüchteten. [27]

Die tschechoslowakische Regierung beschloß am 5. April 1945 in Kaschau das sogenannte Kaschauer Statut, worin im Kapitel VIII die vorgesehene römische Behandlung der Sudeten- und Karpatendeutschen festgelegt wurde. Eine Ausweisung der Sudetendeutschen wurde damals noch nicht vorgesehen, wohl aber die Aberkennung der tschechoslowakischen Staatsbürgerschaft. [28]

Die Potsdamer Beschlüsse vom 2.8.1945 – irrtümlich auch Potsdamer Abkommen genannt – ersetzten die wilden Vertreibungen der Sudetendeutschen durch eine Art geregelter Vertreibung, indem ein sogenannter Bevölkerungstransfer festgelegt wurde, demzufolge die Deutschen aus der Tschechoslowakei in humaner Weise nach Deutschland umgesiedelt werden sollten, das es allerdings damals noch nicht gab (sondern nur die Bi-Zone bzw. später die Tri-Zone). In den Potsdamer Beratungen selbst ist der Gegenstand des Bevölkerungstransfers nur kurz behandelt. Der Bevölkerungstransfer war aber von den Alliierten mit Punkt XIII der Potsdamer Beschlüsse endgültig gebilligt worden. [29]

Zu bemerken ist, daß die Potsdamer Beschlüsse ohne Mitwirkung der Deutschen bzw. der BRD zustande gekommen sind und keine wie immer geartete völkerrechtliche Bindung des deutschen Volkes zum Gegenstand haben. Soweit sie sich auf Polen beziehen, wurden sie von Polen anerkannt, während sich Ungarn nur kurzfristig an die Potsdamer Beschlüsse gehalten hat, obwohl diese auch noch für Ungarn gelten sollten.

Der künstliche tschechoslowakische Staat wurde nach dem Ende des Ersten Weltkrieges am 28. Oktober 1918 proklamiert, wobei den Slowaken durch die Tschechen versprochen wurde, daß der neue Staat ein Bundesstaat nach schweizerischem Muster sein werde. Der Staat hieß Tschecho-Slowakei, was zu bestätigen schien, daß diese Zusage auch gehalten würde. In Wirklichkeit wurde für die Slowakei das Standrecht verkündet und haben die Streitkräfte der Tschechen die Slowakei mit Waffengewalt besetzt. Am 20. Februar 1920 wurde die tschechoslowakische Verfassung als jene eines tschechoslowakischen Einheitsstaates erlassen. [30]

Am 5. Mai 1945 brach der sogenannte Prager Aufstand der Tschechen aus, die auch einen Rundfunksender besetzten und vor allem gegen die Deutschen, die in Prag rund 20.000 ausmachten, auftraten und rund 40.000 von ihnen ermordeten.

Am 5. Mai 1945 richtete der »Gauleiter« Konrad Henlein noch einen historischen Appell an die Sudetendeutschen, von denen er verlangte, sie sollten eine persönlich saubere Haltung einnehmen, und sich im übrigen zum Münchner Abkommen bekannte. Kurz darauf war er aber bereits in amerikanische Gefangenschaft geraten, wo er am 10.5.1945 Selbstmord verübte.

4. Die Verluste der Sudetendeutschen nach Kriegsende

Die sogenannten Beneš-Dekrete wurden großteils noch vor den Potsdamer Beschlüssen erlassen und auch vollzogen. [31]
Während der sogenannten wilden Vertreibung bis Mitte November 1946 kamen etwa 2.400.000 Sudetendeutsche nach Deutschland, und zwar zunächst in die US-Zone, darunter vor allem nach Bayern, während in der relativ geordneten Zwangsumsiedlung noch weitere 600.000 Sudetendeutsche nach Deutschland (zunächst Besetzungszonen, später Bundesrepublik) gekommen sind. In die sowjetische Besatzungszone, spätere DDR, kamen nach den Informationen von Fritz Peter Habel bis einschließlich 1950 916.000 Sudetendeutsche. Exakte Ziffern sind jedoch nicht eruierbar. Das zeigt sich am deutlichsten bei der Zahl der nach Österreich gekommenen Sudetendeutschen, die bis 1950 mit 142.000 angegeben werden, in Wirklichkeit aber etwa 250.000 ausmachten. Bis zum heutigen Tag bezeichnet die Tschechische Republik auch die Angehörigen des Fürstenhauses von Liechtenstein als Sudetendeutsche, die gleich nach Gründung der Zweiten Tschechoslowakischen Republik entschädigungslos als Tschechenfeinde konfiskatorisch enteignet worden seien. Aufgrund der Beneš-Dekrete wurden die vom Regierenden Fürsten von Liechtenstein – damals Fürst Johann – verlangten Entschädigungszahlen für die rund 160.000 Hektar liechtensteinischer Grundstücke geforderten Entschädigungen abgelehnt. Der derzeitige Regierende Fürst von Liechtenstein und ausschließlich liechtensteinische Staatsbürger Hans Adam II. hat im Mai 1993 der tschechischen Regierung die Forderung un-

terbreitet, die auf Milliarden-Werte in Schweizer Franken sich erstreckenden Konfiskationen rückgängig zu machen. Hierbei wurde davon ausgegangen, daß angesichts der Bodenreform in Tschechien nur ein Teil der geschuldeten Zahlungen geleistet werden müßte. Der regierende Fürst, der als Staatsoberhaupt nach Völkerrecht gar nicht konfiskatorisch enteignet werden durfte, meinte, daß die Tschechische Republik wahrscheinlich gar nicht in der Lage wäre, Entschädigungszahlungen zu leisten, da es sich immerhin um Beträge in Höhe von einigen Milliarden Franken handle. Er schlug im Interesse der tschechischen Regierung vor, daß diese einige hundert Millionen Schweizer Franken an Liechtenstein zahlen solle, das wäre immer noch ein gutes Geschäft für die Tschechische Republik, da sich Liechtenstein verpflichtet hätte, daß die Liechtensteinischen Banken, die zum Teil dem Fürstenhaus gehören bzw. deren Kunden, diese Gelder in der Tschechischen Republik anlegen würden. Statt dessen wurde postwendend vom tschechischen Außenminister Josef Zieleniec jede Forderung von liechtensteinischer Seite brüsk abgelehnt und darüber sogar eine Pressemeldung durch den Tschechischen Pressedienst ČTK hinausgegeben, wonach die Stimmenthaltung Liechtensteins in bezug auf die Aufnahme der Tschechischen Rebublik in den Europarat zu Unrecht und »unangebracht« erfolgt sei (in der Nacht auf den 1. Juli 1993). [32]

Darüber hinaus hat die Tschechoslowakei – damals hieß sie noch so – überhaupt alle liechtensteinischen Staatsbürger konfiskatorisch enteignet, obwohl nicht der leiseste Grund für eine solche Maßnahme bestanden hat. Es wurden aber auch alle in der Tschechoslowakei wohnenden Magyaren (Ungarn) enteignet, und das waren immerhin an die 300.000 Personen. Begründet wurde dies damit, daß die Slowaken in Oberungarn im Laufe der Zeit, vor allem aber seit 1848, von Ungarn schwer verfolgt worden seien. [33]

Das Jahr 1867 ist im übrigen eine Zäsur in bezug auf die Rechtsstellung der Slowaken in Oberungarn gewesen, da mit dem österreichisch-ungarischen Ausgleich von 1867 Österreich die Slowaken, wie übrigens auch die anderen Nationen, die zur Stephanskrone gehört hatten, vollständig preisgab, wobei auch der Versuch unternommen wurde, dem slowakischen Volk ein Genozid zu bereiten. Darüber gibt es eine Menge, vorwiegend in französisch geschriebener Literatur. [34]

Die in mehreren Wellen vertriebenen rund 3,2 Millionen Sudetendeutschen kamen, wenn man nur von der vorübergehenden Aussiedlung einzelner Gruppen auch in die sogenannte DDR bzw. SBZ absieht, nach Westdeutschland, und zwar vorwiegend nach Bayern. Dabei wurden rund 250.000 Sudetendeutsche getötet, sei es durch Ermordung, sei es durch Mangel an Lebensmitteln (Hungertod).

Die neugegründete Tschechoslowakische Republik (ČSR) war nur von kurzer Dauer, da die Kommunisten die ersten Wahlen gewannen, worauf diese Republik sich Tschechoslowakische Sozialistische Republik nannte (ČSSR) und ein Terrorregime von geradezu unglaublichen Ausmaßen errichtete. Im Jahre 1950 wurden über 10.000 Ordensschwestern in einer Nacht-und-Nebel-Aktion auf Lastwagen verladen und in sogenannte Konzentrationsklöster gebracht, nachdem das Zentralkomitee der Kommunistischen Partei die Vernichtung aller Klöster am 26. Februar 1950 beschlossen hatte. In der Nacht vom 13. auf 14. April 1950 wurden alle männlichen Ordensleute verhaftet, deportiert und in einem Konzentrationslager im Dekanat Freiwaldau in dem Dorf Weiß Wasser/Bila Voda untergebracht, dies in Räumen, die nach der Vertreibung der Deutschen leerstanden. Kundgebungen zur Wiedereinführung der Religionsfreiheit wurden von der Regierung der ČSSR mit Brachialgewalt unterdrückt, und auch die 31 Punkte-Petition von ČSSR-Katholiken, verfaßt von Augustin Navratil, wurde mit Einleitung von Strafverfahren beantwortet. Die Zahl der Sudetendeutschen wurde für 1980 offiziell mit 56.796 in der ČSSR angegeben und mit 91.917 in der ganzen Republik. Auch die Deutschen evangelischer Religionszugehörigkeit waren verfolgt und diskriminiert. Ebenso auch die wenigen katholischen Polen im östlichen Teil von Sudetenschlesien (Olsa-Gebiet). [35]

1977 kam es dann zur Errichtung der antikommunistischen und minderheitenfreundlichen Aktion Charta 77, die aber nur von kurzer Dauer war.

Nach dem Ende der Vertreibungen wurde im Jahre 1947 die »Arbeitsgemeinschaft zur Wahrung sudetendeutscher Interessen« gegründet, die sich ab 1955 dann »Sudetendeutscher Rat« nannte. Der Bundesverband der Sudetendeutschen Landsmannschaft wurde im Jahre 1950 in Detmold gegründet, dies mit dem Wiesbadener Abkommen, wobei, nachdem inzwischen die BRD entstanden war, eine Vertriebenen Partei, nämlich der Deutsche Gemeinschaftsblock/BHE, entstanden war. Zur selben Zeit wurde dann von der BRD das Lastenausgleichsgesetz geschaffen (LAG), welches die BRD in die Lage versetzte, die enormen Lasten, die sich aus der Vertreibung der Deutschen, vor allem aus dem Osten, herleiteten und die durch entsprechende Ausgleichsmaßnahmen gemildert wurden, zu bewältigen. Man hat dies mit Recht als deutsches Wirtschaftswunder bezeichnet. Die Sudetendeutschen konnten sich naturgemäß erst nach dem Ende der Besatzungszonen und nach Gründung der BRD entsprechend organisieren, taten dies aber so früh als möglich. An erster Stelle steht dabei die 1946 in Bayern gegründete Ackermann Gemeinde (nach der Sage vom »Ackermann in Böhmen« so genannt), doch wurde bereits 1945 die »Hilfsstelle« der deutschen katholischen Diözesen für die vertriebenen Sudetendeutschen gegründet, wobei die politischen Anliegen von einer »Arbeitsgemeinschaft

zur Wahrung sudetendeutscher Interessen« übernommen wurden, die unter der Leitung von Hans Schütz, Richard Reitzner und Walter Becher stand. [36]
Als nächste Teilorganisation der späteren Sudetendeutschen Landsmannschaft ist die sozialdemokratische Seliger-Gemeinde zu erwähnen, die sich vor allem der kulturellen Aufgabe der Sudetendeutschen zuwendet. Schließlich wurde 1948 als besonders volksbewußte, konservativ patriotische Organisation der Sudetendeutschen der Witiko Bund gegründet, der seit seiner Gründung 36 Bände über die sudetendeutsche Volksgruppe herausgebracht hat. [37]

Die verschiedenen sudetendeutschen Gruppierungen haben sich am 2. Mai 1954 zur Sudetendeutschen Landsmannschaft zusammengeschlossen, wogegen die Tschechoslowakische Republik (ČSR) immer wieder protestiert hat. Ihre Satzung ist so wichtig, daß sie nachstehend wiedergegeben wird:

»§ 1 Begriff:
1. Die Sudetendeutsche Landsmannschaft betrachtet sich als die Gestaltung der sudetendeutschen Volksgruppe außerhalb der Heimat.
2. Die Sudetendeutsche Landsmannschaft schließt die Sudetendeutschen (§4) unbeschadet der konfessionellen, weltanschaulichen und parteipolitischen Einstellung des einzelnen in einer Organisation zusammen.

§ 3 Zweck:
Zweck der Sudetendeutschen Landsmannschaft ist:
a) an einer gerechten Völkerordnung Europas mitzuwirken;
b) den Rechtsanspruch auf die Heimat, deren Wiedergewinnung und das damit verbundene Selbstbestimmungsrecht der Volksgruppe durchzusetzen;
c) den Anspruch der Volksgruppe und der einzelnen Landsleute auf Rückerstattung des geraubten Vermögens und die sich daraus ergebenden Entschädigungsansprüche zu vertreten;
d) die Landsleute wirtschaftlich und sozial zu betreuen;

e) die Belange der Volksgruppe in den Aufnahmegebieten zu wahren;

f) die Überlieferung (Sitten, Brauchtum, Mundart, Kulturgut usw.) der Heimat zu erhalten, der Jugend weiterzugeben und das kulturelle Leben der Volksgruppe zu fördern.

§ 4 Volksgruppenzugehörigkeit:

1. Sudetendeutscher ist ein Deutscher, der in einer Gemeinde der Länder Böhmen, Mähren oder Schlesien geboren ist oder das Heimatrecht hatte.

2. Als Sudetendeutscher gilt ein Deutscher, der von mindestens einem Eltern- oder Großelternteil, der Sudetendeutscher ist, abstammt, oder mit einem Ehegatten, der Sudetendeutscher ist, oder als Sudetendeutscher gilt, verheiratet ist.

3. Als Sudetendeutscher gilt auch ein Deutscher, der in einer Gemeinde der Länder Böhmen, Mähren oder Schlesien längere Zeit gewohnt hat und seine Verbundenheit mit der sudetendeutschen Volksgruppe bekundet.« [38]

Die Sudetendeutsche Landsmannschaft hat an vielen Orten Orts- und Kreisverbände gegründet und auch Landesverbände ins Leben gerufen, wie zum Beispiel in Bayern, Baden Württemberg und Hessen. Zuvor ist es am 14. Juli 1950 zur sogenannten Obhutserklärung des 1. Deutschen Bundestages gekommen, ferner auch zur Urkunde des Freistaates Bayerns am 6. Juni 1954, womit die »Schirmherrschaft des Freistaates Bayern über die sudetendeutsche Volksgruppe« beschlossen wurde. [39]

Im Jahre 1948 kam es zu einem Staatsstreich der Kommunisten in der Tschechoslowakischen Republik, die daraufhin in Sozialistische Tschechoslowakische Republik (ČSFR) umbenannt wurde. Im Frühjahr 1948 übernahm die Kommunistische Partei nach einem Putsch die ganze Macht im Staate, wobei auch viele Tschechen und Slowaken in Internierungslager kamen und Berufsverbote über Jahrzehnte gegen tschechische und slowakische Demokraten ergingen. Die ab 1960 als ČSSR bezeichnete Republik blieb dann bis zum sogenannten Prager Frühling von 1968 dem Ostblock verbunden. Die Mißachtung grundlegender Menschenrechte war Mittelpunkt der gesamten staatlichen Politik.

Die Ackermann Gemeinde als katholische Organisation der Sudetendeutschen wurde am 13.1.1946 gegründet, die sozialdemokratische Seeliger Gemeinde am 14.4.1947. Auch das Verfassungsgesetz der ČSSR über die rechtliche Stellung der nationalen Minderheiten vom 1.1.1969, das die Gleichberechtigung zwischen Nationen und Nationalitäten der magyarischen, deutschen, polnischen und ukrainischen Nationalität durchführen sollte, wurde in Wirklichkeit nicht eingehalten, wobei vor allem die deutschen Schulen in der ČSSR weiterhin nicht existent waren, obwohl das Gesetz solche Schulen vorsah. [40]

Laut Volkszählung vom 1.11.1980 gab es aber immerhin noch 61.900 Sudetendeutsche in der ČSSR eine Ziffer, die von Leoš Satava übernommen wird. Die tatsächliche Zahl der Deutschen in der ČSSR soll aber etwa 100.000 betragen haben.

Am 5. Januar 1968 wurde Alexander Dubček, ein Slowake, Parteichef der Kommunistischen Partei und erwirkte, daß am 22. März 1968 Antony Novotny als Staatspräsident zurücktrat und am 9. April Oldrich Černak Premierminister wurde. Damit begann der sogenannte Prager Frühling, der die Staaten des (kommunistischen) Warschauer Paktes, zu denen auch die ČSSR gehörte, auf den Plan rief, um in der ČSSR ein Exempel zu statuieren. Die Warschauer Pakt-Staaten – Polen, Ungarn, Bulgarien und die DDR – einigten sich in Moskau auf die sogenannte Breschnew-Doktrin und auf einen bewaffneten Einmarsch in die Tschechoslowakei (am 20. August 1968). Um 1 Uhr 30 des 21. August folgte der Einmarsch der Truppen des Warschauer Paktes mit der russischen Armee an der Spitze, aber auch mit Truppen Polens. Daraufhin wurde mit blutiger militärischer Macht der Prager Frühling beendet. [41]

Mit den Sudetendeutschen beschäftigten sich die maßgebenden Führer des sogenannten Prager Frühlings von 1968 überhaupt nicht, das Kapitel war für sie abgeschlossen. Aber auch die Vertreter der Charta 77, die im Jahr 1977 einen Versuch zur Demokratisierung der ČSSR unternahmen, haben sich mit der Lage der Sudetendeutschen überhaupt nicht beschäftigt.

Mit der sogenannten Wende im Osten wurde nicht nur in Polen eine völlig neue Lage geschaffen, sondern auch in der ČSSR Der Wiedervereinigungsvertrag vom 3.10.1990 führte auch zu dem am 13.12.1990 zwischen Deutschland einerseits und Polen und der UdSSR andererseits ratifizierten 2 plus 4 Vertrag, in welchem Deutschland auf Ostpreußen, Pommern und Schlesien mit 110.000 km^2 zugunsten Polens und der UdSSR verzichtete. Rechtzeitig wurde das kommunistische Regime in der ČSSR beseitigt, und es kam zur Bestellung von Václav Havel zum Präsidenten der ČSR, wie sie nunmehr hieß. Es wurde am 9.8.1990 ein »Verband der Deutschen in der Tschechoslowakei« gegründet, der deutschfreundliche tschechische Wissenschaftler Ota Filip beteiligte sich am 11.5.1991 an einem gemeinsamen Kampf deutscher und tschechischer Sozialdemokraten. In Prag wurde eine deutschsprachige Zeitung, die »Prager Zeitung«, gegründet. Es kam auch zu einer Reihe persönlicher Begegnungen zwischen tschechischen und sudetendeutschen Persönlichkeiten, nicht aber zu einer allgemeinen Lösung der sudetendeutschen Frage mit Anerkennung des Rechtes auf die Heimat und das Selbstbestimmungsrecht.

Die Sudetendeutschen wurden von dem Minderheitenschutz ausgeschlossen, obwohl das diesbezügliche Verfassungsgesetz der ČSSR am 1.1.1969 auch für die Deutschen ein Recht auf Bildung in der Muttersprache gewährt hatte. [42]

Die ersten freien Wahlen nach 55 Jahren vom

8./9.6.1990, zu welchen 22 Parteien antraten, führten zu einem Absturz der Kommunistischen Partei auf nur 14% der Wählerstimmen, was Papst Johannes Paul II. bei seinem völlig überflüssigen Besuch in Prag am 22.4.1990 zu dem Ausspruch veranlaßte, daß dieses Wahlergebnis ein Wunder gewesen sei.

In weiterer Folge kam es wiederum zu einer Privatisierung der Klein- und Mittelbetriebe, sowie Einzelhandelsgeschäfte (Gesetz vom 1.1.1990), und auch die Aufhebung der Klöster unter konfiskatorischer Enteignung des Vermögens der katholischen Diözesen und Pfarreien und eines wesentlichen Teiles der evangelischen Kirche wurde wiedergutgemacht. Wie die Mitteilungen der Ackermann-Gemeinde vom Sommer 1993 besagen, wurde sogar ein neues katholisches Bistum Pilsen errichtet, was natürlich nur mit Zustimmung der tschechischen Regierung möglich war. Außerdem wird über die wesentlich gebesserte Lage der katholischen Ordensschwestern berichtet. Man muß dazu aber feststellen, daß die Sudetendeutschen von diesen Verbesserungen ausgeschlossen sind.

5. Das Gmundner Abkommen und die Sudetendeutschen

Nach bzw. bei Kriegsende wurden sehr viele Deutsche, die im öffentlichen Dienst ihres Mutterstaates gestanden waren, unverzüglich entlassen, dies ohne jeden Anspruch auf irgendwelche Beteiligungen, und wurden auch die öffentlich rechtlichen Pensionisten ihrer Pensionen für verlustig erklärt. Die sogenannten Potsdamer Beschlüsse sollten zwar ermöglichen, daß die betreffenden Volksdeutschen, ob nun im öffentlichen Dienst oder nicht, auf eine humane Weise ausgesiedelt und nach Deutschland umgesiedelt werden sollten, von einem Verlust ihres Vermögens oder Einkommens ist aber in den Potsdamer Beschlüssen nicht die Rede. Die Potsdamer Beschlüsse bezogen sich nur auf Polen, die Tschechoslowakei und Ungarn, wurden aber von Ungarn nur kurze Zeit durchgeführt. In weiterer Folge blieben die Ungarndeutschen bis zum heutigen Tage in ihrer Heimat. [43]

Die Deutschen im Südosten Europas wurden zu einem erheblichen Teil, in bezug auf Jugoslawien ausnahmslos, vertrieben, gehörten aber im großen und ganzen nicht zum Personenkreis der öffentlich-rechtlichen Bediensteten. Die Zahl der nach Österreich vertriebenen oder zwangsumgesiedelten Volksdeutschen aus anderen Ländern wird für das Jahr 1945 und die Folgejahre mit etwa 12.000 angegeben, aber verläßliche Daten sind darüber nicht zu erhalten. Private Organisationen bemühten sich, diesen Personenkreis zu erfassen, so zum Beispiel »Nordland« in Salzburg, oder die Klemens Gemeinde mit Hauptsitz in Oberösterreich, die sudetendeutsche Ackermann Gemeinde, der Andreas Hofer Bund in Tirol, der

Bergisel Bund in Vorarlberg, Tirol und Salzburg, die Österreichische Landsmannschaft in Wien, um nur einige zu nennen. Daher bildete sich ein Verein der vertriebenen volksdeutschen Beamten und öffentlich rechtlichen Bediensteten mit dem Titel »Rechtsschutzverein aller ehemaligen Beamten, Angestellten und Pensionisten« mit Sitz in Wien XVII, Hernalserhauptstraße 68.

Schon bald wurde man aber der Tatsache inne, daß diese ehemaligen volksdeutschen Beamten in Wirklichkeit nahezu ausnahmslos Sudetendeutsche waren, weshalb sich die Vereinsleitung entschloß, den Rechtsschutzverband in die schon bald nach dem Kriege gegründete Sudetendeutsche Landsmannschaft Österreichs als einen Mitgliedsverein mit eigener Rechtspersönlichkeit einzugliedern. Die Verhandlungen darüber dauerten relativ lang, da eine Genehmigung der Vereinsbehörde erforderlich war. Erst am 13. Dezember 1963 wurde von der Sicherheitsdirektion für Wien zu M.Ab. 62-II/2135/63 der Verein »Sudetendeutsche Landsmannschaft in Österreich – Rechtsschutzverband vertriebener volksdeutscher Beamter« genehmigt.

An der Spitze des Vereins standen der Verfasser dieses Buches, Rechtsanwalt Dr. Theodor Veiter, Feldkirch, als Obmann, der einzige Nichtsudetendeutsche, Rechtsanwalt Dr. Emil Schembera, Wien, als Obmannstellvertreter und praktisch Geschäftsführer sowie Schriftführer, Eugenie Kronenberg, stellvertretend Wien, stellvertretende Schriftführerin, Kapitän Leutnant i.R. Rudolf Winckler, Wien, als Kassier, Poldie Glier, Hausfrau in Wien, als Kassierstellvertreterin, Oberinspektor i.R. Stephan Studeny, Wien, als stellvertretender Geschäftsführer und zugleich Rechnungsprüfer und Elisabeth Schwab, Hausfrau in Wien, als Rechnungsprüferin, außerdem noch, ohne dem Vorstand anzugehören, Oberst a.D. Michel, der außerordentlich intensiv arbeitete. Der Verein trat in enge Beziehungen zum Bundeskanzleramt (Sektionschef Dr. Hackl) und dem Bundesministerium für Finanzen (Sektionschef Dr. Latzka) und erwirkte es, daß die österreichische Bundesregierung mit der deutschen Bundesregierung wegen Gewährung von Aktivbezügen bzw. Ruhegenußbezügen für den in Rede stehenden Personenkreis in Kontakt trat. Nach langen Verhandlungen, bei denen auf bundesdeutscher Seite Ministerialrat Dr. Günther Fuchs und Ministerialdirigent Feaux de la Croix in Erscheinung traten, wurde in Gmunden (Oberösterreich) am 27. April 1953 ein Regierungsabkommen paraphiert und praktisch abgeschlossen, das in Österreich einheitlich als Gmundner Abkommen bezeichnet wird, in Deutschland aber auch, da in Bonn unterschrieben, Bonner Abkommen. Die Sudetendeutschen bezeichnen es aber generell als Gmundner Abkommen.

Das Gmundner Abkommen ist ein Geheimabkommen (Regierungsabkommen), wurde niemals irgendwo veröffentlicht. Im Anhang wird der Wortlaut des Abkommens wiedergegeben (Beilage 1), zuzüglich einer Stellungnahme des Rechtsschutzverbandes, teilweise verfaßt von Dr. Emil Schembera und vom Verfasser dieses Buches (Beilage 2). Dazu kommt noch ein Memorandum des Rechtsschutzverbandes vom 20. Juni 1958 (Beilage 3), einem Zeitpunkt, zu welchem die Überleitung des Rechtsschutzverbandes in die Landsmannschaft der Sudetendeutschen in Österreich noch nicht vollzogen war. Dieses Memorandum wird ebenfalls im Anhang abgedruckt.

Nach der Übernahme des Rechtsschutzverbandes durch die Sudetendeutsche Landsmannschaft Österreich mit Sitz in der Hegelgasse 19/4 in Wien wurde am 19.5.1970 die Vereinsbehörde davon verständigt, daß der Rechtsschutzverband nunmehr »SLÖ – Rechtsschutzverband Vertriebener Volksdeutscher Beamter« (Bonner Pensionisten und Wiedereingestellte) heißt und folgende Vorstandsmitglieder hat:

Dr. Theodor Veiter, Adalbert Oberleithner, Josef Nohel,

Dr. Emil Schembera, Elisabeth Schwab, Stephan Studeni, Dr. Friedrich Festa und Leo Rantasz.

Der Rechtsschutzverband der sogenannten Gmundner war in weiterer Folge bemüht, eine Verbesserung der Bezüge der Gmundner zu erwirken und erreichte in diesem Zusammenhang, daß eine ganze Reihe von Konferenzen, sowohl von der deutschen wie der österreichischen Seite an verschiedenen Orten stattfanden, um die aufgetauchten Probleme zu lösen. Gewisse Verbesserungen wurden dabei erreicht. Die BRD erklärte sich bereit, einen Betrag von bis zu einer Million DM jährlich für Sonderzahlungen an bedürftige, in Österreich lebende Gmundner zu bezahlen. Dies wurde auch dadurch ermöglicht, daß zwei Vertreter des Rechtsschutzvereins (Dr. Veiter und Dr. Schembera) die Möglichkeit gegeben wurde, vor den beteiligten Ausschüssen des Deutschen Bundestages, insbesondere des Innenausschusses, die Anliegen der Gmundner eingehend darzustellen, was im Jahre 1969 der Fall war.

Die in Rede stehende 1 Mill. DM wurde aber nie voll ausgeschöpft, da das österreichische Zentralbesoldungsamt, das zu diesen Fragen Stellung nehmen mußte, stets eine äußerst ablehnende und kritische Haltung in bezug auf Sonderzahlungen aus dem Gmundner Abkommen an den Tag legte. Auch im österreichischen Bundesministerium für Finanzen war man, ausgenommen in der Zeit, als Dr. Latzka der zuständige Sektionschef war, in bezug auf die Wünsche der Gmundner sehr zurückhaltend. Der spätere Sektionschef Perelli erwies sich geradezu als Gegner der Gmundner und überhaupt der Sudetendeutschen. Die Argumente, die gegen die Ansprüche der Gmundner auf eine zusätzliche Versorgung geltend gemacht wurden, lagen insbesondere in der Tatsache, daß vergleichbare österreichische Beamte geringere Bezüge bekamen als die sogenannten Vollbonner, also jene Gmundner, die zu 100% nach dem deutschen Lastenausgleichsgesetz und dem Artikel 131 GG (nebst 3 Novellen) höhere Bezüge hatten als vergleichbare Beamte des öffentlichen Dienstes in Österreich. Dabei wurde aber konsequent übersehen, daß die in Österreich lebenden Gmundner, also ehemalige Sudetendeutsche und andere volksdeutsche Beamte, für die Zeit der Vertreibung bis zum Abschluß des Gmundner Abkommens keinerlei Pensionen oder sonstige Dienstbezüge erhalten hatten, und auch die Anwartschaften, verglichen mit den Bezugsempfängern nach dem G 131, wesentlich weniger Vordienstzeiten angerechnet bekamen.

Bundeskanzler Dr. Klaus ließ am 4. November 1966 im Wege der Österreichischen Botschaft in Bonn bzw. des Österreichischen Bundesministeriums für Auswärtige Angelegenheiten eine Verbalnote an die deutsche Bundesregierung richten, um eine Besserstellung der Gmundner Pensionisten zu erwirken. Diese Verbalnote hatte aber keine praktische Auswirkung. Ebenso hat auch das Gutachten des in Wien lebenden Rechtsanwalts Dr. Magerstein zum österreichisch-deutschen Vermögensvertrag von Bad Kreuznacht vom 12.6.1961 mit detaillierten Angaben (Gutachten vom 21. Juli 1961) zu dem Gmundner Abkommen keine konkreten Ergebnisse gebracht. Im Endergebnis wurde den in Österreich lebenden sudetendeutschen ehemaligen Beamten und öffentlichrechtlichen Bediensteten überhaupt kein formeller Rechtsanspruch gewährt, da es keine im Bundesgesetzblatt veröffentlichte diesbezügliche Regelung gab. Man mußte also zufrieden sein, daß im Sinne des Gmundner Abkommens Pensions- bzw. Dienstbezüge überhaupt ausbezahlt wurden, wobei sicherlich auch Ungerechtigkeiten unterlaufen sind, da die Berechnung vom Zentralbesoldungsamt in Wien aufgestellt wurde. Im übrigen starben die Gmundner vor allem altersbedingt relativ rasch hinweg, so daß die Aufrechterhaltung des Rechtsschutzvereines nicht mehr sinnvoll war. Am 4. Februar

1985 wurden in einer Schluß-Generalversammlung im Restaurant Smutny die nur noch sehr schwach besuchte letzte Generalversammlung des Vereines durchgeführt und der Verein aufgelöst.

Das Vereinsvermögen betrug bei der Vereinsauflösung nach Abzug der noch ausstehenden Mitgliedsbeiträge zur SLÖ Schilling 37.885,23, welcher Betrag für eine Buchpublikation über die Geschichte des Gmundner Abkommens Verwendung finden sollte, dies aufgrund von Beschlüssen der Generalversammlung des Rechtsschutzverbandes dann aber vom neuen Obmann der Sudetendeutschen Landsmannschaft Österreichs, Karsten Eder, in das Vermögen der SLÖ übergeführt wurde. Aus dem Plan, eine Geschichte des Gmundner Abkommens in Buchform herauszubringen, wofür der Universitätsverlag Wilhelm Braumüller in Wien vorgesehen war, ist dann nichts geworden.

Erwähnt sei noch, daß im Laufe der langen Geschichte des Gmundner Abkommens auch verschiedene Versuche unternommen wurden, für die berechtigten Interessen der Gmundner zur Sanierung ihrer im allgemeinen schlechten finanziellen Lage eine wesentliche Verbesserung des Abkommens selbst zu erreichen, wobei vor allem Bemühungen stattfanden, das Lastenausgleichsamt unter der damaligen Leitung von Dr. Karl Heinz Schaefer wie auch die AWR zu gewinnen. Diese Bemühungen erwiesen sich angesichts der eher grundsätzlichen Ablehnung seitens der österreichischen Regierung als nicht zielführend.

Für die Geschichte der Sudetendeutschen in Österreich ist aber das Gmundner Abkommen zweifellos von großem Interesse. Hierzu gehört auch, daß der Vizepräsident und praktisch Geschäftsführer des Rechtsschutzverbandes, der Gmundner R.A. Dr. Emil Schembera, lange Zeit hindurch Obmann der Sudetendeutschen Landsmannschaft in Österreich gewesen ist, ehe er dann durch

Monsignore Prälat Josef Koch abgelöst wurde. Nach dessen Tode trat dann Karsten Eder an diese Stelle und ist bis heute tätig.

Wie viele sogenannte Gmundner es tatsächlich in Österreich gegeben hat, ist niemals exakt festgestellt worden. Alle Versuche, eine Namensliste mit Adressen vom Zentralbesoldungsamt in Wien zu erlangen, sind gescheitert, da sich das Zentralbesoldungsamt darauf berief, daß das Gmundner Abkommen nur ein Regierungsabkommen und kein publizierter völkerrechtlicher Vertrag sei. Aber auch von deutscher Seite ist eine solche Liste nie zu erhalten gewesen. Man hat die Zahl der Gmundner am Beginn mit etwa 12.000 angegeben, der Rechtsschutzverein erreichte diese Ziffer nie, wohl aber eine Zahl von etwa 8.000, die dann aber durch den Tod der vorwiegend alten Gmundner auf 3.000 heruntergegangen ist. Diese waren fast ausnahmslos Sudetendeutsche. Man muß auch berücksichtigen, daß man sich in Österreich gegenüber den Sudetendeutschen sehr unterschiedlich verhalten hat. Bundeskanzler Dr. Klaus trat für die Sudetendeutschen ein, wo es nur möglich war, aber auch der Außenminister und spätere Bundeskanzler Bruno Kreisky war sehr für die Sudetendeutschen zu gewinnen, obwohl er an und für sich tschechischer Abstammung war. Wie er mir einmal in seinem sehr langen persönlichen Gespräch sagte, war sein jüdischer Großvater in tschechischer Sprache von Beruf ein »Kreiskysoud«, also ein Bezirksrat im tschechischen Siedlungsgebiet Altösterreichs gewesen, und als die Juden eigene Familiennamen erhielten, wurde von seinen Großeltern entschieden, daß der Familienname Kreisky sein sollte. In ähnlicher Weise hat der Vater des späteren Bundespräsidenten Dr. Kurt Waldheim, der ursprünglich Tscheche war und Vazlavek hieß, seinen Namen in Waldheim geändert.

Im allgemeinen wurden die nach Österreich vertriebenen Sudetendeutschen, die dann auch hier bleiben mußten, da die Besatzungsmächte eine Übersiedlung in die spätere BRD nicht zuließen, durchaus positiv beurteilt, wozu noch kommt, daß viele von ihnen sich im Wirtschaftsleben auf das beste bewähren.

Die Regierung der BRD war auch in der Zeit, in welcher die Tschechoslowakei noch ein kommunistisch regiertes Land war, bemüht, mit der ČSSR zu einem Verhältnis der Aussöhnung zu gelangen. Ergebnis war der Vertrag über die gegenseitigen Beziehungen zwischen der Republik Deutschland und der Tschechoslowakischen Sozialistischen Republik vom 11.12.1973, BGBL 1974 II S. 990 ff. Die Sudetendeutschen und deren offizielle Vertreter sind dazu nicht gefragt worden. In dem Vertrag blieben die territorialen Fragen ausgeklammert, wozu noch auf den 2-plus-4-Vertrag über die abschließende Regelung in bezug auf Deutschland vom 12.9.1990, BGL II S. 1318 ff., hinzuweisen ist. Seitens der Sudetendeutschen wurde gegen diesen sogenannten Prager Vertrag eindeutig Stellung genommen, da der Vertrag auch keine Entschädigungspflicht der ČSSR für entzogenes Vermögen enthielt. Festzuhalten ist hierbei, daß zwar auch von maßgebenden Völkerrechtlern das Münchner Abkommen von 1938 als ungültig, teilweise sogar als nichtig angesehen wurde, aber nirgendwo eine Vertreibung als völkerrechtsmäßig beurteilt wurde. [44]

Nach dem Ende der kommunistischen Herrschaft in der Tschechoslowakei kam es vorübergehend zu einem neuen Staatsgebilde, nämlich der Tschechischen und Slowakischen Föderativen Republik und damit auch zur Gegenstandslosigkeit des sogenannten Prager Vertrages. An seine Stelle trat ein neuerlicher deutsch-tschechoslowakischer Vertrag (sogenannter Bonn-Prag-Vertrag) vom Jahre 1992. [45]

Für den Vertrag verantwortlich war auf deutscher Seite der Außenminister Hans-Dietrich Genscher, ein ausgesprochener Gegner der Sudetendeutschen, auf tschechoslowakischer Seite der Minister für Auswärtige Angelegenheiten Jiři Dienstbier.

In diesem zweiten deutsch-tschechoslowakischen Vertrag wurde ausdrücklich festgehalten, daß er sich nicht auf Vermögensfragen beziehe, obwohl doch die Vermögensfragen von entscheidender Bedeutung waren. Von sudetendeutscher Seite wurde, wie bei Ermacora, dieser zweite Prager Vertrag wegen Verweigerung des Selbstbestimmungsrechts und des Rechts auf die Heimat der Sudetendeutschen abgelehnt. Die Ablehnung erfolgte aber auch im Hinblick auf den Einigungsvertrag zwischen der BRD und der Deutschen Demokratischen Republik über die Herstellung der Einheit Deutschlands vom 31.8.1990, BGL II S. 889. Dieser zweite Prager Vertrag ist aber auch dadurch gegenstandslos geworden, daß es die ČSFR nicht mehr gibt, nachdem die Slowakische Republik entstanden ist und sich von der Tschechischen Republik vollkommen gelöst hat.

Wie minderheitenfeindlich die Tschechische Republik ist, kann man aus der Tatsache ersehen, daß sie mit einem Fanatismus sondergleichen nicht nur die Sudetendeutschen, sondern auch die Sinti und Roma, die weitgehend diskriminiert sind, verfolgt und ihnen die Menschenrechte vorenthält. [46]

Die Regierung der Tschechischen Republik steht auf dem Standpunkt, daß die Potsdamer Beschlüsse vom 2.8.1945 in zwingender Form die Vermögenskonfiskation des Vermögens der Sudetendeutschen, der Deutschen in Polen und der Deutschen in Ungarn zur Folge haben, wobei in unwahrer Weise angenommen wird, daß auch die Liechtensteiner hinsichtlich ihres in der Tschechoslowakei enteigneten Vermögens wie die Sudetendeutschen zu behandeln sind. Dabei wird bewußt verschwiegen, daß sich die Bestimmungen der Potsdamer Beschlüsse, wonach die Deutschen aus der Tschechoslowakei, aus Polen und aus

Ungarn in humaner Weise ausgesiedelt werden sollten, auf Liechtenstein überhaupt nicht beziehen und im übrigen keine absolute Norm darstellten, denn Ungarn hat beispielsweise die Ungarndeutschen nach den Potsdamer Beschlüssen vorübergehend ausgesiedelt, aber diese Maßnahmen bald wieder eingestellt.

Daß auch die Liechtensteiner enteignet werden sollten, wurde dem Verfasser vom Generalinspektor des Tschechischen Außenministeriums, Dr. Pavl Vosalik, mit Schreiben vom 26.8.1993 mitgeteilt. Dabei enthalten die Potsdamer Beschlüsse, die keinerlei völkerrechtliche Norm darstellen, über Vermögenskonfiskationen überhaupt nichts, sondern lediglich Ausführungen über die Aussiedlung.

6. Das Selbstbestimmungsrecht und das Recht auf die angestammte Heimat

Als der deutsche Politiker Ludwig Erhard die Erste Bonner Note als ein Ergebnis von Verhandlungen mit der ČSSR hinausgab, waren daran die Sudetendeutschen nicht beteiligt. Unverzüglich nach der Kundmachung dieser ersten Bonner Erklärung hat die Sudetendeutsche Landsmannschaft dagegen protestiert, weil die Frage der Vertreibung der Sudetendeutschen darin überhaupt nicht behandelt worden war. Der deutsche Bundeskanzler Erhard hat diese Note dem Bundestag nicht vorgelegt, vielmehr wurde sie nur im Verteidigungsrat behandelt und mitformuliert. Mit dem Ende der kommunistischen Herrschaft in der ČSSR wäre die Möglichkeit gegeben gewesen, eine neue Vereinbarung zu treffen, die die Mängel der ersten Erklärung beseitigt hätte. Ein zweiter Vertrag zwischen Bonn und Prag, nunmehr mit der ČSFR, über »Freundschaft und gute Nachbarschaft« wurde 1992 abgeschlossen. Bayern hat gegen diesen Vertrag protestiert und denselben im Bundesrat abgelehnt. Das ergab sich logischerweise aus der Obhutserklärung Bayerns für die Sudetendeutschen. (Auch die BRD hat eine Obhutserklärung abgegeben, die aber unwirksam gewesen ist. [47]
Das Selbstbestimmungsrecht ist heute allgemein anerkanntes Völkerrecht, spätestens seit 1939. [48]
Es muß allerdings zwischen dem externen und dem internen Selbstbestimmungsrecht unterschieden werden. Für gewöhnlich wird unter Selbstbestimmung die Entscheidung der Völker bzw. Volksgruppen darüber verstanden, sich aus einem bestimmten Staat zu lösen und entweder einen selbständigen Staat zu bilden oder sich einem an-

deren Staat gleicher Nationalität anzuschließen. (Beispiele: Slowenien, Kroatien, Belgien, Baltische Staaten.) Daneben kann aber auch unter Selbstbestimmungsrecht das interne Selbstbestimmungsrecht verstanden werden, bei welchem sich die selbstbestimmungsberechtigte Volksgruppe in einer Volksabstimmung für den Verbleib in ihrem Herbergsstaat ausspricht, soferne ihr nur gewisse Rechte eingeräumt werden, vor allem die sogenannte nationale Autonomie. [49]

Die heutige Tschechische Republik ist durch internationale Verträge, die die Tschechoslowakei geschlossen hat, gehalten, das Recht der Sudetendeutschen auf Selbstbestimmung anzuerkennen. In den beiden Weltmenschenrechtspakten von 1966, insbesondere dem Weltpakt für bürgerliche und politische Rechte vom 6.12.1966 (Gv Räs 2200 A XXI), wurde ein universelles Recht auf Selbstbestimmung aller Völker in dem Artikel 1 der beiden Pakte festgelegt. Die Tschechoslowakei hat diese Weltpakte ebenfalls ratifiziert, in deren Artikel 1 es wörtlich heißt: »Alle Völker haben das Recht auf Selbstbestimmung. Kraft dieses Rechts entscheiden sie frei über ihren politischen Status und gestalten in Freiheit ihre wirtschaftliche, soziale und kulturelle Entwicklung.

Alle Völker können für ihre eigenen Zwecke frei über ihre natürlichen Reichtümer und Mittel verfügen, unbeschadet aller Verpflichtungen die aus der internationalen wirtschaftlichen Zusammenarbeit auf der Grundlage des gegenseitigen Wohles, sowie aus dem Völkerrecht erwachsen. In keinem Fall darf ein Volk seiner eigenen Existenzmittel beraubt werden.

Die Vertragsstaaten, einschließlich der Staaten, die für die Verwaltung von Gebieten ohne Selbstregierung und von Treuhandgebieten verantwortlich sind, haben entsprechend der Charta der Vereinten Nationen die Verwirklichung des Rechtes auf Selbstbestimmung zu fördern und dieses Recht zu achten.« Dazu kommen noch ergänzende Definitionen, die die Vereinten Nationen zum Selbstbestimmungsrecht beschlossen haben. [50]

Hierzu ist zu sagen, daß den Sudetendeutschen die Ausübung des Rechtes auf Selbstbestimmung niemals gewährt wurde. Man muß in diesem Zusammenhang darauf hinweisen, daß in den Sudetenländern Ende des Ersten Weltkrieges 3.177.000 Deutsche (Sudetendeutsche bzw. auch Karpatendeutsche) beheimatet waren, 2.921.000 Sudetendeutsche die Tschechoslowakei verlassen haben und 267.000 Sudetendeutsche auf der Flucht oder während der Vertreibung den Tod gefunden haben. Diese Zahlen werden im übrigen von der Tschechischen Republik ebenso wenig bestritten wie die Tatsache, daß der Bevölkerungstransfer mit dem Verlust von Gut und Vermögen verbunden gewesen bzw. noch heute verbunden ist. [51]

Seitens der Tschechischen Republik wird gegen die Vertreibung der Sudetendeutschen und die Verletzung des Selbstbestimmungsrechtes meist eingewendet, daß die Potsdamer Beschlüsse diese Vertreibung festgelegt hätten. Abgesehen davon, daß die Potsdamer Beschlüsse keine völkerrechtliche Norm darstellen, sondern lediglich eine Entscheidung dreier Siegermächte (Frankreich nahm daran überhaupt nicht teil). Die Potsdamer Beschlüsse hatten lediglich die in humaner Form zu vollziehende Aussiedlung der Deutschen aus der Tschechoslowakei (und aus Polen und Ungarn) zum Gegenstand, nicht aber auch Vermögenskonfiskationen und anderes. [52]

Seitens der Tschechischen Republik wird das Selbstbestimmungsrecht der Sudetendeutschen geleugnet und betont, daß es ein solches nicht gäbe. Dies ergibt sich aus Äußerungen des tschechischen Staatspräsidenten Václav Havel und des Ministerpräsidenten Václav Klaus, aber auch anderer führender tschechischer Politiker, wie zum Beispiel Ludek Pachmann. Allerdings wurden Vorschläge gemacht, die Sudetengebiete unter eine treuhänderische Verwaltung zu stellen, bei der aber die Zugehörigkeit zum tschechischen Staat nicht in Zweifel gezogen wird. Sudetendeutscherseits wurde dieser Vorschlag abgelehnt. [53]

Die Tschechische Republik hat keinen Augenblick lang daran gedacht, das den Sudetendeutschen angetane Unrecht, das völkerrechtlich in Übereinstimmung mit einem Gutachten von Felix Ermacora als Völkermord zu bezeichnen ist, wiedergutzumachen und ein wirklich gediegenes deutsch-tschechisches Verhältnis zu schaffen. Dabei würde das Selbstbestimmungsrecht im Vordergrund stehen, und zwar in der Erscheinungsform des internen Selbstbestimmungsrechts. Die BRD hat, wie sie wiederholt erklärt hat, nicht die Absicht, gegenüber der Tschechischen Republik irgendwelche Gebietsansprüche zu erheben, wohl aber wäre den Sudetendeutschen, die ja immerhin seit Menschengedenken in Böhmen und Mähren beheimatet sind, ein Selbstbestimmungsrecht auf der Basis einer formellen Autonomie zu gewähren.

Václav Havel hat es ausdrücklich abgelehnt, den Sudetendeutschen eine Rückkehr zu ermöglichen, wobei die Frage ja nur darum geht, ob die Sudetendeutschen wiederum in ihre Heimat zurückkehren können. Das wurde ihnen bisher verwehrt. Damit kommen wir aber zum Problem des Rechtes auf die angestammte Heimat.

Das Recht auf die angestammte Heimat, also nicht nur die durch Zuwanderer erworbene neue Heimat, ist relativ neueren Datums, was auch darin seinen Ausdruck findet, daß der Begriff Heimat zwar in der deutschen Sprache geradezu eine Selbstverständlichkeit darstellt, auch in den slawischen Sprachen vorkommt, ebenso im Englischen, hingegen nicht in der italienischen und in der französischen Sprache. Der Ausdruck Patria im Italienischen bzw. Patrie im Französischen wird im Deutschen nicht zu

Unrecht sehr oft mit Vaterland übersetzt, aber mit Heimat hat das nicht unbedingt zu tun. Im allgemeinen entspricht das Recht auf die Heimat dem Recht auf die Wahrung der Identität, und zwar der ethnischen Identität, aber auch der persönlichen Identität. Aber auch Völker und Volksgruppen haben eine spezifische Identität, und diese drückt sich in der Zugehörigkeit zu einem bestimmten Heimatland aus. Das altösterreichische Staatsbürgerschaftsrecht ging von vornherein von dem Begriff Heimat aus, indem es dort eine Heimatrolle als Zuständigkeitsdokument gab und demgemäß auch den sogenannten Heimatschein und den Heimatverband. Für die Sudetendeutschen war daher der Begriff Heimat von ihrer österreichischen Vergangenheit her eine sehr klare Identitätsbegründung. Die Tschechoslowakei hat diesen Begriff nach ihrer Gründung nach dem Ersten Weltkrieg nicht übernommen und an seine Stelle die Staatsangehörigkeit gesetzt. Auch in der Republik Österreich ist nach der Okkupation durch das Dritte Reich 1938 der Begriff Heimat beseitigt worden, und an seine Stelle trat dann ebenfalls die Staatsangehörigkeit. Für die Sudetendeutschen galt aber weiterhin im praktischen Leben die Zugehörigkeit zu einer angestammten, überlieferten, nicht etwa durch Erklärungen begründbaren Heimat. Zahlreiche hervorragende Wissenschaftler des ganzen deutschen Sprachraums haben sich dann bemüht, das Recht auf die Heimat, aus welcher man nicht vertrieben werden darf, zu definieren. [54]
Der Begriff Heimat ist in allen slawischen Sprachen nicht weniger bekannt und bedeutungsvoll als in der deutschen Sprache. Er kommt im Sorbischen als tragender Pfeiler der sorbischen Autonomie in Deutschland zum Ausdruck (»Domowina«) wie im slowenischen (Domovina) und im Tschechischen: (Domov). Im ČFFR-Vertrag zwischen Bonn und Prag wurden die Vermögens- und Entschädigungsfragen der Sudetendeutschen (und Karpatendeutschen) ausdrücklich ausgeklammert. Die Sudetendeut-

sche Landsmannschaft hat dagegen 1992 eine Rechtsverwahrung verfaßt, die beim 43. Sudetendeutschen Tag 1992 in München als Massenflugblatt verbreitet wurde. Darin heißt es unter anderem: »Wir verlangen, daß das Recht auf die Heimat als eines von Gott geschenkten Grundrechts der Menschheit anerkannt und verwirklicht wird.« Der Vertrag von 1992 über Freundschaft und gute Nachbarschaft mit der ČSFR verstößt nach dieser Rechtsverwahrung teils unmittelbar gegen die Regeln des guten Zusammenlebens der Völker, teils wird darin nicht einmal versucht, säkulares Unrechtshandeln mit allen fortdauernden Folgen wiedergutzumachen. Ausgeklammert wurden auch aus dem Vertrag die rechtswidrigen Konfiskationen durch die sogenannten Beneš-Dekrete, das Recht auf die Heimat der Sudetendeutschen bleibt darin unerwähnt. [55]

Der tschechische Staatspräsident Václav Havel, der an und für sich die Vertreibung der Sudetendeutschen als »unmoralische Tat« verurteilte, hat aber bei einem Besuch in Bonn im Mai 1993 als Voraussetzung für die Anerkennung des Rechtes der Sudetendeutschen auf ihre Heimat, ebenso wie schon knapp zuvor der tschechische Ministerpräsident Václav Klaus bei einem Besuch des deutschen Außenministers Kinkel in Prag, zuvor die Entschädigung tschechischer Opfer des Nationalsozialismus durch die BRD gefordert, dies als »Geste des guten Willens«, wozu aber die Sudetendeutsche Landsmannschaft, vertreten durch ihren Sprecher Staatssekretär Franz Neubauer, bemerkte, daß die Sudetendeutschen schon seit vielen Jahren vergeblich auf eine Geste des guten Willens seitens der neuen Politiker in Prag warten. Einseitige Lösungen seien für die Sudetendeutschen nicht hinzunehmen. [56]

Zum 44. Sudetendeutschen Tag in Nürnberg hat die tschechische Regierung einen offiziellen Vertreter entsandt. Der neue bayerische Ministerpräsident Edmund

Stoiber forderte die tschechische Regierung aus diesem Grund auf, einen offenen Dialog mit der Sudetendeutschen Landsmannschaft aufzunehmen und das Recht auf die Heimat herauszustellen. Die Sudetendeutschen seien der »4. Stamm« und in Bayern eingebunden, und man müsse weiter mit Prag verhandeln. Tatsächlich lehnt aber nach einer Meldung der tschechischen Nachrichtenagentur CTK die tschechische Regierung formelle Gespräche mit der Sudetendeutschen Landsmannschaft ab. Der Regierungschef der Tschechischen Republik, Václav Klaus, erklärte dazu, der einzige Partner für direkte Gespräche sei nicht die Landsmannschaft der Sudetendeutschen, sondern die Deutsche Bundesregierung. Diese klammert aber, wie schon aufgezeigt, sowohl das Selbstbestimmungsrecht der Sudetendeutschen, wie deren Recht auf die Rückkehr in die angestammte Heimat von jedem Dialog aus. Daher ist es auch nicht verwunderlich, daß der neue Botschafter der Tschechischen Republik in Wien, Pavel Jajtner, ein betonter Gegner des Kommunismus, in der Wiener Wochenzeitung »Die Furche« zwar zur österreichischen Kritik am Atomkraftwerk Temelin an der Grenze zu Oberösterreich Stellung nahm und Temelin mit der Begründung verteidigte, daß es zwar kompliziert und gefährlich, aber ohne Alternative sei, während Jajtner zur Problematik der Sudetendeutschen meinte, er kenne sie zwar, sei aber nicht in der Lage, sich dazu zu äußern. [57] Es kann nicht übersehen werden, daß die Tschechische Republik seit der Beseitigung der kommunistischen Herrschaft und Wiedereinführung einer demokratischen Ordnung eine Reihe von eigenrechtswidrigen Normen, die in der kommunistischen Zeit bis zur sogenannten Wende im Osten erlassen wurden, wieder aufgehoben hat. Insbesondere ist die Verfolgung der katholischen Kirche bei gleichzeitiger Anerkennung des Hussitentums zu Ende gegangen. Beweis dafür ist die Durchführung des 8. Symposiums des Rates der europäischen Bischofskonferenzen (CCEE) in Prag im September 1993 unter dem Vorsitz des Prager Erzbischofs Melosav Vlk, der auch der Vorsitzende des Rates der europäischen Bischofskonferenzen ist. 90 Bischöfe, 45 Weltpriester, 45 Ordensleute und 55 Laien, in Anwesenheit auch einiger nichtkatholischer Christen, sprachen über Solidarität und Freiheit. [58]

Eingeleitet wurde das Symposium zwar durch einen Gottesdienst im Veitsdom, aber während der ganzen Tagungswoche wurde auf die Menschenrechtswidrigkeiten der tschechischen Regierung mit keiner Silbe eingegangen. Dies führte auch zu massiven Kritiken am Ergebnis des Symposiums, zum Beispiel vom Kölner Kardinal Meisner. Alles in allem lehnt die heutige antikommunistisch zu zeichnende Regierung der Tschechischen Republik das Recht der Sudetendeutschen auf ihre angestammte Heimat und somit auch das Recht auf Rückkehr eindeutig ab und hat dies auch durch Václav Havel bei seinem Besuch bei der deutschen Bundesregierung in Bonn klar zum Ausdruck gebracht. [59]

Diese Änderung von Václav Havel erfolgte in Bonn, wobei er an und für sich empfahl, die Deutschen freundschaftlich zu begrüßen, diese jedoch im Falle neonazistischer Schlagworte, wie zum Beispiel Heimatrecht und Selbstbestimmungsrecht, mit der Peitsche hinauszujagen. Dies deckt sich mit Erklärungen des polnischen Nobelpreisträgers Lech Walesa vom April 1990, der in einer niederländischen Zeitschrift erklärte: »Wenn die Deutschen noch einmal Europa destabilisieren, dann wird es nicht mehr geteilt, sondern von der Landkarte gefegt werden.« [60]

7. Die Deutschen und ihre Menschenrechte in der Tschechischen Republik

Das Verfassungsgesetz der Tschechischen Republik vom 16.12.1992 wurde in deutscher Übersetzung im Prager Wochenblatt, Sonderbeilage vom 20.1.1993, veröffentlicht.

Es sind erstmals in einer Verfassung der Tschechoslowakei bzw. der Tschechischen Republik auch die Menschenrechte angeführt. Hierzu sind folgende Artikel zu erwähnen:

Artikel 1: Die Tschechische Republik ist ein auf der Achtung der Rechte und Freiheiten des Menschen und Bürgers beruhender souveräner, einheitlicher und demokratischer Rechtsstaat.

Artikel 2: 1. Das Volk ist die Quelle der gesamten Staatsgewalt, es übt sie mittels der Organe der gesetzgebenden Gewalt, der Vollzugsgewalt und der richterlichen Gewalt aus.

2. Ein Verfassungsgesetz kann festlegen, in welchen Fällen das Volk die Staatsgewalt unmittelbar ausübt.

3. Die Staatsgewalt dient allen Bürgern. Kann nur in den durch das Gesetz festgelegten Fällen, in seinen Grenzen und auf die festgelegte Weise ausgeübt werden.

4. Jeder Bürger kann tun, was nicht durch das Gesetz untersagt ist, und niemand darf gezwungen werden zu tun, was das Gesetz nicht auferlegt.

Artikel 3: Bestandteil der verfassungsmäßigen Ordnung der Tschechischen Republik ist die Konvention zum Schutze der Menschenrechte und Grundfreiheiten.

Artikel 4: Die Grundrechte und Grundfreiheiten stehen unter dem Schutz der richterlichen Gewalt.

Artikel 5: Politische Entscheidungen gehen von dem in freier Abstimmung ausgedrückten Willen der Mehrheit aus. Die Entscheidungen der Mehrheit haben auf den Schutz der Minderheiten zu achten.

Artikel 8: Die Selbstverwaltung der regionalen Selbstverwaltungseinheiten ist gewährleistet.

Artikel 10: Die ratifizierten und verkündigten internationalen Verträge zum Schutze der Menschenrechte und Grundfreiheiten, durch die die Tschechische Republik gebunden ist, sind unmittelbar verbindlich, haben Vorrang vor dem Gesetz.

Artikel 11: Das Gebiet der Tschechischen Republik bildet ein unteilbares Ganzes, dessen Staatsgrenzen nur durch ein Verfassungsgesetz geändert werden können.

Artikel 99: Die Tschechische Republik gliedert sich in Gemeinden, die die grundliegenden regionalen Selbstverwaltungseinheiten bilden. Höhere regionale Selbstverwaltungseinheiten sind Länder oder Kreise.

Artikel 100: 1. Die regionalen Selbstverwaltungseinheiten sind Gebietsgemeinschaften der Bürger, die ihr Recht auf Selbstverwaltung wahrnehmen. Das Gesetz bestimmt, unter welchen Bestimmungen die Verwaltungsedikte sind.
2. Die Gemeinde ist stets Bestandteil einer höheren, regionalen Selbstverwaltungseinheit.
3. Höhere regionale Selbstverwaltungseinheiten können nur durch ein Verfassungsgesetz errichtet oder aufgelöst werden.

Artikel 103: Über die Bezeichnung der höheren Selbstverwaltungseinheit entscheidet seine Vertretungskörperschaft.

Artikel 105: Die Ausübung der staatlichen Verwaltung kann den Selbstverwaltungsorganen nur überlassen werden, wenn das das Gesetz festlegt.

Artikel 112: 1. Die Verfassungsordnung der Tschechischen Republik bilden diese Verfassung, die Konvention zum Schutze der Menschenrechte und Grundfreiheiten, die nach dieser Verfassung verabschiedeten Verfassungsgesetze und die Verfassungsgesetze der Nationalversammlung der Tschechoslowakischen Republik, der Föderativen Versammlung der Tschechoslowakischen Sozialistischen Republik und des Tschechischen Nationalrats, die die Staatsgrenze der Tschechischen Republik festlegen und die nach dem 6. Juni 1992 verabschiedeten Verfassungsgesetze des Tschechischen Nationalrates.
2. Aufgehoben werden die bisherige Verfassung, das Verfassungsgesetz über die Tschechoslowakische Föderation, die Verfassungsgesetze die das Verfassungsgesetz des Tschechischen Nationalrats 67/1990 SLG über die Hoheitszeichen der Tschechischen Republik festlegten.
3. Die übrigen auf dem Gebiet der Tschechischen Republik

zum Tag des in Krafttretens dieser Verfassung tretenden
Verfassungsgesetze haben Gesetzeskraft.
Artikel 113: Diese Verfassung tritt mit dem Tag des 1.1.1993 in
Kraft. [61]

Die in der Tschechischen Republik verbliebenen Sudetendeutschen hatten keinerlei Garantie für ihre Menschenrechte und sind daher, soweit nicht zusätzlich vertrieben, freiwillig abgewandert, und zwar vorwiegend in
die BRD. Ihre Zahl sank, wie schon erwähnt, bis zum Jahre 1980 auf rund 61.900, davon sind aber weitere 10.000
als Aussiedler noch in die BRD gelangt. Da sich infolge
der ständigen Diskriminierung nicht alle Deutschen zu
ihrer Nationalität bekannten, kann man heute von 70.000
bis 100.000 Westdeutschen in der Tschechischen Republik ausgehen, einer Volksgruppe, die kurz vor dem Erlö-
schen steht, da ihre Menschenrechte in keiner Weise ge-
wahrt werden. [62]
Obwohl die derzeitige Verfassung der Tschechischen Republik die Menschenrechte ausdrücklich als bindendes
Recht erklärt, sind die Kompetenzen des Staates in bezug
auf die Menschenrechte sehr eingeschränkt. Wie Malenovsky in seiner Studie, die im übrigen noch aus der Zeit
vor der Trennung der Tschechischen und der Slowakischen Republik stammt, ausführt, sehen die Gesetze der
Tschechischen Republik keine Rückgabe und auch keine
Kompensation der Besitztümer vor, die vor dem kommunistischen Putsch von 1948 konfisziert wurden, und beziehen sich auf diesbezügliche Rechte und in keiner Weise auf Besitz und Land, die im Falle der deutschen und
ungarischen Minderheit nach dem Prinzip der Kollektivschuld und ohne gerichtliche Garantien unmittelbar nach
dem Zweiten Weltkrieg konfisziert wurden (sogenannte
Beneš-Dekrete).
Man konnte der Weltmenschenrechtskonferenz in Wien
vom 14.–25. Juni 1993 gewisse Hoffnungen entgegen-
bringen, was die Menschenrechte der Sudetendeutschen

anlangt, zumal die Tschechische Republik ja zu den Staaten gehörte, die an der Weltkonferenz teilgenommen haben. Irgendwelche Beiträge zum Ergebnis dieser Weltkonferenz hat die Tschechische Republik aber nicht geleistet. Dazu ist allerdings zu sagen, daß die Weltkonferenz im großen und ganzen einen fast totalen Mißerfolg gebracht hat, da sich sehr viele Staaten gegen die Menschenrechte ausgesprochen haben, vor allem China, aber auch andere kommunistisch orientierte Länder. So wurden die NGO (Non Government Organizations) von jeder Beteiligung am Ergebnis der Konferenz ausgeschlossen und waren damit gerade die wichtigsten Menschenrechtsorganisationen jeder Einflußnahme auf die Ergebnisse der Konferenz enthoben. In diesem Zusammenhang ist auf den Bericht von amnesty international mit dem Titel »Konferenz der verpaßten Möglichkeiten« hinzuweisen. [63]

Daraus ist keine wie immer geartete Stellungnahme der Tschechischen Republik zu entnehmen. Dabei wird das 30 Seiten umfassende Abschlußdokument der Menschenrechtskonferenz, die sogenannte »Wiener Erklärung« (siehe Beilage im Anhang) angeführt, wobei hervorgehoben wird, daß viele der Unterzeichner-Staaten zu den Grundsätzen, zu denen sie sich in der Erklärung bekannt haben, in Widerspruch stehen. Im einzelnen ergibt sich dies auch aus den Dokumenten der Wiener Erklärung im UNO-Magazin der österreichischen Liga für die Vereinten Nationen Nr. 2/1993 mit den Hinweisen auf die Menschenrechte in der Praxis. Der Wortlaut der Wiener Erklärung nebst Aktionsprogramm ist in deutscher Sprache gemäß der am 25. Juni 1993 angenommenen Verfassung gedruckt in der Wiener Zeitschrift »Das Menschenrecht«, dem offiziellen Organ der österreichischen Liga für Menschenrechte vom 20.9.1993. Der englische Text dieses Schlußdokuments ist abgedruckt im Organ der internationalen Föderation der Ligen »Menschenrechte«,

F-75010 Paris, 14 Pasage du Dibail, verfaßt vom Generalsekretär von amnesty international, Pierre Sané. Über die Weltmenschenrechtskonferenz in Wien berichtete auch die Zeitschrift des österreichischen Instituts für Menschenrechte in Salzburg »News Letter« unter der Leitung Franz Matschers und Wolfram Karls. Zu erwähnen sind auch die Pressemitteilungen der Weltkonferenz über Menschenrechte (so die offizielle deutsche Bezeichnung) HR/VIE/10-38 vom 16. Juni 1993 bis zum 25. Juni 1993.

Bei der Weltmenschenrechtskonferenz in Wien hat sich, wie ich schon erwähnt habe, die Tschechische Republik überhaupt nicht betätigt. Vor allem aber wurde nicht der geringste Versuch unternommen, mit den vertriebenen Sudetendeutschen zu irgendeinem Arrangement zu gelangen. Die Menschenrechte der in der Tschechischen Republik verbliebenen Deutschen sind nur auf dem Papier der Verfassung gewährleistet. In Wirklichkeit haben die Deutschen keine eigenen Schulen, sondern nur gelegentliche Deutschkurse. Kritisch bemerkt wird seitens der Sudetendeutschen Landsmannschaft, daß die Menschenrechte in der Tschechischen Republik keine Gruppenrechte sind, sondern nur individuelle Rechte, wozu auch auf die Festrede des Ehrenpräsidenten der Ackermann Gemeinde, Prof. Dr. Josef Stingl, auf dem Sudetendeutschen Tag 1993 hinzuweisen ist. [64]

Die Weltmenschenrechtskonferenz der Vereinten Nationen in Wien vom 13.–25. Juni 1993 umfaßte 171 Regierungen und rund 2000 Nichtregierungsorganisationen (NGO) mit Beraterstatus beim ECOSOC. Aber die NGO konnten an der Konferenz gar nicht teilnehmen, obwohl sie einen Anspruch darauf gehabt hätten. Hätten sie teilnehmen können, wäre vielleicht eine gewisse Sicherung der Menschenrechte sogenannter nationaler Minderheiten beschlossen worden. Die Volksrepublik China und eine Reihe von Staaten aus Afrika und Asien drohten mit negativen Konsequenzen der Konferenz, wenn die NGO in irgendeiner Form maßgebend an der Konferenz teilnehmen würden. Die UNO hat daraufhin die NGO von der Konferenz ausgeschlossen. [65]

Es gab aber immerhin, wie der österreichische Delegierte bei der Konferenz, Manfred Nowak, Leiter des Ludwig-Boltzmann-Instituts für Menschenrechte in Wien, das für die Organisation der Konferenz verantwortlich war, ausführte, doch gewisse Teilerfolge in bezug auf eine Aufwertung der Frauenrechte innerhalb der Menschenrechte und gewisse Freiheitsrechte. Dem steht aber die Äußerung von Dr. Felix Ermacora, einem österreichischen Menschenrechtsexperten und Delegierten bei der Konferenz, entgegen, wonach die Konferenz »wie erwartet« verlaufen sei, indem sie lediglich eine Summe wohlbekannter Sätze in neue Zusammenhänge gestellt habe.

Mit den Minderheiten in der Tschechischen Republik hat sich die Weltkonferenz der Menschenrechte überhaupt nicht beschäftigt. Gewisse Hoffnungen konnte man noch auf die Konferenz der 32 Staats- und Regierungschefs des Europarates in Wien vom 8./9. Oktober 1993 hegen, die mit der »Wiener Erklärung« endete, welche aber zu den Menschenrechten und Minderheitenrechten ganz unbefriedigend ausfiel. Die Wiener Erklärung hatte – laut »Salzburger Nachrichten« Nr. 235/1993 vom 8.10.1993 – folgende Forderungen erhoben: Die Einrichtung eines einzigen Gerichtshofes für Menschenrechtsbeschwerden, um die Einhaltung der Menschenrechtskonvention überwachen zu können:

Den Auftrag an Parlament und Ministerkomitee des Europarates, politische und gesetzliche Verpflichtungen zum Schutz der »nationalen Minderheiten« auszuarbeiten, samt einem internationalen juristischen Instrument zur Durchsetzung. Die Annahme eines Maßnahmenskatalogs zur Bekämpfung von »Rassismus, Fremdenhaß, Anitsemitismus und Intoleranz«.

Die Absicht, ein Konsultativorgan zu schaffen, in dem die lokalen und regionalen Körperschaften Europas vertreten sind. Den Auftrag an den Europarat, kulturelle Partnerschaften zu entwickeln, an denen öffentliche Einrichtungen und Kommunen teilnehmen sollen.

Den Auftrag an das Ministerkomitee, die Statuten des Europarats im Hinblick auf die gewachsene Mitgliederzahl anzupassen.

Demgegenüber ist auf die Berliner Erklärung der Bundesversammlung des Bundes der Vertriebenen vom 21. Juni 1992 hinzuweisen, die folgenden Wortlaut hat: »1. Die deutschen Heimatvertriebenen, die Verhandlungen über neue Verträge mit allen ost- und südosteuropäischen Staaten kritisch und mit Vorschlägen begleitet und mehrfach ihre tiefe Enttäuschung über die Verträge mit der Republik Polen und der Tschechischen und Slowakischen Föderativen Republik dokumentiert haben, resignieren nicht. Diese Verträge werden der Jahrhunderte währenden Leistung der Deutschen und ihren Zukunftsaufgaben in der Heimat nicht gerecht.

Wir danken den Mitgliedern des deutschen Bundestages, die gegen die Vertragsgesetze gestimmt oder ihnen ihre Zustimmung verweigert bzw. in Erklärungen auf die Fehler und Lücken der Verträge verwiesen haben. Wir danken insbesondere der Regierung des Freistaates Bayern für die Ankündigung, den Vertrag mit der ČSFR im Bundesrat die Zustimmung zu verweigern. Wir halten fest an der Verpflichtung zum friedlichen Wandel – zum »peaceful change« – in Mitteleuropa für eine bessere vertragliche Gestaltung der Beziehungen zwischen Deutschen und ihren östlichen Nachbarn.

2. Im Mittelpunkt unserer Bemühungen stehen auch jetzt die durch die Kriegsfolgen betroffenen Menschen, sowohl die noch in ihrer Heimat in den Nachbarstaaten so-

wie in der ehemaligen Sowjetunion ansässigen Deutschen als auch die in der Bundesrepublik Deutschland lebenden deutschen Heimatvertriebenen.

3. Für die Deutschen in den Vertreibungsgebieten sind ausgereifte innerstaatliche Minderheiten-Gesetze mit einklagbaren Individual- und Volksgruppenrechten notwendig. Wir werden das Recht dieser Landsleute auf die deutsche Staatsangehörigkeit verteidigen. Die Wahrung der Identität dieser deutschen Landsleute und die Schaffung dauerhafter Lebensperspektiven mit ausreichender Kultursicherung als Voraussetzung für ihr Verbleiben in der angestammten Heimat gehören zu den größten praktischen Herausforderungen für die Verständigung zwischen den Staaten im Osten und der Bundesrepublik Deutschland. Unsere Landsleute brauchen eine genügende Zahl deutscher Kindergärten, deutscher Schulen und Lehrer, deutscher Gottesdienste, eigener Wohlfahrtseinrichtungen und Mittel zur wohlstrukturierten Volksgruppenselbstverwaltung, Hilfen für die Entwicklung von Mittelstand, Handwerk und Landwirtschaft und einer gesünderen Umwelt. Unsere staatlichen Stellen sollen ohne Verzögerungen um materielle und ideelle Hilfen zur Verbesserung der Lage mit den Nachbarstaaten verhandeln. Schönfärberei hilft niemandem. Der Bund der Vertriebenen und seine Mitgliedsverbände werden sich – in den Heimatgebieten – weiterhin an diesen großen Aufgaben beteiligen und gegen jeden Versuch ankämpfen, von derartigen Kontakten ausgegrenzt zu werden.

4. Wir appellieren an die politisch Verantwortlichen bei uns und bei unseren östlichen Nachbarn, nicht länger den Dialog über die tätige Einschaltung der Vertriebenen und ihrer Nachkommen in die umfassende Entwicklung unserer Heimatregionen zu hemmen. Dabei ist auch gemeinsam über eine stufenweise Verwirklichung des Rechtes der deutschen Heimatvertriebenen auf ihre Heimat nachzudenken. Daraus ergeben sich Chancen für die Über-

windung von Not und Chaos aller Menschen in diesen Regionen, für den Weg unserer Nachbarn nach Europa sowie für eine Versöhnung und dauerhafte Verständigung von Mensch zu Mensch. Dieser Dialog darf auch nicht vor noch offenen Fragen Halt machen.

Die Regelung der Wiedergutmachung für Schäden an Leib und Leben sowie der Eigentums- und Vermögensrechte streben wir in zukunftsgewandten Formen an, die dem Wiederaufbau unserer Heimat und allen dort lebenden Menschen – den Betroffenen und unseren Nachbarn – zugute kommen. Alle Seiten müssen sich um die Beseitigung fortbestehender Unrechtsfolgen bemühen.

5. Die Entscheidung der deutschen Landsleute, die für sich und ihre Angehörigen in ihrer Heimat keine Zukunft mehr sehen, ist zu respektieren. Wir werden mit aller Kraft dafür wirken, die rechtliche, politische und moralische Verpflichtung der Bundesregierung auf den infolge des Aussiedleraufnahmegesetzes entstandenen Antragsstau – insbesondere von Rußlanddeutschen – schnellstmöglich abzubauen und die Kriterien zur Anerkennung als Aussiedler im Verwaltungsverfahren einer Überprüfung nach Gesetz und Recht mit dem Ziel einer drastischen Vereinfachung zu unterziehen und damit den Tatsachen jahrzehntelanger Zwangsassimilation Rechnung zu tragen. Jüngste Vorschläge zum Abbau der Sprachförderung für Aussiedler werden von uns als unsolidarisch und unsozial entschieden zurückgewiesen; wir werden uns weiterhin für eine menschenwürdige Eingliederung der Aussiedler in Deutschland einsetzen.

6. Für die in den neuen Bundesländern lebenden Heimatvertriebenen fordern wir die Beachtung des Gleichheitssatzes beim Vertriebenenrecht; eine schnellmögliche Einmal-Zahlung für die durch die Vertreibung entstandenen Schäden. Wir werden ebenso für ihre wie unsere noch nicht erfüllten Rechte und gegen zweierlei Maß bei gleichen Tatbeständen kämpfen. Wir begrüßen den zügigen

Aufbau unserer Mitgliedsverbände und des Gesamtverbandes in Mitteldeutschland.

7. Wir werden weiterhin intensiv und in freier Meinungsäußerung unseren Beitrag zur glaubwürdigen Politik für Deutschland und einen engen und freien europäischen Staatenbund leisten. Für viele Aussiedler und Landsleute haben wir weiterhin soziale Hilfen mit Unterstützung der öffentlichen Hand zu leisten. Die Mitgliedsverbände und der BdV-Gesamtverband sehen sich auch in Zukunft der Bewahrung des kulturellen, geschichtlichen und politischen Erbes ihrer Heimatregion verpflichtet. Sie erwarten deshalb – nach dem Verlust vieler kultureller, gesellschaftlicher und sozialer Institutionen in der Heimat – von Bund, Ländern und Kommunen auch für die Zukunft die angemessene Förderung der breit gefächerten Arbeit der Verbände, insbesondere bei der Erhaltung und Entfaltung des Kulturguts und der wissenschaftlichen Aufarbeitung der Geschichte und der sozialen und politischen Entwicklungen der deutschen Volksgruppen in den Heimatgebieten und in der Vertreibung.

8. Wir fordern die Achtung vor unseren Rechten und unserer Geschichte, so wie wir die Existenz, Würde und Freiheit unserer Nachbarn achten. Grundlage eines Neuanfangs nach Krieg und Vertreibung muß das den Menschen zugängliche Maß der geschichtlichen Wahrheit und der ernste Wille zum gemeinsamen ideellen und materiellen Wiederaufbau Schulter an Schulter sein. Vertreibung darf nicht, wie im Motivenbericht des ČSFR-Parlaments oder beim Außenminister Skubiszewski, umgemünzt oder gerechtfertigt werden. Neu aufkommende chauvinistische Emotionen gilt es zu überwinden. Polen, Tschechen, Slowaken, Russen, Ungarn, Rumänen u.a. müssen im Alltag den gemeinsamen Wettbewerb ohne Angst und Überheblichkeit wagen.« [66]

8. Die Sudetendeutschen und das Minderheitenrecht

Die Slowakische Republik hat nach dem Ende des tschechoslowakischen Staates (25. November 1992) den Karpatendeutschen eine Entschädigung für die durch die Beneš-Dekrete verlorengegangenen Vermögenswerte angeboten. [67]

Es fällt auf, daß die Tschechische Republik für ihre Minderheiten, zu denen auch die Deutsche Volksgruppe gehört, nicht das Geringste übrig hat. Insbesondere hat sich die Tschechische Republik an den Entwürfen für eine Europäische Konvention für den Schutz von Minderheiten nicht beteiligt. Es handelt sich um folgende Entwürfe:

1. Entwurf für eine Europäische Konvention für den Schutz von Minderheiten, ausgearbeitet von der Europäischen Kommission für Demokratie durch Recht – der sogenannten Venediger Kommission, vom März 1991, welche auf eine umfassende rechtliche Verankerung wohl individueller wie auch kollektiver Volksgruppenrechte abzielt.

2. Der österreichische Entwurf für ein Zusatzprotokoll zur Europäischen Menschenrechtskonvention zur Sicherung des Schutzes von Volksgruppen, eingeführt ganz offiziell beim Europarat am 26. November 1991. Der Entwurf legt das Bekenntnisprinzip fest, ferner das Existenzrecht der Volksgruppen, die Gleichberechtigung vor dem Gesetz (nicht Diskriminierung), das Verbot von demographischen Veränderungen zu Lasten der Volksgruppen, das Verbot von Zuwanderungen oder Umsiedlungen, das Verbot der Änderung politischer Bezirke in der Weise, daß darin eine Volksgruppe zur Minderheit wird, das

Recht auf eigene Organisationen, einschließlich politischer Parteien, das Recht auf Ausbildung in der Muttersprache, das Recht auf eigene Schulen, die Gewährleistung von Rechtsmitteln in Minderheitenangelegenheiten, das Recht auf ungehinderte Kontakte auch über die Staatsgrenzen hinweg zum dortigen Mehrheitsvolk, das Recht auf autonome Selbstverwaltung und das Festhalten an weitergehenden Rechten der Minderheiten in den einzelnen Vertragsstaaten.

Nichts von alledem gilt in der Tschechischen Republik, diese hat sich auch nicht an dem österreichischen Entwurf beteiligt.

Die Föderalistische Union europäischer Volksgruppen (FUEV) hat einen eigenen Entwurf für ein Zusatzprotokoll zur Europäischen Menschenrechtskonvention ausgearbeitet, der eine »Konvention über die Grundrechte der europäischen Volksgruppen« beinhaltet. Verfasser dieses Entwurfes ist der Südtiroler Fachmann Prof. Christoph Pan (publiziert in der Buchreihe Ethnos, Wien 1993).

Die parlamentarische Versammlung des Europarates hat in Straßburg am 1. Februar 1993 mit ihrer Empfehlung Nr. 1201/1993 ein »Zusatzprotokoll zur europäischen Konvention über Menschenrechte, über die Rechte von nationalen Minderheiten« beschlossen. Dabei sind als nationale Minderheiten nur solche anerkannt, die »langfristig, feste und dauernde Verbindungen zu ihrem Staat«, in dem sie leben, erhalten. Dies hat zu einer nachhaltigen Kritik an diesem Zusatzprotokoll geführt, welches im übrigen von der Tschechischen Republik nicht mitbeschlossen wurde.

Minderheitenschutzbeschlüsse der Studiengruppe für Politik und Völkerrecht des Bundes der Vertriebenen in Bonn/Bad Godesberg vom 20.–22.4.1993 gemeinsam mit der Kulturstiftung der Deutschen Vertriebenen führten zu dem Ergebnis, daß auch der Schutz der ethnischen Grup-

pen, die Minderheiten darstellen, somit ein Gruppen-
schutz zu gewährleisten ist. Damit soll auch eine internationale Absicherung vor Vertreibung und Zwangsassimilation festgelegt werden. [68]
Weiters liegt ein Entwurf der A.I.D.L.C.M. (Association
internationale pour la défense de Langue cultur menache)
bei Ljubljana/Slowenien vom 29.7.–1.8.1993 vor, wobei
von Jorde I. Kosta, dem Präsidenten der A.I.D.L.C.M.,
und Paul Lefin, dem Generalsekretär, Festvorträge über
die Ethik im europäischen Volksgruppenrecht gehalten
wurden. Die A.I.D.L.C.M. besteht in vielen Staaten, ist
aber in der Tschechischen Republik verboten.
Entwurf für ein Europäisches Minderheitenrecht wurde
vom European Bureau for lesser used languages in Dub-
lin bzw. in Brüssel verfaßt. Der Entwurf ist von der Europäischen Gemeinschaft (EG) finanziert. Die Tschechische Republik gehört der EG nicht an. Auch sonst ist die
Tschechische Republik mit keinerlei Realisierung eines
internationalen Minderheitenrechts, das allerdings derzeit nur auf dem Papier steht und noch nicht realisiert ist,
befaßt. [69]
Während die Wiener Tschechen, die die Herrschaft des
Dritten Reiches im großen und ganzen unbeschadet über-
lebt haben – dies sicherlich im Gegensatz zu den Tschechen im sogenannten Protektorat Böhmen und Mähren –,
werden sie heute von seiten Österreichs nach Möglichkeit
gefördert und verfügen auch über ein sehr positiv
zu beurteilendes Minderheitenschulsystem (Komensky
Schulen). [70]
Die Deutschen in der Tschechischen Republik verfügen
über keinerlei Minderheitenschulen, über so gut wie kein
Vereinsleben und auch über kein Recht auf den Gebrauch
der eigenen Muttersprache, wenngleich erkannt werden
muß, daß der tschechische Staatspräsident Václav Havel
die Vertreibung der Sudetendeutschen mißbilligt und bedauert hat. [71]

Der ethnische Konflikt zwischen Deutschen und Tschechen kommt auch darin zum Ausdruck, daß es nicht rat-
sam ist, in Tschechien in aller Öffentlichkeit deutsch zu
sprechen, weshalb auch Deutsche, ob nun Besucher oder
Einheimische, in der Tschechischen Republik öffentlich
den Gebrauch der deutschen Sprache vermeiden. [72]
Dabei bemüht man sich sowohl in Deutschland wie in
Österreich – als den beiden Ländern mit der weitaus größten Zahl sudetendeutscher Vertriebener – sehr um ein
auch der deutschen Minderheit dienliches gutes Nach-
barschaftsverhältnis. Auf bundesdeutscher Seite durch
die beiden erwähnten Nachbarschafts- und Freund-
schaftsverträge, nämlich den Prager Vertrag und den Vertrag von 1992, die freilich beide jegliche sudetendeutsche
Ansprüche ausklammern, während Österreich sogar soweit gegangen ist, mit der Regierung der Tschechischen
Republik ein Abkommen über wirtschaftliche, industrielle, technische und technologische Zusammenarbeit abzu-
schließen. [73]
Auch der österreichische Bundespräsident hat, obwohl er
auch den Sudetendeutschen mit einm Brief Hilfe bei
ihren Anliegen zugesagt hat, wiederholt Freundschafts-
gespräche mit Václav Havel geführt. [74]
Bundespräsident Dr. Thomas Klestil – der Name Klestil
ist tschechischer Herkunft – hat sich, gestützt auf ein Ge-
fälligkeitsgutachten des aus Wien stammenden, in Salzburg tätigen Verfassungsrechtlers Dr. Friedrich Koja, eindeutig dagegen ausgesprochen, daß der Bundeskanzler
oder der Außenminister oder die Bundesregierung Österreich nach außen hin vertreten dürfen, diese Funktion
komme nur dem Bundespräsidenten zu, und der Bundeskanzler habe da überhaupt nichts zu sagen. [75]
Die Bemühungen Österreichs um ein gutes Verhältnis
zwischen Tschechen und Österreichern, die im wesentlichen dem deutschen Sprachvolk angehören, kommen
auch im Besuch des österreichischen Außenministers Dr.

Alois Mock in Prag und in der Gründung zahlreicher Filialen österreicher Unternehmungen in der Tschechischen Republik zum Ausdruck. Aber auch Südtirol und das Trentino haben ein Abkommen mit der Tschechischen Republik über wirtschaftliche Zusammenarbeit geschlossen. [76]

Die Tschechische Republik lehnt aber jede Entschädigung der vertriebenen Sudetendeutschen rundweg ab. Die am 1. Jänner 1993 in Kraft getretene tschechische Verfassung sieht keine Entschädigung für das beschlagnahmte oder auch schon längst an neue Eigentümer übergegangene Vermögen von Sudetendeutschen vor. [77]

Festzustellen ist, daß in den wissenschaftlichen Studien der Tschechischen Republik kein Platz für die Sudetendeutschen zur Verfügung gestellt wurde. So wurde das Institut für Sozial- und Politikwissenschaften der Fakultät Sozialwissenschaften der Karl Universität Prag nach zwanzigjähriger Unterbrechung im Jahre 1990 neu gegründet, aber 1993 wieder geschlossen. In diesen drei Jahren wurden Forschungsprojekte bearbeitet, die sich mit der Erforschung der Sozialstruktur in Osteuropa nach 1989 beschäftigten, von den Sudetendeutschen ist dabei jedoch nirgendwo die Rede. Das Informationszentrum Sozialwissenschaften befaßt sich seit 1992 in Prag und in seiner Abteilung Berlin mit Osteuropaforschung, aber auch hier finden die Sudetendeutschen keine Gewährung. [78]

Auffallend ist auch, daß in der Werbeschrift des österreichischen Ost- und Südosteuropa Instituts in Wien (OSI) für das Jahr 1992, redigiert von Arnold Suppan, die in jeder Hinsicht interessant und gediegen ist, bei den dort bearbeiteten Außenstellen in Brünn/Bürno, Budapest, Laibach/Ljubljana, Lemberg/L'Viv und Preßburg/Bratislawa keinerlei Aktivitäten bezüglich der vertriebenen Sudetendeutschen ersichtlich gemacht sind. Dabei sind sowohl bei der Zentrale des Instituts als auch bei den Außenstellen führende tschechische Persönlichkeiten angeführt wie zum Beispiel Univ. Doz. Dr. Waltraud Heindl (Prag), Prof. Alice Techová aus Prag, Jana Staerk, Mag. Monika Höklová der Philosophischen Fakultät der Masaryk Universität in Brünn (Ama Nováka Ens), Dr. Andreas Pribresky, Dr. Florin Zigrai und Dipl. Ing. Marta Blehova von der Komensky Universität Preßburg/Bratislawa usw. Damit sollte ein wirklich gediegenes deutsch-tschechisches Verhältnis geschaffen werden. Dabei würde das Selbstbestimmungsrecht im Vordergrund stehen, und zwar in der Erscheinungsform des internen Selbstbestimmungsrechtes. Die Bundesrepublik Deutschland hat, wie sie wiederholt erklärt hat, nicht die Absicht, gegenüber der Tschechischen Republik irgendwelche Gebietsansprüche zu erheben, wohl aber wäre den Sudetendeutschen, die ja immerhin seit Menschengedenken in Böhmen und Mähren beheimatet sind, ein Selbstbestimmungsrecht auf der Basis einer formellen Autonomie zu gewähren.

Václav Havel hat ausdrücklich abgelehnt, den Sudetendeutschen eine Rückkehr zu ermöglichen. Die Frage ist ja nur, ob die Sudetendeutschen wieder in ihre Heimat zurückkehren können. Das wurde ihnen bisher verwehrt. Damit kommen wir aber zum Problem des Rechtes auf die angestammte Heimat. Während sich zwischen Deutschen und Polen eine gewisse Verständigung anbahnt, obwohl Polen, um mit Otto Kimminich zu reden »ein Staat auf Rädern« ist [79], muß leider bezüglich der Tschechischen Republik festgestellt werden, daß irgendwelche Einigungen nicht in Frage kommen, das heißt, von tschechischer Seite abgelehnt werden. In diesem Zusammenhang ist auf die Erklärung des tschechischen Ministerpräsidenten Václav Klaus in der deutschen Zeitung »Welt« vom 20.9.1993 hinzuweisen, der sich scharf gegen die Obhutserklärung Bayerns für die Sudetendeutschen und einen Artikel des bayerischen Ministerpräsidenten Dr. Stoiber ausspricht, und in dem Interview vom 20.9.1993 jedes Verständnis für einen konstruktiven historischen Ausgleich mit den Sudetendeutschen vermissen läßt sowie eine Diskussion über die Vertreibung der Sudetendeutschen und die Konfiskation deren Eigentums ablehnt. [80]

Auch der tschechische Staatspräsident Václav Havel, bekannt als Multimillionär in Dänemark, äußerte sich gegen jede Entschädigung für die Sudetendeutschen, wie er auch in Preßburg erklärte, daß die Tschechen keinen Grund hätten, sich für die Hinrichtung des slowakischen Staatspräsidenten Jozef Tiso im Jahre 1947 zu entschuldigen. Dieser war von einem mit Tschechen besetzten tschechoslowakischen Gericht zum Tode verurteilt und hingerichtet worden. [81]

Die Tschechische Republik betrachtet die Beneš-Dekrete als gerechtfertigt, stützt sich dabei aber auch auf die Potsdamer Beschlüsse der drei Hauptalliierten (ohne Frankreich), obwohl die Potsdamer Beschlüsse nach Völkerrecht rechtswidrig waren, worüber es eine Fülle an völkerrechtlich maßgebendem Material gibt. [82]

Von tschechischer Seite wird den ausgesiedelten Sudetendeutschen kein Recht auf die Heimat, die sie verloren haben, eingeräumt. Eine Rückübertragung wurde vom Nationalrat der tschechischen Teilrepublik am 17.4.1992 nur den in der Tschechoslowakei lebenden tschechoslowakischen Staatsbürgern deutscher und ungarischer Nationalität bzw. deren Erben zuerkannt, jedoch nur hinsichtlich ihrer Ackerflächen, Wälder und der landwirtschaftlich genutzten Gebäude. [83]

Immer wieder wird von seiten nicht nur der vertriebenen Sudetendeutschen, sondern auch der Vertriebenen überhaupt, der Versuch unternommen, eine Verständigung der deutschen Vertriebenen mit den östlichen Nachbarn, konkret mit Polen und Tschechen, herbeizuführen, was aber ohne Verzicht auf den Prager Vertrag und auf den

deutsch-tschechischen Vertrag von 1992 unmöglich ist.
[85]
Die Gesetze zur Bodenreform und andere Enteignungs-
gesetze, die die kommunistischen Machthaber 1948 erlassen haben, wurden in der Neufassung vom Februar
1992, nachdem die Nationalräte der beiden Teilrepubliken in einem antikommunistischem Sinne die Macht
übernommen hatten, in der Tschechischen Republik mit
17.4.1992 mit bereits erwähnten Rückübertragungsgesetz verabschiedet. Kein Rückübertragungsanspruch ist
aber in dem Gesetz für die vertriebenen Sudetendeutschen bzw. jene, die später ausgesiedelt wurden, enthalten. [86]
Das von den Siegermächten des Ersten Weltkrieges 1918
und im Staatsvertrag von Saint-Germain mit Gewalt und
in Widerspruch zum Selbstbestimmungsrecht gegründete
tschechoslowakische Staatswesen ist am 1.1.1993 zerfal-
len. Damit ist auch der »Tschechoslowakismus« eine Erscheinung der Vergangenheit. Die Tschechen müssen ihre noch nicht abschließend geregelten Beziehungen in
Europa und zu Europa ordnen, damit die durch Jahrhunderte bestandene Stabilität der Beziehungen zwischen
Sudetendeutschen und Tschechen wieder hergestellt werden kann. Derzeit ist dies nicht der Fall. [87]
Es steht leider fest, daß die offiziellen Vertreter der tschechischen Republik, nämlich Václav Havel (Staatspräsident) und Václav Klaus (Regierungschef), nicht dafür zu
gewinnen sind, die Menschenrechte der vertriebenen Sudetendeutschen anzuerkennen. Dabei rief Bayern unter
seinem neuen Ministerpräsidenten Edmund Stoiber die
tschechische Regierung auf, offenen Dialog mit der Sudetendeutschen Landsmannschaft aufzunehmen, gehöre
zur politischen Kultur Europa und zur europäischen Zivilisation. In Wirklichkeit ging aber Václav Havel über derartige Vorschläge hinweg und erklärte bei seinem Besuch
in Bonn im Mai 1993 wie auch beim Besuch des deut-

schen Außenministers Kinkel in Prag, eine Entschädigung für die Vermögensverluste der vertriebenen Sudetendeutschen komme überhaupt nicht in Frage. [88] Es kann nicht übersehen werden, daß es eine Reihe tschechischer Autoren gibt, die eine Rückkehr der vertriebenen Sudetendeutschen in ihre angestammte sudetendeutsche Heimat auf dem Boden der Tschechischen Republik akzeptieren oder sogar begrüßen würden. Hier sind zu nennen Ota Pilip, Thomas Kletecka (Masaryk-Fachmann, Mitarbeiter des Mährischen Landesmuseums in Brünn), Iwan Okali, Prof. Otto Urban, František Smahel, Jan Galandauer, Elona Slawinski, Jana Stanik, Monika Hóklová, Ama Nováka (Brünn), Prof. Dr. Alice Teichová, V. Péchota und Jiři Malenovský. Ebenso darf aber nicht übersehen werden, daß selbst jene Tschechen, die keine Kommunisten sind und während der kommunistischen Herrschaft verfolgt waren, für die Rückkehr und Entschädigungsansprüche der Sudetendeutschen nichts übrig haben wie der auch in Österreich durchaus anerkannte Autor Kořalka.

Tschechen und Deutsche sind aber in Europa aufeinander angewiesen. Dabei muß betont werden, daß unter den Begriff »Deutsche« naturgemäß auch die Sudetendeutschen zu verstehen sind. Das Hauptproblem im Verhältnis zwischen Deutschen und Tschechen bleibt aber das Problem der Sudetendeutschen. In diesem Zusammenhang kann auf den Artikel des Bundessprechers der Sudetendeutschen Landsmannschaft in der »Sudetendeutschen Zeitung« vom 8.1.1993 hingewiesen werden, der unter anderem folgendes sagt:

»Den Tschechen bleibt das Problem der Sudetendeutschen, dem sie auf Dauer nun einmal nicht ausweichen können und dessen Lösung für die neue Republik zu einem wichtigen Prüfstein werden wird. [. . .] Die ›vom Nachbarschaftsvertrag‹ nicht geregelten offenen Vermögensfragen in den deutsch-tschechoslowakischen Bezie-

hungen sind von der Staatennachfolge ›unberührt‹ geblieben und wenn auch der nach vielfach vertretener Meinung durch die Auflösung der ČFSR hinfällig gewordene deutsch-tschechoslowakische Nachbarschaftsvertrag durch entsprechende Erklärungen zwischen Bonn und Prag als im gegenseitigen neuen Verhältnis weiter gültig behandelt werden sollte, bleibt doch die von uns Sudetendeutschen nach wie vor vertretene Notwendigkeit bestehen, nun über die offen gebliebenen Fragen, die sich keineswegs in der Vermögensfrage erschöpfen, weiter zu verhandeln.« Franz Neubauer begrüßt sodann, daß sich die junge Tschechische Republik zum Zeitpunkt ihrer Geburt mit Nachdruck zur uneingeschränkten Beachtung der »Menschenrechte« und zur »Einhaltung der international verwirklichten Minderheitenrechte« bekannt hat, wie die »Frankfurter Allgemeine Zeitung« am 2.1.1993 berichtet. Neubauer schließt dann seinen Leitartikel wie folgt: »Am 1. Januar dieses Jahres ist die neue Tschechische Republik ins europäische Staatenleben getreten, wollen wir hoffen, daß dies nicht nur ein kosmetischer Neubeginn war, sondern daß es auch einen neuen Anfang im Denken und einen Schritt im Handeln im Sinne eines europäischen Rechtsstaates bedeutet. Das zuendegehende Jahrhundert hat uns allen Konfrontationen und Leid genug gebracht. Wir sollten nicht ohne einen neuen Anfang ins nächste Jahrhundert und Jahrtausend gehen.« [89]
Leider hat bis Ende 1993 die Tschechische Republik für die Sudetendeutschen nicht das geringste übrig gehabt und sich lediglich bereit erklärt, Minderheitenrechte und Menschenrechte innerhalb der Tschechischen Republik anzuerkennen, weshalb sie ja auch an den diesbezüglichen Wiener Konferenzen teilnahm, ohne aber deren Beschlüsse bisher zu vollziehen.

9. Die Beziehungen zwischen Deutschen und Tschechen innerhalb des neuen tschechischen Staates

Wie Uwe Müller [90] betont, muß man, will man das Verhältnis zwischen Deutschen und Tschechen in Gegenwart und Zukunft untersuchen, auch auf die deutsche Volksgruppe in der Tschechoslowakei bzw. jetzt in der Tschechischen Republik eingehen, ganz gleich, aus welchen Gründen auch immer Sudetendeutsche bzw. überhaupt Deutsche in der angestammten sudetendeutschen Heimat verblieben sind. Es gibt ja eine nicht unbeträchtliche Zahl Heimatvertriebener, die als Heimatverbliebene anzusehen sind.

Von insgesamt 3,2 Millionen Deutschen in den Sudetenländern, einschließlich der Slowakei, blieben 250.000 zurück, davon 20.000 bis 25.000 Karpatendeutsche in der Slowakei. Nach einer Statistik aus dem März 1991 lebten davon nur noch 53.418 Deutsche in der ČSFR, davon 47.789 in den Böhmischen Landesteilen und 5620 in der Slowakei, was nach mehr als 40jähriger kommunistischer Herrschaft den Rückgang um 80% bedeutet.

Nach offiziellen tschechischen Statistiken, unter anderem von Jurj Zvara und Leoš Satava, stimmen diese Ziffern allerdings nicht, und ist davon auszugehen, daß jedenfalls mindestens 60.000 Deutsche (Sudetendeutsche) allein in der Tschechischen Republik leben. Da es hierüber aber keine auch nur einigermaßen verläßlichen Statistiken gibt, wird man die Meinung jener Autoren, die von 100.000 zurückgebliebenen oder zurückgekehrten Sudetendeutschen sprechen, nicht für falsch halten. Die Charta der grundlegenden Rechte und Freiheiten der ČSFR vom 9.1.1991, die natürlich die Sudetendeutschen nicht erwähnt, ermöglicht es den Staatsbürgern, die ethnischen Minderheiten angehören, Rechte zur Entwicklung, insbesondere in bezug auf die Bewahrung und Entwicklung ihrer eigenen Kultur und der Information in ihrer Sprache und das Recht Organisationen zu bilden, sowie das Recht auf Ausbildung in ihrer Sprache (Artikel 24 der Charta) einzufordern? Nur ist die Wirklichkeit völlig anders, dies wohl auch deshalb, weil die Deutschen bzw. Sudetendeutschen, die in der Tschechischen Republik verblieben sind und nicht vertrieben wurden, weil man sie als billige Arbeitskräfte auch einige Zeit hindurch benötigte, ganz zerstreut über das ganze Staatsgebiet leben und sinngemäß auch keine eigenen Volksschulen oder höhere Schulen haben.

Zu erwähnen ist, daß die tschechische Verfassung, die am 1.1.1993 in Kraft getreten ist, den Deutschen, die an und für sich den nationalen Minderheiten grundsätzlich zustehenden Volksgruppen Rechte nicht gewährt. Mit dem sogenannten Prager Frühling von 1968 wurde ein Verfassungsgesetz verabschiedet, das endlich wieder von der deutschen Minderheit sprach, und im Juni 1969 entstand der Kulturverband der Bürger deutscher Nationalität in der ČSFR. Dies war der erste deutsche Verband, in dem sich Deutsche aus allen Landesteilen – wenigstens der Verfassung nach – zusammenschließen konnten. In den 70er Jahren wurde der Kulturverband nach der Wiedererrichtung der kommunistischen Herrschaft gleichgeschaltet und traten Tendenzen zu einer völligen Assimilierung der Deutschen in der Tschechoslowakei in Erscheinung. Mit dem Einsetzen des Tauwetters Mitte der 80er Jahre suchten zahlreiche Sudetendeutsche aus Deutschland oder Österreich über die katholische Kirche Kontakte mit der ČSFR, was vor allem auf die Bemühungen der Ackermann-Gemeinde, der Besinnungs-Gemeinschaft Sudetendeutscher Katholiken, zurückging. Der Prager Erzbischof Miloslav Vlk sagte hierzu: »Ohne die Hilfe der Ackermann-Gemeinde wäre vieles nicht möglich gewesen.« Das Sudetendeutsche Priesterwerk hatte einen bedeutenden Anteil. [91]

Immerhin ist aber eine deutsche Zeitung, wenn auch stark tschechischer Färbung, ins Leben gerufen worden, nämlich die »Prager Zeitung«, die ursprünglich »Prager Volkszeitung« hieß. Bei den Wahlen vom 5./6. Juni 1992 ist kein Vertreter der deutschen Volksgruppe in das tschechische oder das slowakische Bundesparlament gewählt worden. Darüber hinaus gibt es keine einzige Gemeinde unter deutscher Führung, was freilich auch darauf zurückgeht, daß die Deutschen in der ČR weit verstreut leben und auch keine Gleichberechtigung in bezug auf Wohnung und Arbeitslohn haben. Vor allem die Wohnverhältnisse sind für die Deutschen in Böhmen sehr bescheiden. Bemühungen wurden aber unternommen, zwischen Deutschen und Tschechen größere Heimattreffen durchzuführen, wobei insgesamt 250 auf Besuch eingelassene Vertriebene und 250 Heimatverbliebene sich nach vielen Jahren zum ersten Mal wieder sahen, vor allem bemühten sich die Egerländer »Gmoi« aus Chodau, Falkenau, Neudeck und Elbogen sowie in Weipert. [92]

Seit der Wende von 1989 mit der Machtergreifung durch Václav Havel und der Beseitigung des Kommunismus wurde in den böhmischen Ländern begonnen, den Gedanken der grenznahen bzw. grenzüberschreitenden Euregionen, also eines Europa der Regionen, zu fördern, welcher Gedanke von den Sudetendeutschen ausging, die dabei einer These des bayerischen Ministerpräsidenten, aber auch der Sudetendeutschen Landsmannschaft Österreichs Folge leisteten. Aufgrund der Bemühungen der Ackermann Gemeinde (Prof. Dr. Josef Stingl, Dr. Rudolf Hilf, Franz Olbert) begann man, eine Euregio Egrensis an der deutsch-tschechischen Grenze zu errichten, die freilich noch keine Organisationsform hat, aber doch eine solche erhoffen läßt. Die Euregio Egrensis umfaßt auf böhmischem Boden die einst sehr bekannten Badeorte

Karlsbad und Marienbad sowie die früher einmal rein deutsche Stadt Eger/Cheb, wo noch relativ viele Sudetendeutsche leben. Pläne für die Schaffung von Euregionen an der deutschen Grenze mit grenzüberschreitender Ausgestaltung bestehen seit der deutschen Wiedervereinigung auch in Nordostböhmen (Nissa), im Böhmer Wald und in Südmähren mit Niederösterreich. Uwe Müller betont hierbei, daß es in der Tschechischen Republik eine deutsche Volksgruppe gibt, die gemeinsam mit den Vertriebenen zu einer Brücke zwischen bzw. zu den Völkern Ost-Mitteleuropas werden kann.

Jiři Malenovsky sagt in seiner Darstellung über den Status nationaler Gruppen in der ČR (an und für sich noch ČSFR, die es aber formal nicht mehr gibt), daß die nationalen Minderheiten in der ČR gewissermaßen ein Opfer der gegenwärtigen ideologischen Konflikte zwischen der jungen Demokratie und dem geschlagenen kommunistischen Totalitarismus sind und die Gesetze keine Restitution, auch keine Kompensation, von Besitztümern vorsehen, die vor dem kommunistischen Putsch von 1948 beschlagnahmt wurden und sich in keiner Weise auf Besitz und Land beziehen, die im Falle der deutschen und magyarischen Minderheit nach dem Prinzip der Kollektivschuld und ohne gerichtliche Garantien unmittelbar nach dem Zweiten Weltkrieg konfisziert wurden.

Bisher gibt es, trotz aller diesbezüglichen Bemühungen bei der UNO und beim Europarat keine Zusatzkonvention zum Schutze der Volksgruppen bzw. ethnischen Minderheiten, auch wenn bei den beiden Konferenzen in Wien 1993 Versuche in dieser Richtung gestartet wurden. Es wäre sehr sachdienlich, wenn sich die Tschechische Republik dazu entschließen könnte, einen echten Minderheitenschutz zu akzeptieren und in ihr Verfassungsrecht einzubinden. Bei den Wiener Menschenrechtskonferenzen der UNO und des Europarates war zwar die Tschechische Republik durch ihren Präsidenten vertreten, hat aber keinerlei Anstalten dazu gemacht, den Plan einer Menschenrechtskonvention oder eines Zusatzprotokolls zum Schutze von Minderheiten zur Europäischen Menschenrechtskonvention mitzubringen oder mitzumachen. In diesem Zusammenhang ist auf die Resolutionen des Heimattreffens der Sudetendeutschen in Wien und Klosterneuburg vom 11.10.1993 zu verweisen. [93]

RESOLUTION

Beim Heimattreffen der Sudetendeutschen in Wien und Klosterneuburg wurde einstimmig folgende aktuelle Erklärung verabschiedet:
Wir rufen die Vereinten Nationen und den Europarat auf, der Vertreibung und dem Völkermord, wo auch immer, ein Ende zu setzen.
Im Namen aller Leidgeprüften unserer millionenfachen Schicksalsgemeinschaft fordern wir die baldige Verwirklichung eines kodifizierten Volksgruppenrechtes.
1945 und 1946 waren es die Sudetendeutschen, denen man schlimmste Verbrechen durch die Vertreibung aus ihrer angestammten Heimat, sowie Folter, Vergewaltigung, Mord und schreckliches Leid, angetan hat.
Damals wie heute trifft es zumeist unschuldige Menschen. Wir wenden uns an alle Einrichtungen zum Schutze der Menschenrechte und ermahnen sie, auch die Vertreibung und den Völkermord an den Sudetendeutschen in die Anklage einzubeziehen und zu verurteilen.

Es kann nicht übersehen werden, daß heute die Aufhebung der Beneš-Dekrete und die Rückkehr der Sudetendeutschen in ihre angestammte Heimat, sofern sie überhaupt zurückkehren wollen, auch deshalb auf Schwierigkeiten stößt, weil die Liegenschaften zu einem erheblichen Teil auf neue Eigentümer übergegangen sind, dies im übrigen durchwegs lastenfrei. Ein erheblicher Teil dieser Liegenschaften dürfte den in die Tschechoslowakei zurückgekehrten bzw. abgewanderten Wiener Tschechen zur Verfügung gestellt worden sein, denn die im Jahre 1900 außerordentlich starke tschechische Minderheit in Wien ist durch die nach dem Ende des Ersten Weltkrieges, und erst recht nach dem Zweiten Weltkrieg, erfolgte Abwanderung der Wiener Tschechen in die Tschechoslowakei sehr dezimiert worden. [94]

Es wäre aber für das künftige Verhältnis von Tschechen und Deutschen von größtem Wert, wenn Prag wiederum zu einer auch von Deutschen, praktisch Sudetendeutschen, bewohnten und mitgestalteten Stadt würde. [95]

Derzeit lehnt die tschechische Regierung, praktisch Václav Havel und Václav Klaus, jeden zusätzlichen Minderheitenschutz für die in der ČR lebenden Deutschen bzw. Sudetendeutschen ab und beruft sich dabei darauf, daß durch die Beneš-Dekrete und die darauf aufbauenden tschechoslowakischen Gesetze und Verordnungen und die Potsdamer Beschlüsse ein für allemal Normen erlassen wurden, die nicht mehr geändert werden könnten. Dasselbe gilt auch für die Magyaren, die aber in der heutigen ČR kaum existent sind, sondern nur in der Slowakischen Republik. Der Minderheitenschutz ist daher heute kein Objekt der Diskussion und des Dialogs zwischen Deutschen bzw. zwischen Deutschland und der Tschechischen Republik, daher hat auch das internationale Volksgruppenrecht bzw. Minderheitenrecht für die ČR keinerlei Bedeutung, da ja die zahlreichen Entwürfe, vorwiegend des Europarates und der UNO, aber auch verschiedener anderer Herausgeber, Regelungen für die Zukunft treffen sollen, nicht aber für die Vergangenheit. Dabei übersieht man aber in Prag, daß die Beneš-Dekrete, um die es im wesentlichen geht, sich als Völkermord darstellen, wie dies durch Felix Ermacora, Horst Übelacker, Fritz Peter Habel und Walter Becher in durchwegs monumentalen Buchpublikationen nachgewiesen worden ist. Im übrigen kann auf die imponierende Literatur zum internationalen Minderheitenschutz hingewiesen werden. [96]

Die Problematik der sogenannten nationalen Minderheiten, also der Volksgruppen, führt immer mehr zu einem zentralen Thema, der internationalen Politik, jedenfalls in Europa. Die Literatur darüber ist außerordentlich umfangreich geworden, aber die Tschechische Republik nimmt davon keinerlei Kenntnis, was mit ihrer Ablehnung der Ansprüche der Sudetendeutschen zusammenhängt.

Interessant ist, daß an die Europa-Gipfel-Konferenz der Menschenrechte und des Minderheitenschutzes am 9.10. in Wien ein Memorandum der Sudetendeutschen Landsmannschaft München gerichtet wurde, mit folgendem Wortlaut: »Im Namen unserer leidgeprüften Schicksalsgemeinschaft ersuchen wir den Europarat, sich dafür einzusetzen, daß die Beneš-Dekrete des Jahres 1945, die die 3,5 Millionen vertriebenen Sudetendeutschen kollektiv belasten, von der tschechischen Regierung annulliert werden.« Ein gleichlautender Text wurde auch an die Menschenrechtskommission im Europarat in Straßburg gesandt. Dieses Memorandum wurde in keiner Weise diskutiert oder zum Anlaß für eine Behandlung genommen. Dagegen sprach sich der Vertreter der Tschechischen Republik, Václav Havel, eindeutig aus. Er warnte zwar vor dem Wiederaufleben »aggressiver Nationalismen, des Fortbestehens von Einflußsphären durch Intoleranz oder totalitäre Ideologie«, auch vor einem dritten »Versagen« der Demokratien im ehemaligen Jugoslawien und verfocht die Rettung der Werke, auf denen das künftige Europa ruhen solle, nämlich »der Bürgergesellschaft, die auf friedlicher Koexistenz verschiedener Ethnien und Kulturen beruht« und wandte sich dabei auch gegen das immer deutlicher werdende Streiten um die »ethnisch gesäuberten Kleinstaaten«, aber lehnte gleichzeitig jede Berücksichtigung der Sudetendeutschen im Rahmen der Tschechischen Republik ab. [97]

Es ist aber hervorzuheben, daß der Vorsitzende der Wiener Gipfelkonferenz, Bundeskanzler Dr. Vranitzky, jeglicher Befund der Resignation ablehnte und darin auch von der Generalsekretärin des Europarates, Frau Lalumiere, unterstützt wurde. Auch der österreichische Bundespräsident Dr. Thomas Klestil äußerte die Überzeugung, daß niemand freiwillig und leichtfertig seine Heimat verlasse, wobei er bei einem Symposium zur selben Zeit über »Die neue Völkerwanderung – was wird aus Europa?« vorschlug, man solle innerhalb von zwei Wochen ein Grundsatzpapier erarbeiten mit dem Hauptpunkt »jeder Mensch hat ein Recht auf Heimat, Migration ist kein Naturgesetz, sie hat beeinflußbare Ursachen.« Zur Gegenwartsgeschichte der Tschechischen Republik gehört es auch, daß weite Teile des ehemaligen Sudetenlandes von den Tschechen verwüstet und entsiedelt wurden. Darauf macht ein führender Sudetendeutscher, Otfried Preußler, in der »Kulturpolitischen Korrespondenz« Bonn Nr. 880 vom 15.10.1993 aufmerksam, in welcher er Impressionen von einer Fahrt durch den tschechischen Nationalpark »Sumava« publiziert. Er führte eine ganze Reihe von ehemaligen sudetendeutschen Dörfern und Gemeinden an, die es heute nicht mehr gibt und die völlig zerstört sind.

Erst im Prager Frühling des Jahres 1968 wurden auch die Deutschen als Volksgruppe wieder offiziell anerkannt bzw. erwähnt, und zwar in dem damals erlassenen Nationalitätengesetz, das in 7 Artikeln die Rechte der Bürger »magyarischer, deutscher, polnischer und ukrainischer (ruthenischer) Nationalität« regelte. Dieses Gesetz gilt heute noch, obwohl in der neuen Verfassung vom 1.1.1993 von einer deutschen Minderheit nicht die Rede ist. Das erwähnte Gesetz enthält folgende Minderheitenrechte:

a) Das Recht auf Bildung in der eigenen Sprache
b) Das Recht auf umfassende kulturelle Entfaltung
c) Das Recht, im amtlichen Verkehr in den von der be-

treffenden Nation bewohnten Gebieten die eigene Sprache zu gebrauchen

d) Das Recht, sich in nationalen und kulturellen Gesellschaftsorganisationen zu vereinigen

e) Das Recht auf Presse und Informationen in der eigenen Sprache

Diese Rechte sind bisher aber praktisch nicht realisiert, was die Deutschen in der Tschechischen Republik anlangt. Vor allem gibt es für die heute weit zerstreut lebenden Deutschen in der Tschechischen Republik keine deutschen Volksschulen bzw. nur Ansätze dazu, wobei diese Schulen aber vorwiegend von tschechischen Kindern besucht werden, die dort Deutsch lernen wollen. Es gibt nur eine einzige deutschsprachige Zeitung, nämlich die »Prager Zeitung«, die äußerst vorsichtig zu formulieren pflegt.

Die Deutschen in der Tschechischen Republik sind in einer »Arbeitsgemeinschaft der deutschen Verbände in der Tschechischen Republik« vereinigt, der folgende Verbände angehören: Verband der Deutschen in der Tschechoslowakei, Prag; Verband der Deutschen – Kulturverband, Prag; Deutscher Jugendklub, Prag; Bund der Deutschen – Landschaft Egerland, Schlagenwald; Verband der Deutschen in Komotau; Verband der Deutschen in Reichenberg; Verband der Deutschen – Sektion Prag und Mittelböhmen; Schlesisch-deutscher Verband Troppau; Verband der Deutschen – Regionalverband des Teschener Schlesiens; Deutscher Kulturverband, Brünn; Verband der Deutschen in Südböhmen, Budweis und als Verband der Deutschen in Westböhmen. All diese Verbände haben aber nur sehr wenige Mitglieder, und der Gebrauch der deutschen Sprache ist praktisch unmöglich. Immerhin gibt es aber gelegentliche Tagungen, die der Verständigung zwischen Deutschen und Tschechen auf der Grundlage von Recht und Wahrheit dienen, zum Beispiel beim deutsch-europäischen Bildungswerk in Pilsen. [98]

»Deutsche Kulturtage in Tschechien« wurden in Prag durchgeführt, wozu zu bemerken ist, daß aus Deutschland bisher insgesamt über 6 Milliarden DM für die Tschechische Republik seit der Wende zur Verfügung gestellt wurden, während tschechischerseits den Sudetendeutschen keinerlei Entschädigung für ihr Vermögen angeboten worden ist.

In diesem Zusammenhang ist auf die Gespräche einzugehen, die zwischen dem deutschen Außenminister Kinkel und seinem tschechischen Amtskollegen Zieleniec bezüglich der Entschädigungen für tschechische NS-Opfer geführt wurden. Dazu erklärt der Sprecher der Sudetendeutschen Landsmannschaft Franz Neubauer, daß es eine Provokation wäre, nur die Opfer der einen Seite zu entschädigen und über die Opfer der anderen Seite – ohne darüber auch nur ein Wort zu verlieren – zur Tagesordnung überzugehen. [99]

Der Weg von Eger oder Karlsbad nach Westeuropa ist nicht annähernd soweit wie der aus dem ehemals österreichischen Schlesien. Obwohl Schlesien fast rein deutsch war, ehe die Deutschen vertrieben wurden, ist heute der Deutschenhaß in Schlesien unüberhörbar, wobei eine Rückgabe ehemals deutschen Besitzes an die rechtmäßigen Eigentümer bzw. ihre Rechtsnachfolger auf das entschiedenste abgelehnt wird. [100]

Am 1.9.1992 unterzeichneten der Parlamentsvorsitzende der ČSFR I. Gasparovic und der slowakische Parlamentsvorsitzende Vladimir Mečiar die Verfassung der neuen Slowakischen Republik. Dazu kam die Deklaration des slowakischen Nationalrates über die Souveränität der Slowakischen Republik. Diese Deklaration hat folgenden Wortlaut:

»Wir, der demokratisch gewählte Slowakische Nationalrat, erklären feierlich, daß das tausendjährige Bestreben des slowakischen Volkes nach Unabhängigkeit in Erfüllung gegangen ist. In diesem historischen Augenblick erklären wir das natürliche Recht des slowakischen Volkes auf Selbstbestimmung in Übereinstimmung mit allen internationalen Abkommen, in denen dieses Recht verankert wurde.

In Anerkennung des Selbstbestimmungsrechts der Völker erklären wir unseren Willen, die Art sowie die Form unseres nationalen und staatlichen Lebens frei zu gestalten, die Rechte eines jeden Bürgers, der nationalen Minderheiten und ethnischen Gruppen zu achten und das demokratische und humanistische Erbe der Völker Europas und der Welt zu pflegen. Hiermit erklärt der Slowakische Nationalrat die Unabhängigkeit der Slowakischen Republik als Grundlage des souveränen Staates des slowakischen Volkes.« [101]

Minderheitenexperten haben es sehr begrüßt, daß die Trennung zwischen Tschechen und der Slowakei ohne Gewaltakte und in friedlicher Weise im Jahre 1992 mit Wirkung vom 1.1.1993 realisiert wurde. Daß nun, wie behauptet wird, in der Tschechischen Republik 130.000 Slowaken leben, dürfte wohl weit übertrieben sein. Jedenfalls sind die Slowaken die einzige Minderheit in der Tschechischen Republik, die praktisch mit den Tschechen gleichberechtigt ist, doch wird in der Tschechischen Republik so getan, als ob es keine Minderheiten gäbe, also auch keine Slowaken. Die Tschechische Republik ist in einen Streit mit der Slowakei geraten, wobei es um deutsche Schulden gegenüber der Slowakei geht, die die Tschechische Republik für sich beanspruchen. Während die Slowakei nach Ansicht der Tschechischen Republik Schulden bei der Tschechischen Nationalbank in Höhe von vielen Milliarden Mark hat, sagt der tschechische Ministerpräsident Václav Klaus, daß die Tschechische Nationalbank und die Tschechische Republik enorme Forderungen gegenüber der Slowakei hätten. Die Slowakei beansprucht hunderte Tonnen Gold, was von Václav Klaus auf das entschiedenste abgelehnt wurde. [102]

Zwischen Tschechen und Slowaken gab es sozusagen immer erbitterte Gegensätze, was seinen Grund nicht nur darin hatte, daß die Tschechen, vor allem jene in Böhmen, der westlichen habsburgischen Reichshälfte angehörten, in welcher grundsätzlich alle Nationalitäten so ziemlich gleichberechtigt behandelt wurden, während die Slowaken zur ungarischen Reichshälfte gehörten, in welcher die Nationalitäten (nicht nur die Slowaken) systematisch diskriminiert wurden. [103]

Nach Jahrzehnten der Diskriminierung der Slowaken durch Ungarn in der Habsburger Zeit wurde von Exilslowaken und Exiltschechen im Ersten Weltkrieg (31.5.1918) in Pittsburgh (USA) der Pittsburgher Vertrag geschlossen, wobei die tschechischen Emigranten durch den Präsidenten Tomas Garrigue Masaryk vertreten waren. Der Pittsburgher Vertrag sah vor, daß die Slowakei, die durch Hlinkas slowakische Volkspartei vertreten war, in dem künftigen tschechisch-slowakischen Staat (offiziell: Tschechisch-slowakische Republik) volle Autonomie erlangen sollte. Da diesem neuen Staat Deutsche, Polen, Ungarn und Juden sowie Ruthenen anzugehören hatten, waren die Tschechen in dieser Tschecho-slowakischen Republik eine Minderheit. [104]

Der Pittsburgher Vertrag wurde von der tschechischen Seite nie eingehalten, von einer Autonomie konnte keine Rede sein. Die erste Tschechoslowakische Republik war ein Einheitsstaat, in dem nur die Tschechen zu bestimmen hatten, und in dem zum Beispiel die Sudetendeutschen außerordentlich benachteiligt gewesen sind. Aber auch die Slowaken, die auch in der heutigen Tschechischen Republik eine starke Minderheit darstellen, dies mit einem slowakischen Verein mit Sitz in Prag, waren während der ersten Tschechoslowakischen Republik praktisch völlig rechtlos. Dies erklärt auch, warum im

Jahre 1939 der »Slowakische Staat« – er hieß nicht etwa Slowakische Republik – unter der Ägide des Dritten Reiches ins Leben gerufen wurde. Es kam jedoch noch zum Verfassungsgesetz Nr. 299 der Tschecho-Slowakischen Republik über die Autonomie der slowakischen Region. [105]

Die Historikerin Lisa Guarda Nardini der Universität Padua hat ebenso wie Milan S. Ďurica über den Staatspräsidenten und katholischen Theologen Josef Tiso in den »Slovak Studies 1988-1989« publiziert und umfangreiche Abhandlungen geschrieben, aus denen hervorgeht, daß Tiso keineswegs ein Anhänger von Adolf Hitler war, aber den Fehler beging, mit Eduard Beneš zusammenzuarbeiten. [106]

Aus der bei diesen Autoren zu findenden Biographie von Joseph Tiso, insbesondere auch jener von Ďurica und von Vnuk ergibt sich eindeutig, daß eine Zusammenarbeit mit den Tschechen unmöglich geworden war, und es werden so hervorragende Historiker wie Stefan Osusky, Emil Franzel, Jon Sekyra, M. Kirschbaum, K. Cuden und J. Stelzenberger zitiert.

Tiso war offenkundig ein ausgesprochen christlicher Demokrat, der sich freilich gegen die sich während des Zweiten Weltkrieges abweichenden antidemokratischen Tendenzen nicht restlos durchsetzen konnte. Der Verfasser dieses Buches vermochte dies auch selbst festzustellen, denn er war bei der Wiener Lokomotivfabrik dienstverpflichtet und mußte in diesem Zusammenhang während der Dauer des Slowakischen Staates sehr oft zur Ablieferung von Lokomotiven für die Slowakischen Staatsbahnen in die Slowakei reisen und hatte hierbei Gelegenheit, auch mit Joseph Tiso zusammenzutreffen, traf darüber hinaus in Preßburg bis gegen Kriegsende – Aufstand von Neu Sohl/Banska Bistrica, den die Kommunisten inszenierten – regelmäßig mit führenden Vertretern der katholischen Bewegung in der Slowakei zusammen, insbesondere mit dem ihm von der Pax Romana her noch gut bekannten ehemaligen Pax Romana-Vizepräsidenten Ing. Stephan Horvath, dem Leiter des obersten Versorgungsamtes der Slowakei. [107]

Die Beziehungen zu den Deutschen und den Tschechen waren vor allem durch die diskriminierende Behandlung der Sudetendeutschen durch die Tschechen seit Gründung der Tschechoslowakischen Republik nach dem Ersten Weltkrieg (Staatsvertrag von St. Germain) belastet. Wie dem Handwörterbuch des Grenz- und Auslanddeutschtums (3 Bände und 1 Ergänzungsband), das in Breslau erschienen ist, entnommen werden kann, waren die Sudetendeutschen in der Ersten Tschechoslowakischen Republik ebenso wie die Karpatendeutschen in der Slowakei in erheblichem Ausmaß diskriminiert. Sie bekamen, mit wenigen Ausnahmen, keine Staatsanstellung. Immerhin aber waren sie in ihrer angestammten Heimat, wozu noch zu bemerken ist, daß die heutige tschechische Geschichtsschreibung wahrheitswidrig behauptet, daß die Sudetendeutschen, deren Bezeichnung mit diesem Namen noch in der Habsburger Monarchie üblich geworden war, erst nach den Tschechen in Böhmen und Mähren eingewandert seien. Dies behauptet zum Beispiel der neue tschechische Botschafter in Wien in seinem oben erwähnten Interview mit der katholischen österreichischen Wochenzeitung »Die Furche«. [108]

Es gibt sogar offizielle tschechische Äußerungen in tschechischen Schulbüchern, wonach die Deutschen erst 1938 in das Sudetenland gekommen seien, und weil sie sich schlecht verhalten hätten, 1945 hinausgeworfen worden wären. [109]

Außer der Hauptstadt Prag wurde bis 1990 keine einzige Stadt oder Gemeinde der Tschechoslowakei in der deutschsprachigen »Prager Volkszeitung«, heute »Prager Zeitung«, anders als mit dem tschechischen Namen bezeichnet.

Auch heute noch erscheint in der Prager Zeitung, der einzigen deutschsprachigen Zeitung, die in der Tschechischen Republik erscheinen darf, vorwiegend die tschechische Nomenklatur für sudetendeutsche Orte. Es ist auffallend, daß den Deutschen, die in der Tschechischen Republik leben, praktisch keine Rechte eingeräumt werden, da immer noch eine gewisse Angst vor einer Rückkehr der Deutschen aus dem Exil vorherrscht. Dies ist ganz im Gegensatz zur Slowakei, wo jedenfalls die relativ wenigen verbliebenen Karpatendeutschen wiederum ein blühendes Vereinsleben entwickelt haben und trotz der politischen Schwierigkeiten, die die Slowakei mit ihrem Ministerpräsidenten Mečiar und seinem autoritären Stil zu durchleiden hat, doch im Sinne der Bewahrung des Auslanddeutschtums in Osteuropa über eine Art Autonomie verfügen. Man muß auch berücksichtigen, daß das Todesurteil und die Hinrichtung von Jozef Tiso nach dem Ende des slowakischen Staates ein reines Werk der Tschechen war, die ihre Ablehnung gegenüber den Slowaken drastisch zum Ausdruck brachten. Da nützten auch die tschechisch-slowakischen Vereinbarungen von Pittsburgh, Kaschau/Košice und Zilina nicht das geringste. Man muß auch bedenken, daß tschechische Truppen nach dem Ende des Zweiten Weltkrieges die Slowakei besetzten und mit dem sogenannten Dritten Prager Abkommen die slowakische nationale Front auflösten und terrorisierten. Das sogenannte Dritte Prager Abkommen wurde am 16. Juli 1946 mit dem slowakischen Nationalrat abgeschlossen, wobei die Hoffnung bestand, daß die Slowakei eine entsprechende Autonomie erhalten werde. Dem war aber nicht so. [110]
Es wäre sicher falsch zu behaupten, daß es keine tschechischen Autoren und Historiker gibt, die die Leistungen der deutschen Volksgruppe in Böhmen und Mähren nicht würdigen wollten. [111]
Wenn die Tschechen nach dem Zweiten Weltkrieg kein

kommunistisches Regime gehabt hätten, wäre vieles leichter gewesen. Ihre Ablehnung der Sudetendeutschen und der Deutschen überhaupt, also nicht nur der Sudetendeutschen, hat sich sehr negativ ausgewirkt. [112]

Es sei nicht übersehen, daß sich Deutschland, teilweise schon vor der Wiedervereinigung, teilweise aber auch nach derselben, ebenso wie Österreich, sehr bemühte, mit Prag wie auch mit Preßburg in ein korrektes, ja freundschaftliches Verhältnis zu kommen. Allerdings sind die Freundschafts- und Nachbarschaftsverträge von 1971 und 1992 zwischen Bonn und Prag äußerst lückenhaft und wurden daher auch von den Sudetendeutschen und von Autoren wie Felix Ermacora und Horst Übelacker abgelehnt. [113]

Bisher ist von der Trennung der Slowakei von der ehemaligen Tschechoslowakei und der Schaffung zweier selbständiger Staaten, nämlich der Tschechischen Republik und der Slowakischen Republik, in der Politik, Wissenschaft aber auch in der Völkerrechtswissenschaft noch nicht viel zu verspüren. Die Tschechische Republik hat dankenswerter- aber auch notwendigerweise der Verselbständigung der Slowakei nichts in den Weg gelegt, aber auch den slowakischen Staat aus der Zeit von 1939-1945 nicht vergessen. Dies ergibt sich aus diversen Erklärungen von Václav Havel, aber auch von Václav Klaus und ihren kommunistischen Vorgängern zur Geschichte der Slowakei. [114]

Es fällt aber auf, daß der Name Jožef Tiso in der gesamten tschechischen Literatur von heute verschwiegen wird. In Wirklichkeit war Tiso zwar das Staatsoberhaupt eines mit dem nationalsozialistischen Deutschen Reich annähernd verbundenen Satellitenstaates (übrigens mit dem gleichen Staatswappen wie die heutige Slowakei), aber eine positive Einstellung des Dritten Reiches zum slowakischen Staat hat es in Wirklichkeit nicht gegeben, sonst wären nicht die vom Dritten Reich als Antinationalsozialisten und auch als Widerstandskämpfer verfolgten Österreicher in den slowakischen Staat geflohen, so zum Beispiel der ehemalige Heimatschutzführer Rolf West (später Manager des Burghardt-Breitner-Komitees für die Bundespräsidentenwahl in Österreich), Dr. Erik Wintersberger von der Widerstandsbewegung W-Astra und sein Vater, Direktor der Stölzle Glas Union. Man weiß auch, daß betont katholische Anschlußanhänger im Dritten Reich nicht gefördert, sondern verfolgt wurden.

Vermutlich ist die Behauptung nicht falsch, daß die beiden wichtigsten Gründer des slowakischen Staates aus dem Jahre 1939, Dr. Fritz Flor und Dr. Hammerschmid, auf der Rückfahrt von der Gründungsveranstaltung des slowakischen Staates in Preßburg nach Wien auf mysteriöse Weise ums Leben kamen. Mir sind diese Vorgänge durchaus bekannt und in Erinnerung geblieben. Eine gewisse Besserstellung der Deutschen in der Tschechischen Republik ist eingetreten, vor allem durch Begegnungen im neu eingerichteten Tasar Neumann-Haus in Eger (Cheb) oder im Walter-Henschel-Zentrum in Mährisch-Trübau, neuerdings auch in Iglau, Mährisch-Schönberg und Traudenau. Die der CSU nahestehende Hanns Seidel-Stiftung konnte in Grätz bei Troppau eine Tagung durchführen mit dem Thema »Schlesien – Land dreier Völker«, an der Deutsche, Tschechen und Polen gemeinsam teilnahmen, und unter der Schirmherrschaft des deutschen Außenministeriums konnten 1992 in Bonn und Prag in 20 Orten der damals noch bestehenden Tschechoslowakei deutsche Kulturtage veranstaltet werden, wobei mit Unterstützung der Ackermann-Gemeinde auch das Thema »Die Kirche im Dienst der Versöhnung« behandelt wurde. Es hat auch schon gemeinsame Gottesdienste und gemeinsame Wallfahrten von Tschechen und Deutschen gegeben. [115]

10. Wege zu einem positiven Verhältnis zwischen Deutschen und Tschechen in Europa

Trotz des Minderheitenschutzes, den die Tschechische Republik in ihrer neuen Verfassung vom 1.1.1993 vorgesehen hat, sieht die Praxis völlig anders aus. Im Geltungsbereich des deutschen Grundgesetzes, wo es ethnische Minderheiten aber nur in relativ bescheidenem Ausmaße gibt, ist durch Sondervereinbarungen mit den betreffenden Minderheiten ein weitgehender Entfaltungsschutz, also nicht nur Erhaltungsschutz, der betreffenden Minderheit gesichert worden. Dies bezieht sich auf die Sorben in Sachsen und in Brandenburg, auf die Friesen und die Dänen in Schleswig Holstein und auf die Polen, soweit sie in Deutschland beheimatet sind. [116] Auch Österreich hat ein geradezu vorbildliches, wenn auch teilweise mangelhaftes Volksgruppenrecht, speziell, was die Tschechen und die Slowaken in Wien und Niederösterreich anlangt. [117]

Während beispielsweise in Belgien in der letzten Staatsreform 1988/1989 die sehr kleine deutsche Gemeinschaft formelle Anerkennung gefunden hat, so daß Belgien jetzt eine Dreisprachen-Gemeinschaft ist, war es bisher in der Tschechischen Republik nicht möglich, für die Deutschen, deren Zahl zwischen 62.000 und 200.000 angegeben wird, eine auch nur beschränkte Autonomie zu erhalten. Um derartiges bemüht sich die neue Studiengruppe Erbland Sudetenland. [118]

Der Prager Vertrag zwischen Bonn und Prag vom Jahre 1971 und der neue Freundschafts- und Nachbarschaftsvertrag zwischen den beiden Staaten von 1992, der von Felix Ermacora so nachhaltig kritisiert wurde, klammern die wirklich wichtigen sudetendeutschen Ansprüche aus, also vor allem die Aufhebung der Beneš-Dekrete, die Entschädigung für das verlorene Vermögen und auch die Verpflichtung der Tschechischen Republik zu einem tragfähigen Minderheitenschutz.

Der österreichische Bundespräsident Thomas Klestil hat in einem längeren Schreiben an die Sudetendeutsche Landsmannschaft Österreich [119] der Sudetendeutschen Opfer der Beneš-Dekrete und der Tschechischen Republik bzw. der ČSFR seine besondere Sympathie und Förderung zum Ausdruck gebracht. Seine Beziehungen zum Präsidenten der Tschechischen Republik Václav Havel haben ihn daran nicht gehindert. Die Sudetendeutsche Landsmannschaft hat zum Europaratsgipfel vom 8./9.10.1993 in Wien eine Resolution ausgearbeitet, wodurch der Europarat gebeten wird, sich dafür einzusetzen, daß die Beneš-Dekrete des Jahres 1945, die 3,5 Millionen Sudetendeutsche vertrieben haben, von der tschechischen Regierung annulliert werden. Eine Ausfertigung dieser Resolution ist auch an die Menschenrechtskommission im Europarat in Straßburg gegangen.

Die Tschechische Republik hat bisher für die auf ihrem Gebiet wohnenden Deutschen, ob sie nun Sudetendeutsche sind oder Angehörige der sonstigen deutschen Minderheit, nicht das geringste unternommen, um diesen finanziell zu helfen, während die BRD für den tschechischen Staat außerordentlich umfangreiche finanzielle Hilfe geleistet hat. Die österreichische Regierung hat den Volksgruppen in Österreich für das Jahr 1994 39,8 Millionen Schilling zugewiesen (im Jahr 1992 waren es noch 28 Millionen), und davon bekommt auch die tschechische Volksgruppe in Wien einen relativ beträchtlichen Anteil. [120]

Bisher ist es nicht gelungen, ein tragfähiges Zusatzprotokoll zum Schutz von Minderheiten zur Europäischen Konvention der Menschenrechte und Grundfreiheiten zu schaffen. Daher ist es auch nicht gelungen, die Tschechische Republik hier einzubinden. Das Symposium »Kunst und Bildung für Europa«, das im Sommer 1993 vom Europa Zentrum Graz zusammen mit dem Europahaus Klagenfurt und dem Studienkreis »Kunst und Bildung für Europa«, Bonn, im Bildungshaus Seckau durchgeführt wurde, fand ohne tschechische Beteiligung statt. Es waren auch nur etwa 60 Teilnehmer aus Deutschland, Frankreich, Italien, Spanien, Luxemburg, Slowenien, Kroatien, Ungarn, der Slowakei und Österreich gekommen. [121] Es kann nicht übersehen werden, daß der Rat der Europäischen Bischofskonferenzen (CCEE) als Nachfolger des Erzbischofs von Mailand, Carlo Maria Martini, den Erzbischof von Prag Miroslav Vlk zu seinem neuen Vorsitzenden gewählt hat, dies bei einer zweitägigen Versammlung im Vatikan, wobei der Papst Kontakte zur Konferenz europäischer Kirchen (KEK) empfahl, die von den evangelischen und orthodoxen Kirchen eingerichtet worden ist. In der Tschechischen Republik wurde von diesem Ereignis aber keine Kenntnis genommen. Ebenso hat die Tschechische Republik an den Bemühungen um ein europäisches Volksgruppenrecht mit einem Zusatzprotokoll zur Europäischen Menschenrechtskonvention zwecks Sicherung des Schutzes von Volksgruppen nicht mitgewirkt. Das hängt damit zusammen, daß den Sudetendeutschen, aber auch den in den böhmischen Ländern lebenden bodenständigen Deutschen keinerlei Rechte, insbesondere keinerlei Existenzrechte, zugebilligt werden. An dieser Stelle ist aber von den Bemühungen um ein solches Zusatzprotokoll im Rahmen des Europarates zu sprechen. Derartige Bemühungen sind sozusagen europaweit unternommen worden, dies aber mit Ausnahme des europäischen Gipfeltreffens vom 7.–9.10.1993 ohne jede Beteiligung der Tschechischen Republik. Es handelt sich um folgende Entwürfe:

1. Entwurf für eine europäische Konvention für den Schutz von Minderheiten, ausgearbeitet von der Europäi-

schen Kommission für Demokratie durch Recht, der sogenannten Venediger Kommission, vom März 1991 mit dem Ziel einer umfassenden rechtlichen Verankerung, sowohl individueller wie auch kollektiver Volksgruppenrechte. [122] Irgendeine Bedeutung hat aber dieser Entwurf nicht erlangt.

2. Die österreichische Regierung, Bundesministerium für auswärtige Angelegenheiten, hat unter der Verantwortung von Dr. Edda Weiß und Botschafter Klaus Fabjan am 26. November 1991 ein »Zusatzprotokoll zur Europäischen Menschenrechtskonvention zur Sicherung des Schutzes von Volksgruppen« ausgearbeitet und offiziell im Europarat eingeführt. Dieses Protokoll legt das Bekenntnisprinzip fest, ferner das Existenzrecht der Volksgruppen, die Gleichberechtigung vor dem Gesetz (Nicht-Diskriminierung), das Verbot von demographischen Veränderungen zu Lasten der Volksgruppen, das Verbot von Zuwanderern oder Umsiedlungen, das Verbot der Änderungen politischer Bezirke in der Weise, daß darin eine Volksgruppe zur Minderheit wird, das Recht auf eigene Organisationen, einschließlich politischer Parteien, das Recht auf Sprache und auf Ausbildung in der Muttersprache, das Recht auf eigene Schulen, die Gewährleistung von Rechtsmitteln in Minderheitenangelegenheiten, das Recht auf ungehinderte Kontakte auch über die Staatsgrenzen hinweg zum Mehrheitsvolk, das Recht auf autonome Selbstverwaltung und das Recht auf Festhalten an weitergehenden Rechten der Minderheiten in den einzelnen Vertragsstaaten. Dieser Entwurf wurde von dem in Bozen tätigen Professor Dr. Christof Pan von der Europäischen Akademie in Bozen zusammen mit Prof. Felix Ermacora formuliert und in vier Sprachen (deutsch, französisch, englisch und ungarisch) publiziert. [123]

3. Der zuvor erwähnte Entwurf für eine »Konvention über die Grundrechte der Europäischen Volksgruppen«. Das Zusatzprotokoll zur Europäischen Konvention über

Menschenrechte über die Rechte von nationalen Minderheiten wurde von der parlamentarischen Versammlung des Europarates in Straßburg am 1.2.1993 mit der Empfehlung 1201 beschlossen. Die darin verwendete Definition für den Begriff »Nationale Minderheit« ist aber kritisch beurteilt worden, weil als nationale Minderheiten nur solche anerkannt werden, die »langfristige, feste und dauernde Verbindungen zu ihrem Staat, in dem sie leben« unterhalten. Für viele Volksgruppen, welche erst durch die Veränderung der Staatsgrenzen in die Minderheitensituation geraten sind, ist dies eine nicht annehmbare Einschränkung. Der Entwurf wurde bisher auch gar nicht endgültig angenommen. Die Tschechische Republik hat daran nicht teilgenommen.

Minderheitenschutzbestimmungen wurden auch von der Studiengruppe für Politik und Völkerrecht der Kulturstiftung der deutschen Vertriebenen beschlossen. Bei der Tagung über Minderheiten- und Volksgruppenrechte in Theorie und Praxis in Bonn-Bad-Godesberg vom 20.-22.4.1993 mit Referaten des Botschafters Dr. Ludwig Steiner aus Wien und des Professors Dr. Christian Hillgruber, Köln, brachten beide zum Ausdruck, daß zum Schutz der ethnischen Gruppen, die Minderheiten darstellen, auch eine internationale Absicherung vor Vertreibung und Zwangsassimilation festgelegt werden müsse. [124]

Entwurf einer Konvention zum Schutze der Minderheiten, verfaßt von Prof. Dr. Carl Boehm von der Universität der Bundeswehr in Hamburg, 1992.

Entwurf eines internationalen Abkommens über den Schutz nationaler oder ethnische Gruppen oder Minderheiten, verfaßt von Felix Ermacora und Theodor Veiter in Graf Bethlen (Hsg.), Volksgruppenrecht. Ein Beitrag zur Friedenssicherung, München 1980.

Ludwig Steiner, Das Zusatzprotokoll zur Europäischen Menschenrechtskonvention zum Schutze ethnischer Min-

derheiten, Travemünde, AWR-Kongress, 29.9.1993 mit Hinweis auf zahlreiche weitere Entwürfe von Zusätzen zur Europäischen Menschenrechtskonvention. Hierbei seien erwähnt die Abhandlungen zu Projekten europäischen Volksgruppenschutzes von Franz Ludwig Graf von Stauffenberg, der Entwurf einer Volksgruppen-Charta der EG von Franz Matscher, der Entwurf einer »Europäischen Konvention zum Schutze der Minderheiten« der Europarats-Kommission »Democracy through Law« von Edda Weiß, Volksgruppenschutz im Rahmen der KSZE von Philip Blair, der Entwurf einer Europäischen Charta der Regional- und Minderheitensprachen »des Europarates« und von Felix Ermacora »Erfahrungen und Perspektiven eines übernationalen Garantiesystems für Volksgruppenrechte sowie Möglichkeiten und Chancen eines europäischen Garantiesystems für Volksgruppen«. Diese alle in dem Sammelband von Felix Ermacora, Hannes Tretter und Alexander Pelzl (Hrsg.), Volksgruppen im Spannungsfeld von Recht und Souveränität in Mittel- und Osteuropa, Band 40, der von Franz Hyroniemus Riedl und Theodor Veiter herausgegebenen Buchreihe Ethnos, Wien 1993. Leider ist dieser Band über das Thema Volksgruppen im Spannungsfeld von Recht und Souveränität in Mittel- und Osteuropa, Internationales Symposium des Instituts für Staats- und Verwaltungsrechts der Universität Wien, welches vom 13.–15.11.1991 stattfand, erst Mitte 1993 im Verlag Braumüller in Wien erschienen und daher inhaltlich weitgehend überholt. An dem Symposion nahmen auch eine Anzahl von Vertretern der Slowakei, und zwar aus Bratislawa/Preßburg, aber nur ganz wenige Personen aus der tschechischen Teilrepublik, und zwar aus Brno/Brünn teil. [125]
Nach dem praktischen Scheitern der Weltkonferenz der Menschenrechte 1993 in Wien gab es gewisse Hoffnungen, daß das erste Gipfeltreffen der Mitgliedstaaten des Europarates über Menschenrechte und Minderheiten-

schutz, ebenfalls in Wien vom 7.–9.10.1993, zu einem konkreten Ergebnis führen würde. Das Ergebnis war die Wiener Erklärung der anwesenden 23 Mitgliedstaaten des Europarates vom 9.10.1993. Diese 23 Staaten waren fast ausnahmslos durch ihre Ministerpräsidenten bzw. Präsidenten vertreten – die Republik San Marino durch die beiden Capitani Reggenti, die Tschechische Republik durch ihren Präsidenten Václav Havel, die Slowakische Republik durch ihren Ministerpräsidenten Vladimir Mečiar, die Griechische Republik Zypern durch ihren Präsidenten Glavkos Clerides (die Türkische Republik Nordzypern nicht) und der Europarat durch die Generalsekretärin Catherine Lalumière, das Fürstentum Liechtenstein durch den aber bereits abgesetzten Noch-Regierungschef Markus Büchel. Die schon mehrfach erwähnte »Wiener Erklärung«, die einstimmig angenommen wurde, ist im Anhang als Anlage 4 zu finden.

Die hier abgedruckte Wiener Erklärung sollte ein zur Unterzeichnung aufzulegendes Dokument eines Zusatzprotokolls zur Europäischen Menschenrechtskonvention beschließen. Der Präsident des Bundes der Vertriebenen, Dr. Herbert Czaja, stellt aber fest, daß in Wien nur eine vorschnelle Euphorie zum Ausdruck kam und nur Absichtserklärungen der beratenden Versammlung unterbreitet wurden, die nur geringe Ansätze zu Gruppenrechten der nationalen Gemeinschaften enthielten. Die Forderung nach einem Zusatzprotokoll wurde im Kampf um eine Sofortentscheidung vorerst zurückgestellt. Der Begriff Minderheit sei überhaupt nicht definiert worden und es sei zu keiner befriedigenden Lösung beim Zusatzprotokoll gekommen. [126]

Von tschechischer Seite (Václav Havel) kam überhaupt kein tragfähiger Beitrag, und so faßt die Tschechische Republik bezüglich eines europäischen Status der Minderheiten weiterhin keinen Beschluß für einen Minderheitenschutz.

Die Dritte Kammer des Zweiten Senats des Deutschen Bundesverfassungsgerichts hat in einem anderen Fall ausgesprochen, daß die BRD mit den Freundschaftsverträgen der Ostblockstaaten keinerlei Grundrechtsverletzung begangen habe, da das Deutsche Reich fortexistiere, wenn es auch als Gesamtstaat noch nicht wieder handlungsfähig sei. Es gebe sogar eine Pflicht zur Identitätswahrung des Deutschen Staatsvolkes. [127]

Ergebnis der Wiener Erklärung ist sohin, daß die Tschechische Republik keine wie immer geartete Minderheitenschutzbestimmung beschlossen hat und auch kein Anlaß besteht, derartiges anzunehmen.

Im übrigen kann die Wiener Erklärung, ebenso wie die diversen Europaratsentwürfe für ein Zusatzprotokoll betreffend die ethnischen Minderheiten und die Menschenrechte zur Europäischen Konvention der Menschenrechte und Grundfreiheiten, nicht eine Grundlage für den Frieden in Europa darstellen, da die Wiener Erklärung, außer vom Präsidenten der Tschechischen Republik auch von anderen Staaten unterzeichnet wurde, die nicht im entferntesten daran denken, einen wirksamen Minderheitenschutz in ihre Gesetzgebung aufzunehmen. Das gilt zum Beispiel von der Türkei, die beim Wiener Europaratstreffen vom 8./9.10.1993 durch ihre Ministerpräsidentin Tansu Ciller vertreten war, obwohl die Türkei an den Kurden gezielten Völkermord begeht. [128]

Ebenso sind die Basken in Spanien politisch verfolgt und werden systematisch gefoltert. [129]

Kroatien hat die istrianischen Italiener systematisch ermordet (sogenanntes Infoibamento) oder vertrieben, ein kleiner Teil der Italiener in Kroatien ist noch vorhanden, aber erheblich diskriminiert, worüber die in Görz/ Gorizia erscheinende Minderheitenzeitschrift »L'Arena di Pola« allwöchentlich berichtet. Die nationalen Minderheiten in Frankreich sind weitgehend diskriminiert, vor allem die Deutschen in Elsaß-Lothringen und die Bretonen.

Bis zum heutigen Tage betrachten sowohl die Tschechische als auch die Slowakische Republik die sogenannten Beneš-Dekrete für rechtsgültig und maßgebend. Abgesehen davon, daß diese Dekrete, überwiegend aus dem Jahre 1945, ihre Gültigkeit auf die Tschechoslowakei (ČSSR, ČFSR) bezogen, welchen Staat es nicht mehr gibt, so daß die Gültigkeit dieser Dekrete in den heutigen Teilrepubliken der ehemaligen Tschechoslowakei sehr problematisch ist, ist zu betonen, daß diese, ebenso wie die Potsdamer Beschlüsse vom 2.8.1945, von vornherein völkerrechtswidrig waren. Es kann gewiß nicht übersehen werden, daß Vertreibungen und Eigentumskonfiskationen auch anderswo vorgekommen sind und bis heute keine Wiedergutmachung erfolgte. [130]

Nach anfänglichen Schwierigkeiten verschiedenster Art gelang die Integration der über 13 Millionen deutschen Heimatvertriebenen in die Bundesrepublik Deutschland, aber auch nach Österreich, wobei in Deutschland vor allem die Lastenausgleichgesetzgebung eine maßgebliche Hilfe gewesen ist. [131]

Die sogenannten Beneš-Dekrete, durch die die Sudetendeutschen noch vor den so problematischen Potsdamer-Beschlüssen in wilden Austreibungsaktionen aus ihrer Heimat in Böhmen, Mähren, Schlesien und der Slowakei vertrieben wurden, sind folgende:

1. Dekrete des Präsidenten der Republik Eduard Beneš vom 19.5.1945, SLG Nr. 5 über die Ungültigkeit einiger vermögensrechtlicher Rechtsgeschäfte aus der Zeit der Unfreiheit und über nationale Verwaltung der Vermögenswerte der Deutschen, der Magyaren, der Verräter und Kollaborateure einiger Organisationen und Veranstaltungen

2. Dekret des Präsidenten der Republik vom 19. Juni

1945, SLG Nr. 16 über die Bestrafung nazistischer Verbrechen der Verräter und ihrer Helfershelfer sowie die außerordentlichen Volksgerichte

3. Dekret des Präsidenten der Republik vom 21.6.1945, SLG Nr. 12 über die Konfiskation und beschleunigte Aufteilung des landwirtschaftlichen Vermögens der Deutschen, Magyaren wie auch der Verräter und Feinde des tschechischen und slowakischen Volkes

4. Dekret des Präsidenten der Republik vom 20.6.1945, SLG Nr. 28 über die Besiedlung des landwirtschaftlichen Bodens der Deutschen, der Magyaren und anderer Staatsfeinde durch tschechische, slowakische und andere slawische Landwirte

5. Dekret des Präsidenten der Republik vom 25.10.1945, SLG Nr. 108 über die Konfiskation des feindlichen Vermögens und die Fonds der nationalen Erneuerung

6. Verfassungsdekrete des Präsidenten der Republik vom 2.8.1945, SLG Nr. 33 über die Regelung der tschechoslowakischen Staatsbürgerschaft der Personen deutscher und magyarischer Nationalität

7. Dekrete des Präsidenten der Republik vom 8.10.1945 über die Auflösung der Deutschen Universität Prag

8. Verfassungsdekret des Präsidenten der Republik vom 27.10.1945 über die Sicherstellung der als staatlich unzuverlässig angesehenen Personen während der Revolutionszeit

9. Dekret des Präsidenten der Republik vom 21.10.1945 über die Zwangsarbeits-Sonderabteilungen

10. Bekanntmachung des Ministeriums des Innern vom 2.12.1945 über die Richtlinien zur Durchführung des Dekrets des Präsidenten der Republik über die Arbeitspflicht der Personen, welche die tschechoslowakische Staatsbürgerschaft verloren haben

11. Gesetz vom 11.4.1946 über die Arbeits-(Lehr-)Verhältnisse der Deutschen, der Magyaren, der Verräter und ihrer Helfeshelfer

12. Gesetz vom 8.5.1946 über die Rechtmäßigkeit von Handlungen, die mit dem Kampf um die Wiedergewinnung der Freiheit der Tschechen und Slowaken zusammenhängen

13. Gesetz vom 16.5.1946 über die Ungültigkeit einiger vermögensrechtlicher Rechtsgeschäfte aus der Zeit der Unfreiheit, sowie über die Ansprüche die sich aus dieser Ungültigkeit und aus anderen Ereignissen für das Vermögen ergeben

Dazu kommt das offizielle Regierungsprogramm der befreiten Tschechoslowakei, das sogenannte Kaschau-Programm vom 5.5.1945 über die Vertreibung, wobei zwischen verbrecherischen Deutschen und loyalen Deutschen unterschieden wurde. Dazu kommt ferner der Entzug der tschechoslowakischen Staatsbürgerschaft. Eine formelle Bestimmung über die Austreibung der Sudetendeutschen ist in den Beneš-Dekreten nicht enthalten, sondern nur in den Potsdamer Beschlüssen. Tatsächlich wurden die Beneš-Dekrete aber zur Rechtsgrundlage für die Zwangsaussiedlung fast aller Sudetendeutschen herangezogen. Diese Vertreibung erfolgte in ungeregelter Weise und unter Ermordung von etwa 250.000 Sudetendeutschen.

Die in die spätere Bundesrepublik Deutschland vertriebenen Sudetendeutschen – offiziell wurde nur von Abschiebung gesprochen – durften aufgrund der Vorschriften der Besatzungsmächte zunächst keine Organisationen errichten, durch die sogenannte Aktion Link wurde 1950/51 die Aussiedlung von 68.000 Deutschen aus den polnisch verwalteten deutschen Gebieten aus Polen und der Tschechoslowakei ermöglicht, und in weiterer Folge nahm die Bundesrepublik Deutschland noch rund 738.000 weitere Spätaussiedler auf. Mit Hilfe des Lastenausgleichs und der damit zusammenhängenden binnendeutschen Umsiedlung der Vertriebenen aus Schles-

wig-Holstein, Niedersachsen und Bayern (»Abgabelän-
der«) kam es dann zu einer wirtschaftlichen und auch einer fortschreitenden gesellschaftlichen Eingliederung.
Die vertriebenen Deutschen gründeten den Bund der vertriebenen Deutschen und den Verband der Landsmann-
schaften. Beide Dachverbände schlossen sich 1957 zum
Bund der Vertriebenen zusammen. Von je 100 männlichen Vertriebenen, die zwischen 1945 und 1950 in der
BRD bzw. in ihrem späteren Staatsgebiet heirateten,
wählten 49 eine einheimische Westdeutsche als Ehefrau,
welcher Prozentsatz bis 1961 noch auf 58 % anstieg. Bei
den Frauen war das Verhältnis vergleichbar. Das führte
dazu, daß heute die Vertriebenen jüngeren und mittleren
Alters sich nicht mehr als Vertriebene fühlen, doch ist
hier ein erheblicher Unterschied zu den Sudetendeutschen zu beobachten, die sich nach wie vor zu einem erheblichen Teil als Sudetendeutsche fühlen und teilweise
auch eigene »Flüchtlingsgemeinden« ins Leben riefen, so
zum Beispiel in Neugablonz, Geretsried, Waldkraiburg
und Traunreut, alle in Bayern. Eine Historikerkommission wurde im Herbst 1951 in Bonn gebildet, die sich mit
der Dokumentation der Vertreibung der deutschen Bevölkerung aus den Ostgebieten nach dem Zweiten Weltkrieg
befassen sollte. Ihr gehörten Univ. Prof. Dr. Theodor
Schieder, Universität Köln, Univ. Prof. Dr. Peter Rassow
(Köln), Dr. Hans Rothfels, Tübingen, sowie der Oberar-
chivrat am Bundesarchiv Dr. Adolf Diestelkamp, später auch Univ. Prof. Dr. Rudolf Laun, Universität Hamburg, Dr. Hans Booms, der Münchner Zeitgeschichtler
Dr. Martin Broszat, Dr. Gerhard Papke und Heinrich Smi-
kallan. 1954 wurden die Ergebnisse erstmals in Buchform veröffentlicht. Der dritte Teil des ersten Bandes
erschien 1960. Václav Havel, der für die Ausweisung
der Deutschen, einschließlich der Sudetendeutschen, den
sowjetischen Diktator Josef Stalin verantwortlich machte, äußerte sich zu den Arbeiten dieser wissenschaft-

lichen Kommission aus Historikern dahingehend, daß die Umsiedlung als unabwendbare Tatsache lediglich zur Kenntnis genommen und legalisiert werden könne. [132]

Hier ist zu erwähnen, daß die Stuttgarter Charta der Heimatvertriebenen am 5.8.1950 beschlossen wurde. Sie bekannte sich unter Verzicht auf Rache und Vergeltung zum »Recht auf Heimat« als einem der »von Gott geschenkten Grundrechte der Menschheit« und zur gleichberechtigten Teilnahme der Vertriebenen am Wiederaufbau Deutschlands und Europas (in der ehemaligen DDR hießen die Vertriebenen offiziell »Neubürger oder Umsiedler«. Ursprünglich betrug ihre Zahl 4,44 Millionen, sank dann aber durch Weiterwanderung in die BRD auf weniger als 1,7 Millionen, wobei es für sie keinerlei Lastenausgleich gab.) Der Versuch der deutschen Bundesregierung, die Beneš-Dekrete aus der Welt zu schaffen und die tschechoslowakische Regierung (Zweite Tschechoslowakische Republik, die 1945 ins Leben gerufen wurde) zur Annullierung der Beneš-Dekrete und der Potsdamer Beschlüsse zu veranlassen, scheiterte vollkommen. Dafür faßte der Deutsche Bundestag am 14.6.1950 eine Entschließung (Obhutserklärung) mit Protest (Prager Abkommen vom 23.6.1950) gegen die völkerrechtswidrige und unmenschliche Austreibung der Sudeten- und Karpatendeutschen und stellte die Nichtigkeit des von der DDR abgeschlossenen Prager Abkommens vom 23.6.1950 im Namen des deutschen Volkes als Preisgabe des Heimatrechtes in der Tschechoslowakei und die Nichtigkeit des Prager Abkommens fest. [133]

Es geht, um mit einer Erklärung des langjährigen Sprechers der Sudetendeutschen Landsmannschaft in München, Dr. Walter Becher, zu sprechen, nicht darum, ob die Sudetendeutschen zurückkehren dürfen, sondern ob sie zurück wollen. Aber mit der Aufhebung der Beneš-Dekrete ist ja erst die Möglichkeit geschaffen, daß die Su-

118

detendeutschen auch zurückkehren dürfen. Ihre Siedlungsgebiete sind ja weitgehend zerstört, ihre Dörfer und Siedlungen dem Erdboden gleichgemacht, und außerdem müssen sie mit einer massiven Ablehnung der tschechischen Bevölkerung rechnen. Das ergibt sich eindeutig aus den Berichten in ihren Zeitschriften, vor allem der Sudetendeutschen Zeitung in München, der Sudetenpost in Wien-Linz und der hervorragend redigierten Kulturzeitschrift Sudetenland in München.

Die Beneš-Dekrete müssen auf jeden Fall außer Kraft gesetzt werden, wenn zwischen Deutschen bzw. Sudetendeutschen einerseits und Tschechen andererseits ein korrektes freundschaftlich-nachbarliches Verhältnis geschaffen werden soll. Die Sudetendeutschen, konkret die Sudetendeutsche Landsmannschaft, haben seit der Vertreibung nie einen Zweifel daran gelassen, daß sie ein freundschaftlich-nachbarliches Verhältnis zu den Tschechen, seien es die Tschechen in der ehemaligen Tschechoslowakei, seien es die Tschechen in der Tschechischen Republik, wünschen. Solange die Tschechoslowakei ein kommunistisch regierter Staat war, war etwas Derartiges nie möglich. Aber auch nach der sogenannten Wende mit dem Machtantritt konservativer Kräfte, vor allem Václav Havels, erwies es sich als unmöglich, die Beneš-Dekrete und damit die Vertreibung der Sudetendeutschen aufzuheben bzw. rückgängig zu machen. Ein zukünftiges gut nachbarliches Verhältnis zwischen den Sudetendeutschen und den Tschechen in der Tschechischen Republik ist offenbar nur möglich, wenn die Beneš-Dekrete, die im wesentlichen Völkermord darstellten, aus der Welt geschafft sind. Ob dann die Sudetendeutschen, wenn sie wieder in ihre angestammte Heimat zurückkehren dürfen, auch tatsächlich zurückkehren, ist eine Frage von sekundärer Bedeutung. Wirklich entscheidend ist nur, daß bzw. ob die Tschechische Republik die Beneš-Dekrete außer Kraft setzt oder nicht. Es ist zwar richtig, daß die Beneš-Dekrete die Vertreibung der Sudetendeutschen nicht direkt angeordnet haben, aber der Entzug der tschechoslowakischen Staatsangehörigkeit durch die Beneš-Dekrete läuft auf die Anordnung der Vertreibung hinaus. Dazu kommt aber noch, daß die Tschechoslowakei in aller Form die Sudetendeutschen in Millionenanzahl aus ihrem Staatsgebiet vertrieben hat und sich dabei nicht zuletzt auf die Beneš-Dekrete stützte. Die Potsdamer Beschlüsse wurden allerdings noch zusätzlich herangezogen, haben aber keinerlei völkerrechtliche Wirkung, da sie ja keineswegs einen Friedensvertrag mit dem ehemaligen Deutschen Reich zum Gegenstand haben, wie ja überhaupt bis zum heutigen Tag ein deutscher Friedensvertrag nicht abgeschlossen ist. Die Potsdamer Beschlüsse haben im übrigen lediglich die in humaner durchzuführende Aussiedlung der Sudetendeutschen in lakonischer Kürze zum Gegenstand gehabt. Von einer konfiskatorischen Enteignung des Vermögens der Sudetendeutschen (und der Magyaren und Polendeutschen) ist darin nirgendwo die Rede.

In diesem Zusammenhang ist auch zu betonen, daß längst nach der politischen Wende die Tschechische Republik die 1945/48 erfolgte Vertreibung der Sudetendeutschen, oder doch der meisten davon, als für immer rechtsgültig angesehen hat, denn das Innenministerium der Tschechischen Republik und das Historische Institut der tschechoslowakischen Akademie der Wissenschaften haben alle nur irgendwie erreichbaren tschechischen Historiker damit beauftragt, eine Denkschrift zu verfassen, worin die Beneš-Dekrete und die Vertreibung (offiziell »Abschiebung« bzw. auf tschechisch »Odsun« genannt) als rechtsgültig zu erklären sind. Die Denkschrift trägt die Unterschrift von 150, also praktisch allen tschechischen Historikern, und wurde im Sommer 1991, also lange nach dem Amtsantritt des Präsidenten Václav Havel und angesichts der bereits grundsätzlich beschlossenen Loslösung der Slowakei vom tschechischen bzw. tschechoslowakischen Staat formuliert, wobei das Endergebnis am Schluß der Denkschrift steht. [134]

Text der Erklärung der tschechischen Historiker wie folgt: »Als Historiker lehnen wir die Forderung nach einer Ungültigkeitserklärung der Dekrete des Präsidenten der Republik aus dem Jahre 1945 ab, ebenso auch der Anordnung zur Abschiebung der Deutschen. Die Beneš-Dekrete bilden die rechtliche Grundlage zur Bestrafung auch der tatsächlichen Kriegsverbrecher. Eine Anerkennung von Forderungen der Sudetendeutschen Landsmannschaft würde überdies die Annahme einer kollektiven Unschuld aller Sudetendeutscher bedeuten. Dies ist geschichtlich einfach nicht wahr und deshalb nicht annehmbar. Das Bestreben auf solchen Forderungen würde nach unserem Ermessen die Möglichkeit zur Herstellung guter nachbarschaftlicher Beziehungen zwischen dem tschechischen und deutschen Volk grundsätzlich gefährden. Demgegenüber hat der bayerische Ministerpräsident Edmund Stoiber die tschechische Regierung aufgefordert, einen ›offenen Dialog‹ mit der Sudetendeutschen Landsmannschaft aufzunehmen. Der Dialog gehört zur politischen Kultur Europas, zur europäischen Zivilisation. Wer protokollarische Argumente vorschiebt, der muß sich sagen lassen, wie er sich den Weg in die Europäische Gemeinschaft vorstellt.« [135]

Abgesehen von der Frage der Rückgängigmachung der Vertreibung spielt aber auch die Übersicht über das entzogene Vermögen der Sudetendeutschen eine sehr wichtige Rolle. Dieses Vermögen wurde zwar jenen Sudetendeutschen, die in der Tschechischen Republik bzw. in der Tschechoslowakei verbleiben durften und geblieben sind – weil sie entweder auf tschechischer Seite gegen die Deutschen gekämpft hatten, oder weil man sie als billige Hilfsarbeiter verwendete – zurückgegeben, dies aber nur, wenn es sich um landwirtschaftlich genutzte

Liegenschaften handelte. (Rückübertragungsgesetz vom 17.4.1992) [136]

Diese Rückübertragung wurde aber nur den in der Tschechischen Republik lebenden verbliebenen Sudetendeutschen gewährt. Die entzogenen Vermögenswerte wurden von der tschechischen Regierung teilweise unter der Hand verkauft oder verschenkt, teilweise versteigert und teilweise in Staatseigentum umgewandelt. Generell wurde aber von der tschechoslowakischen Nationalversammlung beschlossen, daß diese Vermögenswerte und Liegenschaften auf die neuen Eigentümer lastenfrei überzugehen hätten, es wurden daher etwa im Grundbuch eingetragene Lasten gelöscht. Näheres wurde aber den berechtigten Sudetendeutschen nicht mitgeteilt. Der Witiko Bund hat daher an die tschechische Regierung die Forderung gerichtet, Prag solle über das entzogene Vermögen Abrechnung vorlegen. [137]

Die tschechische Regierung hat diese Forderung aber brüsk abgelehnt. Das kann jedoch nicht sehr verwundern, denn die Tschechische Republik, übrigens auch die Slowakische Republik, tritt für die Nutzung der Atomenergie zwecks Erzeugung von elektrischem Strom ohne Rücksicht auf die Gefährdung ihrer Nachbarn ein. So hat die Tschechische Republik in nächster Nähe zur Slowakei das Atomkraftwerk Dukovany erbaut und in Betrieb genommen und schickt sich derzeit an, nur wenige Kilometer von der oberösterreichischen Grenze in Temelin ein weiteres, nach Meinung aller Fachleute extrem gefährliches, Atomkraftwerk in Betrieb zu nehmen. Die Slowakei hat ein Atomkraftwerk in unmittelbarer Nähe der österreichischen Grenze in Bohunice errichtet und schickt sich an, an der Grenze zu Polen in Mochovoce ein weiteres großes Atomkraftwerk zu errichten, wobei auffällt, daß alle diese Atomkraftwerke in nur wenigen Kilometern Entfernung von einem Nachbarstaat erbaut wurden oder erbaut werden, um im Falle eines größeren

Atomunfalles selbst nicht oder doch wenig betroffen zu werden und die ganzen zu gewärtigenden Schäden einem Nachbarstaat anzulasten. In ähnlicher Weise hat ja auch Slowenien in einer Entfernung von nur wenigen 100 Metern an der österreichischen Grenze in der Steiermark das Atomkraftwerk Krsko erbaut und in Betrieb genommen. Hingegen hat Österreich klugerweise sein Atomkraftwerk in Zwentendorf zwar um ungeheure Summen erbaut, aber stillgelegt. Gegen den Betrieb von Atomkraftwerken hat sich eine internationale Organisation mit dem Namen RAMOS (Radiazion Monitoring System) gebildet, die in Österreich den Namen Global 2000 und ihren Sitz in 1120 Wien, Flurschützstraße 13 hat.

Von sudetendeutscher Seite wird insbesondere die ablehnende Haltung des tschechischen Ministerpräsidenten Dr. Klaus gegenüber den Forderungen Bayerns und der Sudetendeutschen zu Eigentumsfragen der vertriebenen Sudetendeutschen dargestellt. Die »Sudetendeutsche Zeitung« vom 8.10.1993 hat über die 800-Jahrfeier des Stiftes Tepl, zu der über 1000 Besucher gekommen waren, ausgeführt, daß der Vizepräsident des tschechischen Nationalrates, Pavel Tollner, bei dieser Feier Aussagen machte, die mit jenen von Václav Klaus in direktem Widerspruch standen. Allerdings gehört Pavel Tollner der nicht sonderlich starken Christlich Demokratischen Partei an. Tollner betonte, man solle auf tschechischer Seite eingestehen, welcher historische Schaden dadurch angerichtet wurde, daß »aus diesem Kloster Tepl die Ordensleute nur deshalb vertrieben wurden, weil sie Deutsche waren, dies nach 700 Jahren des Zusammenlebens«. Auch der Apostolische Nuntius Giovanni Coppa dankte bei dieser Gelegenheit der Ackermann Gemeinde und der Egerländer Gmoi für den Besuch in Tepl und verlangte, daß deutsche und tschechische Christen ehrlich miteinander feiern und beten sollten, obwohl das erlittene Unrecht noch nicht endgültig bewältigt sei. Im Mitarbeiter-

kongreß des Bundes der Vertriebenen in Berlin-Lichtenberg am 9./10.10.1993 wurde auf die Notwendigkeit einer freundschaftlichen Lösung der deutsch-tschechischen Gegensätze in einem eigenen Arbeitskreis III über Eigentumsfragen der Vertriebenen ausführlich eingegangen und bedauert, daß der Vertrag über gute Nachbarschaft und freundschaftliche Zusammenarbeit zwischen Deutschland und der Tschechischen Republik vom 17.6.1991 die Vermögensfragen und Eigentumsfragen sowie Staatsbürgerschaftsfragen ausdrücklich ausgenommen habe. Nach dem Abschluß des Vertrages bzw. der beiden Nachbarschaftsverträge, bei denen der Bundeskanzler Helmut Kohl und sein Außenminister Hans Dietrich Genscher mit dem Bund der Vertriebenen überhaupt keinen Kontakt gepflegt hatten und höchst einseitig vorgingen, hat die Bundesregierung dennoch immer wieder auch gegenüber dem Parlament und den Betroffenen erklärt, daß diese Fragen im Zusammenhang mit friedensvertraglichen Vereinbarungen zu regeln seien. Die Vertriebenen mußten jedoch zur Kenntnis nehmen, daß der Briefwechsel zu den beiden Nachbarschaftsverträgen ausdrücklich diese Fragen, vor allem des Eigentums, ausklammerte. In einem der Nachbarschaftsverträge heißt es sogar wörtlich, »beide Seiten erklären übereinstimmend: Dieser Vertrag befaßt sich nicht mit Fragen der Staatsangehörigkeit und nicht mit Vermögensfragen.« [138]
Anfang Dezember 1993 reiste der ständig in der Welt herumreisende österreichische Bundespräsident Thomas Klestil nach Prag zu einem Arbeitsgespräch mit dem Präsidenten der Tschechischen Republik Václav Havel, wobei er, da er tschechischer Abstammung ist, auch über vorhandene Gegensätze zwischen Tschechen und Deutschen sprach. [139]
Dabei versuchte er dankenswerter Weise auch eine Entschädigung der von der Tschechischen Republik konfiskatorisch enteigneten Sudetendeutschen zu erwirken,

doch wurde dies von Havel eindeutig abgelehnt, wobei Havel allerdings eine deutsch-tschechische bzw. österreichisch-tschechische Historikerkommission zur Behandlung dieser Probleme vorschlug. Nicht weniger eindeutig erklärte Havel, daß die Tschechische Republik auf der Errichtung des Atomkraftwerkes Temelin bestehe.

Zur Lösung der sudetendeutsch-tschechischen Gegensätze durch Vertreibung und Konfiskation des Eigentums hat das Mitglied des Sudetendeutschen Rates Roland Schnürch den Vorschlag gemacht, die sudetendeutschen Gebiete unter internationale treuhänderische Verwaltung zu stellen. [140]

Aber es ist wohl kaum möglich, die tschechische Regierung zur Diskussion über einen solchen Vorschlag zu veranlassen. Alles in allem kann nur den sudetendeutschen Vorschlägen zur Aufnahme eines Dialogs zwischen Tschechen und Deutschen in Europa, und zwar unter Einbindung des Europarates, gefolgt werden. Diesem Ziel dient auch das vorliegende Buch.

Anhang

Das *Oberlandesgericht Wien* hat in einem nach § 404 ASVG, zusammengesetzten Senat in nichtöffentlicher Sitzung folgendes

Gutachten

beschlossen:

Der Bezug eines außerordentlichen Versorgungsgenusses aus dem in Bonn am 27. April 1953 zwischen der Regierung der Bundesrepublik Deutschland und der österreichischen Bundesregierung getroffenen Abkommen (Bonner oder Gmundener Abkommen) neben dem Bezug einer Rente aus der Pensionsversicherung bewirkt das Ruhen eines Rententeiles gemäß § 93 ASVG.

Begründung

I.   *Die maßgeblichen Rechtsquellen:*
II. *Die bisherige Rechtsprechung:*
III. *Beweisführung aus dem Wortlaute des Gesetzes und des Regierungsabkommens.*

a) Das Regierungsabkommen

Das Regierungsabkommen, das, wie bereits eingangs erwähnt, vereinbarungsgemäß nicht zu publizieren ist, stellt zweifellos kein Gesetz dar, da es weder im Plenum des Nationalrates behandelt (ratifiziert), sondern bloß vom Hauptanschluß des Nationalrates zur Kenntnis genommen, noch im Bundesgesetzblatt verlautbart worden ist. Es ist auch kein politischer Staatsvertrag im Sinne des Art. 50 B-VG., noch im Sinne des Völkerrechtes, da seine Einhaltung nicht durch eine Klage bei einem Gerichtshof des Völkerrechtes erzwungen werden kann. Das zu 7 C 171/55 des Schiedsgerichtes für die Stadt Wien erflossene Erkenntnis bezeichnet es daher zutreffend als ein bloßes Regierungsabkommen. Darunter ist ein völkerrechtlicher Vertrag zu verstehen, der von zwei Regierungen verschiedener Staaten ohne Zuziehung ihrer gesetzgebenden Körperschaften, daher ohne Ratifizierung und ohne Publizierung und ohne die Möglichkeit, Streitigkeiten aus diesem Abkommen vor einen Gerichtshof des Völkerrechtes zu bringen, abgeschlossen wird. Einem derartigen Abkommen fehlt daher – ebenso wie dem auf noch niedrigerer Stufe des völkerrechtlichen Vertragsrechtes stehenden Ressortabkommen (das ist ein Abkommen, das zwischen Ministerien zweier Staaten vereinbart wird) – die Eignung einer innerstaatlichen Norm. Dies bewirkt vor allem, daß ein solches Abkommen nur Rechte zwischen den vertragschließenden Regierungen schafft, daß aber Einzelpersonen daraus keine Rechtsansprüche ableiten können, während aus ratifizierten und in der gehörigen Form verlautbarten, allenfalls mit Vollzugsanordnungen ausgestatteten Staatsverträgen nach modernem (im Gegensatz zum klassischen) Völkerrecht die begünstigten Dritten bereits Rechtsansprüche abzuleiten in der Lage sind. So verweist die Zuschrift des Bundeskanzleramtes vom 8. Juli 1954, Zl. 69.231-2/1954, an das Schiedsgericht der Sozialversicherung der Stadt Wien, mit dem es diesem den Inhalt des Abkommens mitteilt, zutreffend darauf hin, daß sich die Regierung der Bundesrepublik Deutschland nur gegenüber der österreichischen Bundesregierung verpflichtet habe, zu den Versorgungslasten der Republik Österreich beizutragen (§ 10 des Abkommens).

Auch aus der Präambel des Abkommens geht hervor, daß beide Regierungen darin übereinstimmen, daß aus diesen Versorgungsansprüchen und Versorgungsanwartschaften keine Rechtsforderungen gegen die Bundesrepublik Deutschland oder die Republik Österreich abgeleitet werden können. Schließlich sagt § 12 Abs. 3 des Abkommens, daß die beiden Regierungen darin übereinstimmen, daß durch dieses Abkommen den begünstigten Versorgungsanwärtern kein individueller Rechtsanspruch aus diesem Abkommen eingeräumt wird. Damit stimmt auch § 13 überein, der Verhandlungen der beiden Regierungen über eine Änderung dieses Abkommens vorsieht, und § 15, der jeder der beiden Regierungen die Kündigung dieses Abkommens gestattet.

Daraus folgt, daß Einzelpersonen aus dem Bonner Abkommen unmittelbar keine Rechtsansprüche ableiten können, wie die unter II zitierten Erkenntnisse zutreffend geschlossen haben.

Das Bonner Abkommen überträgt das Recht festzustellen, ob und in welchem Ausmaß den in den §§ 2, 3, 4 und 6 genannten Personen ein Versorgungsgenuß zu gewähren ist, der Republik Österreich, die gemäß § 8 Z. 1, soweit das Abkommen nichts anderes bestimmt, die in Österreich jeweils geltenden dienst- und pensionsrechtlichen Vorschriften für öffentlich-rechtliche Beamte des Bundes sinngemäß anzuwenden hat, doch kann auch die Bundesrepublik Deutschland Bedenken gegen die Gewährung der Versorgung vorbringen (§ 7 Abs. 2). Die Versorgungslasten werden von der Republik Österreich getragen und von der Bundesrepublik Deutschland mit 70 Prozent der Istausgaben, höchstens aber mit jährlich 5,600.000 DM ersetzt.

Es handelt sich also nicht um eine von Österreich bloß errechnete und ausgezahlte Leistung, die die Bundesrepublik Deutschland voll ersetzt, wie man aus den Ausführungen der Entscheidung 7 C 171/55 des Schiedsgerichtes der Sozialversicherung für die Stadt Wien schließen könnte, sondern um Leistungen, die beide Staaten, wenn auch nicht zu gleichen Teilen, erbringen. Die Aufnahme dieser Posten ins Budgetgesetz entspricht bloß dem Art. 51 B-VG.

b) Das Gnadenrecht des Bundespräsidenten

Außerordentliche Versorgungsgenüsse, sogenannte Gnadenpensionen, hat es auch schon vor dem Bonner Abkommen, und zwar vor der Novellierung des § 26 lit. g StG., sehr häufig gegeben. Sie wurden, wie die Schiedsgerichte der Sozialversicherung gleichfalls richtig erkannt haben, auf Grund der Bestimmungen des Art. 65 Abs. 3 B-VG. und des § 1 des Gesetzes vom 26. Februar 1920, StGBl. Nr. 94, der durch § 25 des Verf. ÜbergangsG. 1920 vom 1. Oktober 1920 rezipiert wurde, vom Bundespräsidenten gewährt. Die Gewährung ist rechtlich ein konstitutiver Verwaltungsakt, aus dem dem Begünstigten, solange die Entschließung des Bundespräsidenten nicht widerrufen wird, ein Rechtsanspruch auf die Bezahlung des gewährten Versorgungsgenusses entsteht. Daß in der Entschließung des Bundespräsidenten dem Versorgungsempfänger mitgeteilt wird, daß ihm »gegen jederzeitigen Widerruf ein außerordentlicher, nicht auf Rechtsansprüchen beruhender Versorgungsgenuß« gewährt wird, steht dem nicht entgegen. Zunächst darf nicht übersehen werden, daß jeder öffentlich-rechtliche Versorgungsgenuß vor der Novellierung des § 26 lit. g StG. ganz und seit der II. StG.Novelle 1952 zur Hälfte entzogen werden kann. Aber auch andere Gnadenakte können unter bestimmten Voraussetzungen widerrufen werden (vgl. den als authentische Interpretation Gesetzescharakter besitzenden Erlaß des Bundesministeriums für Justiz vom 13. November 1920, JABl. Nr. 34, der das Widerrufsrecht sogar teilweise dem Gericht, teilweise sogar der Strafvollzugsbehörde zuweist); ausgenommen vom Widerruf ist nur die Abolition (§ 2 StPO.).

Die Entscheidung 7 C 171/55 des Schiedsgerichtes der Sozialversicherung für die Stadt Wien erwähnt eine Reihe von Fällen aus dem Gebiet des Verwaltungsrechtes, in denen Verwaltungsakte widerrufen werden können. Diese Aufzählung kann ergänzt werden durch Beispiele aus

dem Gebiete der Justizgesetzgebung (bedingte Strafnachsicht nach den §§ 1 und 2 des Gesetzes über die bedingte Verurteilung 1949 in der Fassung des Art. II der StPNov. 1952, bedingte Entlassung aus der Strafhaft nach § 13 desselben Gesetzes, bedingte Nachsicht der Abgabe in ein Arbeitshaus nach §§ 1 und 2 Abs. 3 ArbeitshausG. 1951, Auflagen nach § 3 der Vdg. DRGBl. 1942 I S. 709 im Falle eines Kündigungsprozesses aus dem im § 19 Abs. 2 Z. 3 MietG. genannten Grunde, ferner § 16 Hausbesorgerordnung 1957 und § 24 Angestelltengesetz).
Diese Beispiele zeigen, daß auch Rechte, die auf einem Gesetz beruhen, und nicht bloß durch einen Gnadenakt zuerkannt wurden, durch einen rechtskräftigen Bescheid einer Verwaltungsbehörde oder durch die Entscheidung eines Gerichtes oder einer Kommission unter bestimmten Voraussetzungen widerrufbar sind.
Die Widerrufbarkeit der Entschließung des Bundespräsidenten bezüglich der Gewährung eines außerordentlichen Versorgungsgenusses aus dem Bonner Abkommen ist daher kein Kriterium, das gegen die teilweise Ruhendstellung einer Rente sprechen kann. Solange nämlich die Entschließung des Bundespräsidenten nicht widerrufen ist, hat der Versorgungsempfänger auf die Bezahlung des oben zuerkannten außerordentlichen Ruhegenusses einen Rechtsanspruch gegen die Republik Österreich. Er hat ihn zwar nicht aus dem Bonner Abkommen, er hat ihn aber aus der Entschließung des Bundespräsidenten, die als konstitutiver Verwaltungsakt einem Bescheid einer Verwaltungsbehörde zumindest gleichzusetzen ist.

c) Zum Begriff Dienstverhältnis zu einer öffentlich-rechtlichen Körperschaft
Die in den §§ 2, 3, 4 und 6 des Bonner Abkommens bezeichneten Versorgungsempfänger, sind Personen, die am 8. Mai 1945 deutsche Staatsangehörige, wenn auch

bloß auf Widerruf, gewesen sind, mit Ausnahme derjenigen Personen, die am 13. März 1938 Österreicher waren, am 1. Dezember 1952 ihren Wohnsitz oder dauernden Aufenthalt in Österreich hatten und Ruhestandsbeamte oder sonstige Versorgungsempfänger sind, die am 8. Mai 1945 einen festgestellten, auf ihrer Tätigkeit im öffentlichen Dienst beruhenden oder durch öffentlich-rechtliche Vorschriften begründeten Versorgungsanspruch gegen das Deutsche Reich oder einen sonstigen deutschen öffentlich-rechtlichen Dienstherrn, gegen das ehemalige Protektorat Böhmen und Mähren oder einen dort befindlich gewesenen öffentlich-rechtlichen Dienstherrn gehabt haben (§ 2 Abs. 1).

Hieraus geht hervor, daß das Dienstverhältnis der vom Bonner Abkommen erfaßten Personen überwiegend zu einer öffentlich-rechtlichen Körperschaft bestanden haben wird, die im Gebiete der Republik Österreich nicht ihren Sitz gehabt hat.

§ 93 ASVG. hat nun vor der 3. Novelle zum ASVG. von einem pensionsversicherungsfreien Dienstverhältnis zu einer öffentlich-rechtlichen Körperschaft gesprochen, ohne zu unterscheiden, wo diese ihren Sitz hat.

Das Urteil des Schiedsgerichtes der Sozialversicherung für Wien 12 C 302/57 vertritt, wie unter II 9 ausgeführt, die Ansicht, das Gesetz habe nur ein Dienstverhältnis zu einer österreichischen öffentlich-rechtlichen Körperschaft im Auge. Schlösse man sich dieser Auffassung an, dann zerfielen die vom Bonner Abkommen erfaßten Personen in zwei Gruppen, nämlich in die in einem pensionsversicherungsfreien Dienstverhältnis gestandenen Beamten des Deutschen Reiches und die Staats-, Landes- und Gemeindebeamten des ehemaligen Protektorats Böhmen und Mähren (§ 3 erster Halbsatz) und die Beamten der vom Staat (Deutsches Reich oder Protektorat Böhmen und Mähren) betriebenen Bahnen (§ 2 Abs. 2) einerseits und andererseits die in einem pensionsversicherungsfreien Dienstverhältnis einer öffentlich-rechtlichen Körperschaft gestandenen Beamten.

Da die weitere Begründung dieser Entscheidung, der Partei stehe kein Anspruch auf den außerordentlichen Versorgungsgenuß zu, wie unter b) ausgeführt, nicht haltbar ist, käme die Ruhensbestimmung des § 93 ASVG. nur bei der zweiten Gruppe zur Auswirkung, wollte man nicht Staat, Land und Gemeinde mit öffentlich-rechtlicher Körperschaft identifizieren, was wohl jedem Rechtssystem widersprechen würde.

Tatsächlich besteht auch, zumal durch Art. I Z. 1 der 3. Novelle zum ASVG., BGBl. Nr. 294/1957, im § 93 ASVG. die Worte »zu einer öffentlich-rechtlichen Körperschaft« weggefallen sind, kein Grund, dem Gesetzgeber die Absicht zu unterstellen, er habe nur inländische öffentlich-rechtliche Körperschaften im Auge gehabt. Das Oberlandesgericht Wien ist sich bewußt, daß der Satz »lege non distinguente non nostrum est distinguere« den allgemeinen Auslegungsregeln der §§ 6 und 7 ABGB. nicht entspricht (Jud. 156), es findet aber keinen Anlaß, den Begriff »Dienstverhältnis zu einer öffentlich-rechtlichen Körperschaft« einschränkend auszulegen, zumal dem Bonner Abkommen die Fiktion zugrunde liegt, die dort genannten Personen als Beamte österreichischer Dienststellen oder österreichischer öffentlich-rechtlicher Körperschaften zu behandeln. Diese Fiktion ergibt sich klar aus § 8 Z. 1, wonach für die Versorgung die in Österreich jeweils geltenden dienst- und pensionsrechtlichen Vorschriften für öffentlich-rechtliche Beamte des Bundes sinngemäß anzuwenden sind; weiter aus § 8 Z. 3, wonach die Versorgung nach der dienst- oder versorgungsrechtlichen Lage vom 8. Mai 1945 in der Höhe des Ruhe- oder Versorgungsgenusses bemessen wird, der dem vergleichbaren österreichischen öffentlichen Bediensteten oder seinen Hinterbliebenen unter Zugrundelegung österreichischer dienst-, besoldungs- und pensionsrechtlicher

Vorschriften im Versorgungsfalle zustehen würde; schließlich auch aus § 7 Abs. 1 lit. a, wonach eine Versorgung ganz oder teilweise versagt oder entzogen werden kann aus Gründen, die in der Person des Versorgungswerbers oder Versorgungsempfängers liegen und ihm nach österreichischem Recht unfähig machen, einen ordentlichen Ruhe- oder Versorgungsgenuß zu erhalten.

d) Folgerungen aus dem Ernährungsbeihilfenrecht
Schließlich führt eine historische Interpretation aus dem Ernährungsbeihilfenrecht zu dem gleichen Ergebnis:
Nach § 93 ASVG. ruht unter bestimmten Voraussetzungen der Grundbetrag des Rentenanspruchs bei Renten aus eigener Pensionsversicherung mit dem Betrag von 239 S, bei Hinterbliebenenrenten mit dem Betrag von 147 S monatlich. Die Höhe dieses ruhenden Betrages ist nur damit zu erklären, daß die einschlägige Regelung des § 6 Abs. 2 lt. b und Abs. 4 Rentenbemessungsgesetz, BGBl. Nr. 151/1954, in einer vereinfachten Form auch für die nach den Vorschriften des ASVG. zuerkannten Renten anwendbar gemacht wurde. Daß der ruhend gestellte Betrag demnach der früheren Ernährungszulage entspricht, soll im folgenden kurz nachgewiesen werden:
Im September 1948 wurde zwischen dem Österreichischen Gewerkschaftsbund und der Bundeskammer der gewerblichen Wirtschaft ein Kollektivvertrag abgeschlossen, der für die durch ihn erfaßten Dienstnehmer eine Ernährungszulage von 34 S pro Monat brachte. Bei der Gewährung dieser Ernährungszulage stand der Abgeltungscharakter im Vordergrund, zumal sie zur Entschädigung der durch das Auflassen der Preisstützungen eingetretenen Preiserhöhungen bestimmter Lebensmittel notwendig geworden ist. Diese Ernährungszulage bildet einen Bestandteil des Lohnes des Arbeitnehmers und wurde vom Arbeitgeber aus eigenem getragen (anders die Ernährungsbeihilfe).

Ein Ausgleich für die wegfallenden staatichen Preiszuschüsse war aber nicht nur für die Dienstnehmer erforderlich, sondern zum Beispiel auch für die Empfänger von Unterhaltsrenten nach dem Opferfürsorgegesetz (BGBl. Nr. 218/48) für die Kriegsopfer (BGBl. Nr. 219/48), für die Arbeitslosen (BGBl. Nr. 220/48), für die Kleinrentner (BGBl. Nr. 222/48). Für den Bereich der Sozialversicherung ist die Bezugsberechtigung für die Ernährungszulage durch das Bundesgesetz vom 15. Oktober 1948 über die Änderung sozialversicherungsrechtlicher Vorschriften und über die Ernährungszulage zu Leistungen der Sozialversicherung, BGBl. Nr. 223/48, geregelt worden. Nach § 8 dieses Gesetzes wurde die Ernährungszulage zum Ausgleich für wegfallende staatliche Zuschüsse für Lebensmittel ab Oktober 1948 gewährt. In den Bemerkungen der Regierungsvorlage zu diesem Bundesgesetz (696 der Beilagen zu den stenographischen Protokollen des Nationalrates, V.GP.) heißt es, die seit dem Frühjahr 1946 eingetretene Preis- und Lohnbewegung habe eine zweimalige allgemeine Erhöhung der Leistungen aus der Sozialversicherung notwendig gemacht (BGBl. Nr. 13/47, 185/47). Nach dem neuen Lohn- und Preisabkommen vom 16. September 1948 seien die wiederkehrenden Geldleistungen aus der Sozialversicherung um weitere sechs Prozent zu erhöhen. Diese sechsprozentige Steigerung wirke sich in der Gebarung der Sozialversicherungsträger sowohl durch die Erhöhung des Versicherungsaufwandes als auch durch eine Mehreinnahme an Versicherungsbeiträgen aus. Entsprechend dem oberwähnten Lohn- und Preisabkommen sei des weiteren zum Ausgleich für wegfallende staatliche Preiszuschüsse für Lebensmittel an Empfänger von wiederkehrenden Leistungen aus der Sozialversicherung eine Ernährungszulage zu gewähren. Die Bezugsberechtigung habe in der Sozialversicherung auf die Personen eingeschränkt werden müssen, denen nicht schon auf Grund eines Kollektivvertrages oder eines anderen Rechtstitels ein Anspruch auf die Ernährungszulage zusteht (vgl. hierzu § 9 des zitierten Gesetzes), wie vor allem den auf Grund eines Dienst- oder Lehrverhältnisses gegen Entgelt beschäftigten Rentenbeziehern oder Personen, die im Bezuge eines Ruhe- (Versorgungs-) Genusses oder einer ähnlichen Versorgungsleistung aus einem Dienstverhältnis stehen, mag diese Leistung auch bloß in die Form eines Zuschusses zur gesetzlichen Rente gekleidet sein.

Während die in einem Beschäftigungsverhältnis stehenden Arbeitnehmer die Ernährungszulage von ihrem Arbeitgeber bezahlt erhielten, erfolgte für die Sozial- und Fürsorgerentner die Auszahlung durch die Sozialversicherungsträger und die Fürsorgeverbände. Da nun aber diese Ernährungszulage nach ihrer Zweckbestimmung eine versicherungsfremde Leistung war, konnte ihre Tragung den Sozialversicherungsträgern nicht auferlegt werden.

Nach § 16 des Bundesgesetzes BGBl. Nr. 223/48 sind darum die Mittel zur Tragung des Aufwandes der Ernährungszulage bis zu einer späteren endgültigen gesetzlichen Regelung auf die Dauer von sechs Monaten den Sozialversicherungsträgern vom Bund zur Verfügung gestellt worden. Die Entscheidung über die Tragung der bezüglichen Kosten ab dem 1. April 1949 blieb einer späteren Regelung vorbehalten. Diese Regelung brachte dann das Bundesgesetz vom 19. Mai 1949, BGBl. Nr. 116/49. Der Bund übernahm die Kosten der bis 30. Juni 1949 gebührenden Ernährungszulage. In Hinkunft bildete dann die Ernährungszulage einen Bestandteil des Lohneinkommens und galt auch als Entgelt im Sinne der sozialrechtlichen Bestimmungen.

In der 3. Novelle zu dem angeführten Stammgesetz (BGBl. Nr. 223/48), dem BG. vom 25. Oktober 1950, BGBl. Nr. 210, wurde anläßlich des Vierten Lohn- und Preisabkommens in Abänderung des § 8 Abs. 1 des Stammgeset-

zes als Zweck der Ernährungszulage der »Ausgleich für erhöhte Lebenskosten ab Oktober 1950« angegeben und gleichzeitig die Ernährungszulage für den Regelfall auf 114 S, für die Hinterbliebenen auf 67 S monatlich erhöht. Mit dem durch das Fünfte Lohn- und Preisabkommen veranlaßten Bundesgesetz vom 25. Juli 1951, BGBl. Nr. 189 (Sozialversicherungs-Anpassungsgesetz 1951) wurde die Ernährungszulage neuerlich, und zwar für den Regelfall auf 239 S monatlich, für Hinterbliebene auf 147 S monatlich erhöht. Aber auch nach diesem Gesetz erhält nicht jeder Empfänger einer wiederkehrenden Geldleistung aus der Sozialversicherung die Ernährungszulage. Nach dem schon zitierten § 9 Abs. 1 Z. 4 SAG. 1951 sind vom Bezuge der Ernährungszulage jene Personen ausgeschlossen geblieben, die Anspruch auf einen Ruhe- (Versorgungs-) Genuß oder ähnliche Versorgungsleistung aus einem Dienstverhältnis haben, wenn dieser Bezug durch die verschiedenen Lohn- und Preisabkommen zumindest bestimmte Erhöhungen erreicht hat. Mit § 18 Abs. 1 des Rentenbemessungsgesetzes (BGBl. Nr. 151/54) sind die Bestimmungen des Sozialversicherungs-Anpassungsgesetzes 1951 (BGBl. Nr. 189) über die Ernährungszulage für nicht anwendbar erklärt worden; lediglich unter gewissen Voraussetzungen blieb die Ernährungszulage betragsmäßig erhalten (vgl. Gehrmann-Rudolph, Sozialversicherung, Anm. 2 zu § 19 RGB.).
Diese Darstellung der Entstehung und Entwicklung der Ernährungszulage zeigt, daß diese Zulage, die zur Abgeltung erhöhter Lebenskosten gewährt wurde, grundsätzlich von einer Person nur einmal bezogen werden konnte. Von diesem Grundsatz wurde nur im Falle der Doppelbeschäftigung abgegangen; dafür waren lohnpolitische und arbeitsmarktpolitische Gründe maßgebend. Es sollte verhindert werden, daß die Beschäftigung eines aus einem anderen Titel bereits bezugsberechtigten Ernährungszulagenempfängers eine sozialpolitische Vorzugs-

stellung dadurch ergibt, daß seine Verwendung um 34 S im Monat billiger wird als die eines anderen Arbeitnehmers (Eduard Stark, Ernährungsbeihilfengesetz, Verlag des ÖGB., 1949, S. 13 f).

Auch in den Bundesgesetzen vom 15. Oktober 1948 über die Gewährung einer Ernährungszulage an Kriegsopfer, BGBl. Nr. 219/48, und betreffend Zuwendungen an Empfänger wiederkehrender Leistungen aus der Kleinrentnerfürsorge (Kleinrentnergesetz-Novelle 1948), BGBl. Nr. 222/48, finden sich die Bestimmungen, daß die Ernährungszulage an Personen nicht gewährt wird, die auf Grund eines anderen Rechtstitels eine solche Zulage bereits erhalten. Die gleiche Bestimmung ist auch in der 2. Opferfürsorgegesetz-Novelle, BGBl. Nr. 218/1948, enthalten.

Hat ein Versicherter zur Zeit der Geltung des SAG. 1951 einen außerordentlichen Versorgungsgenuß nach dem Bonner Abkommen bezogen, dann konnte ihm nach dem oben über die Ernährungszulage Gesagten, eine vom Versicherungsträger zu leistende Ernährungszulage nicht zustehen, denn er hatte bereits Anspruch auf eine solche Zulage gegenüber der den Versorgungsgenuß anweisenden Stelle. Wäre ein solcher Versicherter im Genuß der vollen Ernährungszulage sowohl von seiten des Sozialversicherungsträgers als auch der von Versorgungsgenuß anweisenden Stelle gestanden, käme ihm ein Doppelbezug zu, der nicht im Sinne des Gesetzgebers gelegen ist.

Nach dem Wirksamwerden der Bestimmungen des § 6 Abs. 2 lit. b RBGB. 1954 bzw. des § 93 ASVG. hat bei den Versicherten, die Bezieher eines außerordentlichen Versorgungsgenusses sind und die im Bezuge einer Rente aus der Pensionsversicherung stehen, ein Rententeil zu ruhen, denn sonst würde dieser Rentenbezieher denjenigen Rentenbeziehern gegenüber, welche einen effektiven Anspruch auf eine Versorgungsleistung (also nicht auf eine außerordentliche Versorgungsleistung) haben, besser gestellt sein.

Aus diesen Erwägungen war das oben genannte Gutachten abzugeben.*

Abkommen

zwischen der österreichischen Regierung und der Regierung der Bundesrepublik Deutschland über die Versorgung bestimmter Personengruppen des öffentlichen Dienstes.Die Oberösterreichische Bundesregierung und die Regierung der Bundesrepublik Deutschland sind der Auffassung, daß zur Beseitigung der Notlage der im nachfolgenden bezeichneten Personengruppen, deren Versorgungsansprüche und Versorgungsanwartschaften gegenüber ihren früheren Dienstherren oder Versorgungsträgern zur Zeit nicht verwirklicht werden können, Maßnahmen erforderlich sind. Beide Regierungen stimmen darin überein, daß aus diesen Versorgungsansprüchen und Versorgungsanwartschaften keine Rechtsforderungen gegen die Republik Österreich oder die Bundesrepublik Deutschland abgeleitet werden können; sie sind gleichwohl aus Billigkeitsgründen bereit, ohne einer Regelung durch die früheren Dienstherren oder Versorgungsträger vorzugreifen, zur Versorgung dieser Personengruppen wie folgt beizutragen:

Abschnitt I

§ 1

Die österreichische Bundesregierung erklärt ihre Absicht dahin zu wirken, daß die in den §§ 2,3,4 und 6 bezeichneten Personen im Rahmen der folgenden Bestimmungen eine Versorgung von österreichischer Seite erhalten.

---

* Abdruck in: Soziale Sicherheit, Nr. 9, 12.19. (September 1959)

§ 2

(1) Im Sinne des § 1 werden versorgt Ruhestandsbeamte und sonstige Versorgungsempfänger, die am 8. Mai 1945 einen festgestellten, auf ihrer Tätigkeit im öffentlichen Dienst beruhenden oder durch öffentlich-rechtliche Vorschriften begründeten Versorgungsanspruch gegen das Deutsche Reich oder einen sonstigen deutschen öffentlich-rechtlichen Dienstherren, gegen das ehemalige Protektorat Böhmen und Mähren oder einen dort befindlich gewesenen öffentlich-rechtlichen Dienstherren gehabt haben, wenn sie

a) am 8. Mai 1945 die deutsche Staatsangehörigkeit besaßen, ohne sie durch die Vereinigung Österreichs mit dem Deutschen Reich erworben zu haben – als deutsche Staatsangehörigkeit im Sinne dieser Bestimmung gilt auch die »Deutsche Staatsangehörigkeit auf Widerruf« – und wenn sie

b) am 1. Dezember 1952 ihren Wohnsitz oder dauernden Aufenthalt im Gebiete der Republik Österreich hatten.

(2) Ist der öffentlich-rechtliche Dienstherr im Sinne des Absatzes 1 keine Gebietskörperschaft und auch keine vom Staat betriebene Eisenbahn, so wird eine Versorgung nur dann gewährt, wenn der Dienstherr in ein von der österreichischen Bundesregierung zu erstellendes Verzeichnis mit Einverständnis der Regierung der Bundesrepublik Deutschland aufgenommen ist.

§ 3

Unter dem im § 2 Absatz 1 Buchstabe a) und b) und Absatz 2 angegebenen Voraussetzungen werden nach Eintritt der Dienstunfähigkeit oder nach Vollendung des sechzigsten Lebensjahres auch Personen versorgt, die am 8. Mai 1945 als Angehörige des öffentlichen Dienstes bei einer Dienststelle des Deutschen Reiches, einer staatlichen oder kommunalen Dienststelle der autonomen Verwaltung des ehemaligen Protektorates Böhmen und

Mähren oder eines sonstigen deutschen öffentlich-rechtlichen Dienstherren im Dienste standen und Grund dieses Dienstverhältnisses bei Eintritt des Versorgungsfalles einen gegen den Dienstherren gerichteten Versorgungsanspruch nach beamtenrechtlichen Grundsätzen gehabt hätten.

§ 4

Die Hinterbliebenen nach den in den §§ 3 und 5 genannten Personen werden versorgt, wenn ihnen nach den sinngemäß anzuwendenden österreichischen Versorgungsvorschriften eine Versorgung zukäme.

§ 5

Nicht versorgt werden

a) ehemalige Berufssoldaten, die nach dem 7. Mai 1935 erstmalig berufsmäßig in den Wehrdienst bei der Deutschen Wehrmacht oder der Wehrmacht ihres Herkunftslandes eingetreten sind, es sei denn, daß sie vor 8. Mai 1935 in ein Beamtenverhältnis berufen worden waren,

b) berufsmäßige Angehörige des ehemaligen Reichsarbeitsdienstes, es sei denn, daß sie vor 8. Mai 1935 als Beamte oder Berufssoldaten im öffentlichen Dienst beschäftigt gewesen sind,

c) in § 3 bezeichnete Personen, die seit ihrer ersten Ernennung bis zum 8. Mai 1945 eine Dienstzeit von weniger als zehn für die Bemessung der Versorgung anrechenbare Dienstjahre (»ruhegehaltsfähige Dienstjahre« nach den in der Bundesrepublik Deutschland geltenden Rechtsgrundsätzen) zurückgelegt hatten, es sei denn, daß sie infolge Krankheit, Verwundung oder sonstiger Beschädigung, die sie ohne eigenes vorsätzliches Verschulden in Ausübung einer bestimmten Dienstverrichtung erlitten haben, vor Ablauf des 8. Mai 1945 dienstunfähig geworden sind.

d) Personen, die nach 26. April 1945 als Beamte gemäß § 7 des Gesetzes vom 25. September 1945 Staatsgesetzblatt für die Republik Österreich Nr. 134 (Beamtenüberleitungsgesetz) auf einen Dienstposten der neugebildeten Personalstände übernommen worden sind oder übernommen werden,

e) Personen, die nach 26. April 1945 als Vertragsbedienstete gem. § 7 im Zusammenhang mit § 12 des Beamten-Überleitungsgesetzes vor Vollendung des 60. Lebensjahres auf einen Dienstposten der neu gebildeten Personalstände übernommen worden sind oder übernommen werden, es sei denn, daß nach den versorgungsrechtlichen Bestimmungen des Deutschen Reiches ein Versorgungsanspruch bereits festgestellt war.

§ 6

Frühere Angehörige des öffentlichen Dienstes, bei denen der Versorgungsfall im Sinne des § 5 nicht eingetreten ist, oder die von einer Versorgung gem. § 5 Buchstaben a bis c ausgeschlossen sind, sowie ihre Hinterbliebenen können in dringenden Notfällen einmalige Zuwendungen oder laufende Zuwendungen, letztere bis zur Höhe von zwei Drittel des idealen Ruhe- oder Versorgungsgenusses erhalten.

§ 7

(1) Eine Versorgung kann ganz oder teilweise versagt oder entzogen werden, wenn der Versorgungswerber oder Versorgungsempfänger

a) aus Gründen, die in seiner Person liegen, nach österreichischen Gesetzen unfähig ist, einen ordentlichen Ruhe- oder Versorgungsgenuß zu erhalten oder

b) seine am 8. Mai 1945 innegehabte dienst- oder versorgungsrechtliche Stellung überwiegend durch Umstände erlangt hat, die außerhalb der herkömmlichen dienstrechtlichen Grundsätze liegen, oder

c) die dem Empfänger eines öffentlich-rechtlichen Ruhe- oder Versorgungsgenusses obliegende Pflicht zur Wahrung des Standesansehens gröblich verletzt oder verletzt hat.

(2) Die Versorgung ist ausgeschlossen, wenn von der österreichischen Bundesregierung oder von der Regierung der Bundesrepublik Deutschland im Einzelfalle Bedenken erhoben werden und die österreichische Bundesregierung nach Herstellung des Einvernehmens mit der Regierung der Bundesrepublik Deutschland den Anschluß von der Versorgung verfügt; werden solche Bedenken erst nach Gewährung der Versorgung erhoben, so wird die österreichische Bundesregierung nach Herstellung des Einvernehmens mit der Regierung der Bundesrepublik Deutschland die Einstellung der Versorgung in die Wege leiten.

§ 8

Eine Versorgung nach diesen Bestimmungen wird mit der folgenden Maßgabe gewährt:

1. Für die Versorgung finden die *in Österreich jeweils geltenden dienst- und pensionsrechtlichen Vorschriften* für öffentliche rechtliche Beamte des Bundes *sinngemäße* Anwendung, soweit in diesem Abkommen nicht anders bestimmt ist.

2. Die Versorgung erlischt, wenn der Versorgungsempfänger

a) eine andere als die österreichische oder die deutsche Staatsangehörigkeit besitzt oder erwirbt, oder

b) seinen Wohnsitz oder dauernden Aufenthalt außerhalb des Gebietes der Republik Österreich hat.

3. Die Versorgung wird nach der *dienst- oder versorgungsrechtlichen Stellung am 8. Mai 1945 in der Höhe des Ruhe- oder Versorgungsgenusses bemessen, der dem vergleichbaren österreichischen öffentlichen Bediensteten oder einem Hinterbliebenen* unter Zugrundelegung österreichischer dienst-, besoldungs- und pensionsrechtlichen Vorschriften im Versorgungsfalle *zustehen würde*.

4. Hat der Versorgungsempfänger auf Grund derselben Dienstzeit, aus dem ihm die Versorgung nach diesen Bestimmungen gewährt wird, einen anderen Versorgungsanspruch gegen einen Versorgungsträger des öffentlichen Dienstes, so ruht für die Dauer eines solchen Versorgungsbezuges die Versorgung nach diesen Bestimmungen bis zur Höhe der anderen Versorgung.

§ 9

Die Versorgung nach diesen Bestimmungen tritt vom Tage der Wirksamkeit ihrer Gewährung an Stelle einer für denselben Zeitraum allenfalls gewährten Versorgung mit der Maßgabe, daß die bereits gezahlten Versorgungsbezüge als Versorgung im Sinne dieser Bestimmungen gelten.

Abschnitt II

§ 10

Die Regierung der Bundesrepublik Deutschland erklärt ihre Absicht, zu den aus dem Vollzuge des Abschnittes I entstehenden Versorgungslasten der Republik Österreich einen Beitrag in Höhe von siebzig von hundert der Istausgaben, höchstens aber von 5,600.000 (fünf Millionen sechshunderttausend) Deutsche Mark jährlich zu leisten.

§ 11

(1) Der gemäß § 10 zu leistende Betrag der Bundesrepublik Deutschland wird unter Zugrundelegung der von der österreichischen Bundesregierung jeweils bekanntzugebenden Istausgaben vierteljährlich nachträglich ermittelt und an die österreichische Bundesregierung nach Maßgabe der jeweils geltenden Transfervereinbarungen gezahlt. Transferleistungen auf Grund dieses Abkommens sind den in den Handelsabkommen zwischen der Bundesrepu-

blik Deutschland und der Republik Österreich zu berücksichtigen.

(2) Die österreichische Bundesregierung wird der Regierung der Bundesrepublik Deutschland auf deren Wunsch die Höhe der Istausgaben nachweisen.

Abschnitt III

§ 12

(1) Die österreichische Bundesregierung und die Regierung der Bundesrepublik Deutschland stimmen überein, daß die Anwendung der Bestimmungen des Abschnittes I und die Anwendung der Bestimmungen des Abschnittes II einander wechselseitig bedingen und zwar so, daß eine Änderung oder Nichtanwendung der Bestimmungen des Abschnittes II nach sich zieht um umgekehrt. Die beiden Regierungen werden hierüber gegebenenfalls das Einvernehmen herbeiführen.

(2) Die österreichische Bundesregierung und die Regierung der Bundesrepublik Deutschland stimmen ferner darin überein, daß dieses Abkommen sich nicht auf die sogenannten »Südtiroler und Canaletaler Umsiedler« erstreckt.

(3) Die österreichische Bundesregierung und die Regierung der Bundesrepublik Deutschland stimmen schließlich darin überein, daß durch dieses Abkommen den darunter fallenden Personen kein individueller Rechtsanspruch aus diesem Abkommen eingeräumt wird.

Abschnitt IV

§ 13

Erfahren die Umstände, unter denen dieses Abkommen getroffen wird, eine wesentliche Änderung, die der österreichischen Bundesregierung oder der Regierung der Bundesrepublik Deutschland eine Änderung des Abkommens wünschenswert erscheinen lassen, so werden die beiden Regierungen in Verhandlungen über eine Änderung dieses Abkommens eintreten.

§ 14

(1) Ergeben sich zwischen den beiden Regierungen hinsichtlich der Auslegung oder der Anwendung dieses Abkommens Meinungsverschiedenheiten, die durch Verhandlungen nicht beseitigt werden können, insbesonders auch hinsichtlich des Vorliegens der im § 7 Absatz 1 bezeichneten Tatbestände, so werden die Regierungen die Streitfrage einer Schiedskommission unterbreiten.

(2) Die Kommission wird von Fall zu Fall in der Weise gebildet, daß jede Seite einen Vertreter bestimmt und diese sich auf einen Angehörigen eines dritten Staates als Obmann einigen.

(3) Werden die Vertreter und der Obmann nicht innerhalb von drei Monaten bestellt, nachdem eine Seite ihre Absicht eine Schiedskommission anzurufen, bekanntgegeben hat, so kann in Ermangelung einer anderen Vereinbarung jede Seite den Präsidenten des Internationalen Gerichtshofes in Den Haag bitten, die erforderlichen Ernennungen vorzunehmen.

(4) Die Kommission entscheidet, falls ihr eine gütliche Regelung des Streitfalles nicht gelingt, mit Stimmenmehrheit. Die Entscheidung ist bindend. Die Kommission regelt ihr Verfahren selbst. Hinsichtlich der Ladung und Vernehmung von Zeugen und Sachverständigen werden die Behörden beider Seiten auf das von der Kommission an die betreffende Regierung zu richtende Ersuchen in derselben Rechtshilfe leisten wie auf das Ersuchen inländischer Zivilgerichte.

§ 15

Dieses Abkommen kann von jeder der beiden Regierungen mit einjähriger Frist von Ende eines Kalenderjahres gekündigt werden. In einem solchen Falle treten die Wirkungen des § 12 Absatz 1 mit Ablauf der Kündigungsfrist ein, es sei denn, daß vorher eine neue Vereinbarung getroffen wird.

§ 16

Dieses Abkommen tritt mit Wirkung vom 1. Januar 1953 in Kraft.

Gesehen zu Bonn am Rhein am 27. April 1953 in zwei Ausfertigungen.

Für die österreichische Bundesregierung	Für die Regierung der Bundesrepublik Deutschland

Betrachtungen über die rechtlichen Grundlagen der ehemaligen volksdeutschen Bediensteten in Österreich, insbesonders des »Gmundner Abkommens«

Der Zusammenbruch des Deutschen Reiches im Jahre 1945 hatte für die im deutschen Dienste stehenden volksdeutschen öffentlichen (und denen gleichgestellten) Bediensteten katastrophale Folgen, nämlich fast durchwegs Entfernung aus dem Dienste bez. Einstellung der Pensionsbezüge.

In dieser Abhandlung sollen nun die Rechtsgrundlagen und tatsächlichen Fakten aufgezeigt werden, welche für diesen Personenkreis von Bedeutung ist.

Das Beamten-Überleitungsgesetz (Bundesgesetz Nr. 134 vom 22.8.1945 BGB 31. Stück) läßt die *Rechtsansprüche* aus Dienstverhältnissen gegenüber dem Deutschen Reich bestehen, nur können diese Ansprüche *nicht* gegen die Republik Österreich erhoben werden.

Im Staatsvertrag (BGBl. Nr. 152/55) hat bekanntlich Österreich im Art. 23 3. Abs. auf alle zwischen 1938 bis

1945 entstandenen Forderungen seiner Staatsbürger gegen das Deutsche Reich verzichtet; von diesem Verzicht wurden aber im sogenannten deutsch-österreichischen Vermögensvertrag (BGBl. Nr. 119/1958) im Art. 21 die Forderungen (Ansprüche) der Neuösterreicher ausdrücklich ausgenommen.

Daraus ergibt sich die wichtige grundlegende Feststellung, daß für die in Österreich lebenden einmaligen volksdeutschen öffentlichen (und denen gleichgestellten) Bediensteten des deutschen Reiches ihre *Rechtsansprüche* aus deutschen öffentlichen Dienstverhältnissen gegen das Deutsche Reich (bez. seinem Rechtsnachfolger de facto, etwa 1991 wieder hergestellte Deutschland) *nicht* untergegangen sind und von den Betroffenen mit vollem Recht bei der Bundesrepublik geltend gemacht werden.

Die Rechtsverhältnisse der durch die Kriegsereignisse verdrängten öffentlichen (und denen gleichgestellten Bediensteten) Bediensteten in der Bundesrepublik Deutschland trotz einiger Mängel durch das Gesetz zur Regelung der Rechtsverhältnisse der unter Art. 131 des Grundgesetzes fallenden Personen (verdrängte Beamten) – Dt. BGBl. I S: 1297 – vorbildlich gelöst, sei es durch Unterbringung, Zahlung von Wartegeldern oder Ruhestandsversetzung.

Dieses Gesetz umfaßt auch jene volksdeutsche öffentliche (und denen gleichgestellte) Bedienstete, die in ihren Heimatstaaten im Dienste standen und wegen ihrer deutschen Volkszugehörigkeit vertrieben wurden.

Als Grundlage für die derzeitige Versorgung dieser beiden Personenkreise in Österreich durch das Bonner (Gmundner) Regierungsabkommen v. 27.4.1953 diente dieses hervorragende deutsche Gesetz, es ist das Bonner Regierungsabkommen sozusagen die Übertragung bez. Auswirkung über den Inn, wobei in den edlen Wein des deutschen Bundesgesetzes sehr, sehr viel den Betroffenen nicht gerade bekömmliches österreichisches Wasser gegossen wurde. Auf *keinen Fall* kann dieses Abkommen als Abgeltung der *existenten Rechtsansprüche* der ehem. volksdeutschen öffentlichen (und denen gleichgestellten) Bediensteten angesehen werden. Bei aller Anerkennung der segensreichen Wirkung des Abkommens und der wahrscheinlich damals schwer erreichbaren endgültigen Rechtsstellung infolge der vierfachen Besetzung Österreichs ist und bleibt es eine, wenn auch großzügige Fürsorgeleistung!

Hier sei eine Bemerkung erlaubt, die zwar post festum gemacht, aber doch gemacht werden muß. Bei den Verhandlungen in Bonn waren die Deutschen (siehe »Salzburger Nachrichten« v. 2. X. 1953 Volksdeutschenrubrik) nach NR Machunze beharrlich gegen die Aufnahme der nicht in deutschen Diensten gestandenen volksdeutschen Bediensteten, diese werden nun voll zu Lasten Österreichs versorgt. M. E. hätte ein *symbolischer* deutscher Beitrag (5-10%) angestrebt werden sollen, wodurch die Rechtsstellung dieses Personenkreises heute bedeutend besser wäre.

Die Klärung der Rechtsverhältnisse des »Gmundner« Personenkreises wurde in Pkt. 9 »Beamtenrechtliche Stellung der unter das Gesetz zu Art. 131 GG fallenden Personen im Verhältnis zu Österreich« der gemeinsamen Niederschrift der von 24.–29. Mai 1956 in Hamburg stattgefundenen Besprechung deutscher und österreichischer Delegierter behandelt. Die Deutsche Delegation stellt fest, daß die sich in Österreich befindlichen ehem. volksdeutschen öffentlichen (und denen gleichgestellten) Bediensteten weiterhin zum Personenkreis des Gesetzes zu Art. 131 GG *mit allen sich daraus ergebenden Folgen (Disziplinarrecht, Versorgungsrecht usw.)* gehören und beantragt die Ausscheidung derjenigen Personen, die in den österr. Dienst übernommen wurden. Die österr. Delegation gibt zu letzterem ihre Zustimmung und erklärt, es

handle sich dabei um eine *innerdeutsche Angelegenheit*!
Die deutsche Delegation stellt weiter »zur Erwägung«,
den nicht in den österr. Dienst übernommenen Personen
eine »solche Sicherung ihrer Ansprüche in Österreich erlangen zu lassen«, daß ihr Ausscheiden aus dem deutschen GG 131 möglich wäre.
Die österr. Delegation erklärte, diese Frage in *nächster*
Zeit zu prüfen, nachdem die Deutsche Delegation die
deutschen *Beitragsleistungen aus dem Abkommen auch
weiterhin zu leisten versprach.*
Bei den vom 23. bis 28. September 1957 in Wien statt-
findenden erneuten Besprechungen über die Durchführung des Bonner Regierungsabkommens erinnerte die
Deutsche Delegation ihre österr. Kollegen lt. Pkt. 10 der
Niederschrift an diese Frage, worauf österreicherseits erklärt wurde, »*daß eine Beschlußfassung in dieser Richtung im Hinblick auf die Rechtslage der österr. Beamtenschaft noch nicht möglich war*«.
Das Resümee aus diesen Tatsachen ergibt eindeutig die
Feststellung, daß:
1. die Deutsche Bundesregierung sich hier als Rechtsnachfolgerin des Deutschen Reiches betrachtet und als
praktizierender Rechtsstaat auch die im Ausland sich
findlichen ehem. deutschen Reichsbeamten, die nicht untergebracht wurden, als zum Personenkreis des GG 131
betrachtet;
2. eine österr. Rechtsstellung dieses Personenkreises (gedacht ist wohl *vollkommene* Gleichstellung mit den
österr. Beamten) mit *deutscher Beitragsleistung* wie bisher vorschlägt;
3. daß aber eine Rechtsstellung von österr. Seite »in Hinblick auf die Rechtslage der österr. Beamtenschaft« abgelehnt wird.
Die wichtigste Rechtsgrundlage für die österr. öffentlichen Bediensteten ist die *Dienstpragmatik* vom 25. Jänner 1914 RGB 15, an welche sich die mit Erlaß des k. k.

149

Eisenbahnministeriums v. 7.4.1898 Zl. 16366 verlautbar-
te Dienstordnung (Dienstpragmatik) für die Eisenbahn-
bediensteten anlehnt (§ 3 Abs. 1). Eine weitere, oft für
noch wichtigere angesehene Grundlage ist das *Beamtenüberleitungsgesetz* v. 22.8.1945, StGBl. Nr. 134, ein
typisches Unrechtsgesetz des Jahres 1945 »ein Fremd-
körper in unserer Rechtsordnung, mit der es mehrfach in
Widerspruch steht« (Dr. Veiter Berichte und Informationen 20. IX. 57). Durch dieses Gesetz wird die Anrechnung der zwischen 1938 und 1945 geleisteten Dienstzeit,
die Anerkennung der Beförderungen und Ernennungen
dem Ermessen der Behörde überlassen. Diese Bestimmung ist für den Gmundner Personenkreis von größter
Wichtigkeit, da diese Personen gerade in dieser Zeit in
den deutschen öffentlichen Dienst übernommen wurden
und dadurch die Grundlage für die Versorgung nach dem
Gmundner Abkommen erlangten. Die Behauptung ist
nicht allzu abwegig, daß dies *der Hauptgrund für die ne-
gative Einstellung der österr. Vertreter für die Gewährung einer Rechtsstellung des Gmundner Personenkreises war* und die Rücksichtnahme auf die vierfache
Besetzung erst in zweiter Linie kam. In Hinblick auf das
knapp ein halbes Jahr darauf zwischen denselben Part-
nern abgeschlossene 2. Sozialversicherungsabkommen,
das Renten für im Ausland verbrachte Dienstzeiten in
Österreich zahlbare *Renten mit Rechtsanspruch* vorsieht,
läßt dies in einem anderen Lichte erscheinen, nämlich die
Verteidigung dieser Unrechtsbestimmung des BÜ-G,
welche aber trotzdem durch das Gmundner Abkommen
entschärft wurde. Denn es liegt *nicht mehr im vollen frei-
en* Ermessen der österr. Behörden, bei den Gmundnern
die deutsche Dienstzeit anzuerkennen oder nicht (dadurch wäre jede Zuerkennung des Versorgungsgenusses
vom Ermessen der österr. Stellen abhängig gewesen), da
die – eventuell bereinigte – dienst- und versorgungsrechtliche Stellung vom 8.5.1945 maßgebend ist! Im

Bundeskanzleramt wird der derzeitige Status der Gmundner als befriedigend angesehen. Es wird angeführt, daß sowieso schon fast die Hälfte dieses Personenkreises gestorben sei (»natürlicher Abgang« laut Baden-Badener Besprechungen Mai 1954 I 4. Absatz rund 300 Personen jährlich), daß die Rechtsfundierung genügend sei (»wem wurde die Pension genommen«), die Einstufung gerecht und genau durchgeführt sei und man sich nicht noch einmal die Arbeit damit machen wolle usw. kurzum, daß der »natürliche Abgang« bald dieses Problem endgültig regeln werde...

Vom Zwischendienstzeitgesetz, das bekanntlich die Dienstzeiten zw. 1938–1945 und danach regeln soll, wurde (Oktober 1958) bedeutet, daß dazu eine *lange Lebenserwartung* für die Betroffenen notwendig sei ... Es sollen schon mehr als 15 Entwürfe vorliegen, es hat den Anschein, daß gewisse Gruppen das Erscheinen dieses Gesetzentwurfes immer wieder zu hintertreiben verstehen...

Es ist leider Tatsache, daß die Gmundner derzeit in Österreich keine irgendwie reale Hoffnung auf eine gesetzliche Verankerung ihrer Ansprüche haben. Ja darüber hinaus wollen maßgebliche Kreise jede gesetzlich verankerte Versorgung durch die deutsche Bundesregierung im Sinne des GG 131 mit dem Hinweis, dies würde die österr. Beamtenschaft beunruhigen und könne von ihr nicht geduldet werden, verhindern. Die von der Bundesrepublik gewährten Ruhe- und Versorgungsgenüsse dürften nämlich in den meisten Fällen höher sein als die jetzt nach den österr. Sätzen gewährten, wozu noch die Anrechnung der amtlos verbrachten Jahre nach 1945 käme. Daß durch eine solche Lösung der österr. Staatshaushalt sich 40–50 Mio. S ersparen würde – mit diesem Gelde könnten rund 350 Zweizimmerwohnungen erbaut werden –, ist scheinbar kein genügendes Argument!

Die zu leistenden deutschen Beiträge weisen namhafte Differenzen zwischen den in den einzelnen Besprechun-

gen festgesetzten und den nach den Bundesrechnungsab-
schlüssen tatsächlich als eingelangt verbuchten Summen
auf, wie nachstehende Aufstellung zeigt:

Festgesetzter deutscher Beitrag nach den Besprechungen			Eingegangener deutscher Beitrag nach Bundes- rechnungsabschluß
1953 22.845.857,62	⎱	Hamburg	34.560.400,00
1954 69.311.942,17	⎰	V/56	2.367.887,70
1955 61.573.491,35		Pkt 20	92.311.714,90
1956 71.517.575,12		Wien	25.890.678,79
Sa 225.248.866,26		IX/57	Sa 155.130.741,39
1957 78.029.400,00		Pkt 2	34.560.971,00
geschätzt			

Die Minderzahlung der Bundesrepublik beträgt hiermit
für die Jahre 1953–1956 70,118.124,87 oder rund 31,3%.
Ob diese Summe von der Deutschen Bundesrepublik in
anderer, nicht vom Bundesrechnungsabschluß erfaßten
Art geleistet wurde (Kompensation mit anderen Forderungen), kann aus den Unterlagen nicht ersehen werden.
Immerhin ist der im Jahre 1957 verbuchte deutsche Beitrag um fast 1,3 Mio. S größer, als der kleinste valutari-
sche Eingang im Reiseverkehr im November 1957 –
33,262.000.- S. Die »Gmundner« haben ihrem Gastlande
Österreich einen, wenn auch bescheidenen 13. Monat an
DM-Devisen aus dem Fremdenverkehr gebracht!
Zusammengefaßt kann gesagt werden, daß die endgülti-
ge Lösung des »Gmundner« eine nicht unbedeutende in-
nenpolitische und besonders soziale Angelegenheit ist,
*die im Rechts- und Sozialstaate Österreich geregelt wer-
den muß.* Und wieder werden die Gmundner – freilich un-
gewollt – so wie bei der Entstehung des Bonner (Gmundner) Regierungsabkommens bahnbrechend für die Beseitigung des durch die Bestimmungen des § 11 Abs. (1)
BÜ-G. geschaffenen Unrechte sein. Dem von der österr.

Beamtenschaft sehnlichst erwarteten Zwischendienstzeitgesetz wird dadurch freie Bahn geschaffen werden.

BEILAGE 2

Ein weitverzweigtes und rechtlich sehr kompliziertes
Problem, von dem sehr viele betroffen sind, zu dem aber
mangels irgendeiner öffentlichen Bekanntmachung der
entsprechenden Regierungsabkommen die Interessenten
über ihre »Ansprüche« nicht wissen, ist das der sogenannten »Gmundner«. Der Ausdruck als solcher ist nicht
ganz exakt, da das »Abkommen zwischen der österreichischen Bundesregierung und der Regierung der
Bundesrepublik Deutschland über die Versorgung bestimmter Personengruppen des öffentlichen Dienstes«
vom 27. April 1953 in Bonn geschlossen wurde. Es wird
daher in der Fachsprache der beiden Regierungen durchwegs »Bonner Abkommen« genannt, die davon als berechtigte Betroffenen nennt man aber wegen des Ver-
handlungsortes der wichtigsten Vorverhandlungen der
beiden Delegationen »Gmundner«.

Der Personenkreis
Zu den »Gmundnern« gehören nach den §§ 2, 3, 4 und 6
des Abkommens
a) Ruhestandsbeamte und sonstige Versorgungsempfänger, die am 8. Mai 1945 einen festgestellten, auf ihrer
Tätigkeit im *öffentlichen* Dienst beruhenden oder durch
öffentlich-rechtliche Vorschriften begründeten Versorgungsanspruch gegen das (ehemalige) Deutsche Reich,
das ehemalige Protektorat Böhmen und Mähren oder einen dort befindlich gewesenen öffentlich-rechtlichen
Dienstherrn gehabt haben, wenn sie am 8.5.1945 die
deutsche Staatsangehörigkeit (auch jene »auf Widerruf«)
und am 1.12.1952 ihren Wohnsitz oder dauernden Auf-

enthalt in Österreich gehabt haben. Österreicher, die nur durch die Sammeleinbürgerung durch das sog. Anschlußgesetz deutsche Staatsangehörige wurden, fallen nicht unter das Abkommen. Als öffentlich-rechtliche Dienstherren gelten auch andere Dienstherren, wenn sie in einem von der österreichischen Bundesregierung zu erstellenden Verzeichnis mit Einverständnis der BRD aufscheinen. Dieses Verzeichnis ist als Anlage A erstellt worden und enthält in der 1. Fassung bereits 73 Dienstherren, darunter Handwerkskammern, Ritterschaften, zahlreiche Stiftungen usw. Auf Einzelanführung muß hier verzichtet werden.

b) Personen, die am 8.5.1945 Angehörige des *öffentlichen* Dienstes bei einer Dienststelle des Deutschen Reiches, einer staatlichen oder kommunalen Dienststelle der autonomen Verwaltung des ehemaligen Protektorats Böhmen und Mähren oder eines sonstigen deutschen öffentlich-rechtlichen Dienstherrn im Dienste standen und bei Eintritt des Versorgungsfalles einen gegen diesen Dienstherrn gerichteten Versorgungsanspruch nach beamtenrechtlichen Grundsätzen gehabt *hätten*. Dieser Personenkreis kommt erst dann in den Genuß der »Gmundner Pensionen«, wenn das 60. Lebensjahr vollendet oder die Dienstunfähigkeit eingetreten ist.

c) Die Hinterbliebenen der in a) und b) genannten Personen, wenn ihnen nach den sinngemäß anzuwendenden österreichischen Versorgungsvorschriften eine Versorgung zukäme.

d) Frühere Angehörige des öffentlichen Dienstes, bei denen der Versorgungsfall nach b) (§ 3 des Abkommens) noch nicht eingetreten ist oder die nach dem Wortlaut des Abkommens (§ 5) davon ausgeschlossen sind, und ihre Hinterbliebenen, sofern dringende Notfälle vorliegen (Kannbestimmung innerhalb der Kann-Bestimmung des Abkommens als Ganzen). Diese Leistungen sind entweder Einmal-Leistungen oder laufende Zuwendungen, letztere nur bis zu $^2/_3$ des ideellen Ruhe- oder Versorgungsgenusses der zu a) bis c) angeführten Personen.

e) Vertragsbedienstete im Rahmen von Abmachungen der Wiener Delegationsbesprechungen vom 23. bis 28. September 1957 (in Abänderung von § 5 lit. e des Abkommens), sofern sie nach dem 8.5.1945 als Vertragsbedienstete im öffentlichen Dienst eingestellt wurden und bis zum 31.12.1957 eingestellt wurden und bis zu diesem Zeitpunkt dienstunfähig wurden oder das 60. Lebensjahr vollendet haben, desgleichen ihre Hinterbliebenen.

f) Volksdeutsche Umsiedler (Auslegung zu § 2 des Abkommens durch die Delegationsbesprechungen von Badgastein und Salzburg v. 13. bis 20.9.1954) aus der ehemaligen Untersteiermark, Südkärntens und Krains.

Ausnahme von dem unter das Abkommen fallenden Personenkreis sind in § 5 festgesetzt. Nicht darunter fallen: ehemalige Berufssoldaten (außer bei Berufung in das Beamtenverhältnis schon vor dem 8. Mai 1935), berufsmäßige Angehörige des ehemaligen Reichsarbeitsdienstes (außer bei Beschäftigung als Beamte oder Berufssoldaten vor dem 8. Mai 1935), Beamte mit weniger als 10 anrechenbaren Dienstjahren nach dem Stand vom 8. Mai 1945, nach den in Österreich geltenden beamtenrechtlichen Vorschriften, Personen, die nach dem 26.4.1945 auf einen Dienstposten der neugebildeten Personalstände in Österreich übernommen wurden (weil sie damit ohnehin wieder in aktive Dienstbezüge kamen) und Personen, die als Vertragsbedienstete übernommen wurden mit der Maßgabe oben e).

Die Versorgung kann ganz oder teilweise versagt oder entzogen werden, wenn der Empfänger dazu unfähig wird (z. B. Verurteilung wegen Verbrechens), wenn er seine versorgungsrechtliche Stellung auf nicht herkömmliche Weise erworben hat (z. B. Beförderung im Dritten Reich zufolge Verdiensten um die NSDAP) oder wenn er sich gröblicher Disziplinarvergehen schuldig macht. Dies entspricht den allgemeinen beamtenrechtlichen Bestimmungen in der Zweiten Republik.

Ausgeschlossen ist im *Einzel*fall die Versorgung, wenn von der österreichischen oder von der bundesdeutschen Regierung Bedenken geltend gemacht werden. Die deutsche Seite hat solche Bedenken generell hinsichtlich solcher Beamten erhoben, die ihre Ansprüche aus Dienstleistungen bei der geheimen Staatspolizei oder bei der Waffen-SS herleiten. Österreich schloß solche Fälle aus, in denen auch ein Österreicher ausgeschlossen würde (damals also noch die meisten »Belasteten«, was sich inzwischen aber geändert haben sollte).

Die »Ansprüche«

Bei den Ansprüchen, die die »Gmundner« haben, muß man Anführungszeichen setzen, weil nicht nur in einer Reihe von Abkommensparagraphen Kann-Bestimmungen enthalten sind, sondern weil auch das Abkommen selbst keinen gesetzlichen Anspruch gibt. Das Abkommen, das nur solchen Personen mit Wohnsitz in Österreich »Ansprüche« gibt, die entweder die deutsche oder die österreichische Staatsangehörigkeit besitzen oder – so meint die österreichische Delegation im Protokoll von *Hamburg* vom 29. Mai 1956 (Delegationsverhandlungen vom 24. bis 29. Mai 1956) im Gegensatz zur deutschen Delegation – staatenlos sind, während naturgemäß andere Staatsangehörige ausscheiden, ist ein *Regierungs*abkommen, kein Staatsvertrag. Ob Regierungsübereinkommen, die noch weniger sind als die »Verwaltungsverträge« (Weltpostvertrag), überhaupt zu den völkerrechtlichen Verträgen zählen, ist umstritten. Jedenfalls ist das Bonner (Gmundner) Abkommen ein Geheimabkommen insofern, als es nirgend publiziert ist und sein Text in Österreich auch nicht erhältlich ist, auch nicht auf Ansuchen beim zuständigen Ministerium. Darum soll ausgeschlossen werden, daß auf die darin niedergelegten Leistungen ein Rechtsanspruch entsteht. Ein solcher ist aber bereits in der Präambel ausdrücklich ausgeschlossen und sogar noch hinzugefügt, daß es sich um Billigkeitsmaßnahmen handelt.

Es gibt also, genau genommen, gar keine Ansprüche. Da aber diese »Ansprüche« tatsächlich nun seit Jahr und Tag von der Republik Österreich erfüllt werden, wird man wohl nicht umhin können, sie als solche zu bezeichnen.

Auch ist darauf zu verweisen, daß nach Arbeitsrecht fortlaufende Zahlungen an derzeitige oder ehemalige Dienstnehmer schon nach kurzer Zeit (in der Regel 3 Monate) einen Rechtsanspruch begründen. Da die in Rede stehenden Leistungen an die ehemaligen volksdeutschen usw. Beamten mit Wohnsitz in Österreich nicht öffentlichrechtlicher Natur sind, sondern nur nach den Grundsätzen des österreichischen Dienstrechts öffentlicher Bediensteter gewährt werden, können sie auch nur nach Arbeitsrecht beurteilt werden, was allfällige Gerichtszuständigkeit im Streitfalle anlangt oder z. B. auch den durch Übung entstandenen Anspruch. Trotz der Präambel zum Bonner Abkommen liegt also ein Rechts*anspruch* vor. Diesen müßten die Betroffenen beim Bundesministerium für Finanzen erheben, falls sie bisher von dem Abkommen nichts oder nicht genügend Kenntnis hatten.

Die *Höhe* der Ansprüche richtete sich nach den analogen österreichischen Bestimmungen, wobei die dienst- und versorgungsrechtliche Stellung vom 8.5.1945 zugrundegelegt wird (§ 8 Z. 3 des Abkommens). Eine eigene Ruhensbestimmung bei Vorliegen eines Versorgungsanspruches gegen einen anderen Versorgungsträger des öffentlichen Dienstes soll kumulierte Bezüge ausschließen. Wieweit sich das neue Erkenntnis des Verfassungsgerichtshofes auswirken wird, das die Ruhensbestimmungen des Gehalts-Überleitungsgesetzes aufhob, ist noch nicht überblickbar.

Nachzahlungen können auf Grund einer Stellungnahme der österreichischen Delegation auf der Hamburger Besprechung 1956 (Punkt 13 des Protokolls) nicht erfolgen. Das wäre an und für sich auch im System des Nachkriegs-Beamtendienstrechts Österreich begründet, obwohl nicht gerecht (aber nach der Finanzkraft des Bundes begreiflich), wenn man nicht von den »Gmundnern« verlangen würde, daß sie von dem Inhalt eines Geheimabkommens Kenntnis haben sollen bei sonstigem Ausschluß ihrer Ansprüche. So wurde im Protokoll der Delegationsbesprechungen von *Hamburg* vom 29.5.1956 in Punkt 4, vorletzter Absatz, festgestellt, daß Versorgungsleistungen nach dem Abkommen an vormalige Angehörige der laut diesem Protokoll neu einbezogenen Dienstherren (z. B. öffentlich-rechtliche Waldgenossenschaften in Böhmen und Mähren und der Verband der Waldgenossenschaften in Prag) ab 1.9.1953 nur geleistet werden, wenn die Anträge binnen 6 Monaten, gerechnet ab 1.6.1956, gestellt werden, sonst erst ab folgendem Monatsersten. Da das Abkommen, die Protokolle der Delegationsbesprechungen und der Briefwechsel, der als Durchführung des Abkommens gilt, nicht veröffentlicht sind, werden sicher viele Berechtigte, die vielleicht erst jetzt in diesem Artikel von diesen Möglichkeiten Kenntnis erlangten, den Nachzahlungsanspruch verloren haben.

Als strittig muß man ferner die sogenannten *Nebenvergünstigungen* ansehen. In dem *Hamburger* Protokoll wurde in Punkt 12 seitens der österreichischen Delegation erklärt, daß Nebenvergünstigungen wie Regiefahrausweise für ehemalige Bahnbedienstete, nicht gewährt werden könnten. Dies widerspricht der klaren Rechtslage, wonach der Regiefahrausweis für ÖBB-Bedienstete des Aktiv- und des Ruhestandes einen Teil des Gehalts darstellt, wie dies auch der Bundesminister für Verkehr und verstaatlichte Betriebe in »Der Eisenbahner« (ÖGB) vom 20.10.1954 in Verteidigung der Regiefahrkarte ausdrücklich betont hat. Wenn aber die »Gmundner« dieselben Bezüge haben sollen wie die vergleichbaren österreichischen Beamten, dann müssen sie selbstverständlich (wenn ehemalige Eisenbahnbeamte, etwa des jugoslawischen Staates oder der Protektoratsbahnen) auch für sich und ihre Angehörigen ohne ziffernmäßige Beschränkung die Regiefahrkarten erhalten. Dasselbe gilt auch von der sog. Deputatskohle, die ihnen heute verweigert wird.

Der Umfang der unter das Abkommen fallenden Personen

Wie schon aus der »Gemeinsamen Niederschrift« der Delegationsverhandlungen in *Baden-Baden* vom Mai 1954 hervorgeht, ist sich Österreich über Zahl und Umfang der unter das Bonner Abkommen fallenden Personen nicht annähernd im klaren gewesen. Schon anläßlich der Paraphierung des Abkommens in Gmunden im Februar 1953 (»Wiener Zeitung« vom 11.2.1953) fehlte eine exakte Erhebung. Ihr Fehlen »Briefwechsel« zu § 10 Abs. 2 des Abkommens machte sich für Österreich in der Folge und bis heute äußerst nachteilig, nämlich finanziell belastend, bemerkbar. Hierbei sind die sog. *»Nicht-Bonner«* (der Ausdruck stammt von einem der besten Kenner der Materie, Otto *Tarmann* in Villach), relativ gering an Zahl, was man aus der Nationalratsdebatte zum österreichisch-deutschen Vermögensvertrag nicht entnehmen kann. Der Nationalrat hat bei der Verabschiedung des Vermögensvertrages am 11. Juni 1958 (»Wiener Zeitung« v. 12.6.1958) der bestimmten Erwartung Ausdruck gegeben, daß die BRD die im VermV. nicht behandelten, noch offenen Ansprüche österreichischer Staatsbürger, insbesondere Ansprüche von Umsiedlern und Heimatvertriebenen, rasch einer positiven Erledigung zuführe. Es ist nun so, daß die BRD sich einer über das bisherige Ausmaß hinausgehenden Beitragsleistung an Österreich nicht widersetzt, hingegen konsequent den Standpunkt vertritt, daß sie für solche Versorgungsberechtigte, die am 8. Mai 1945 nicht in einem deutschen Dienstverhältnis standen oder eine deutsche Pension bezogen, keinen Beitrag leiste. Obwohl dieser Standpunkt in Art. 131 des Bonner Grundgesetzes, mit dem er begründet wird, keine Deckung findet, liegt in ihm etwa wohl die Furcht verborgen, jene vielen österreichischen Beamten, die dies am 13.3.1938 gewesen und nach 1945 mangels zehn Dienstjahren »ausgeschieden« worden waren oder die erst nach dem sog. Anschluß pragmatisierte deutsche Beamte geworden waren, mit versorgen zu müssen, weil Österreich zufolge des Beamten-Überleitungsgesetzes trotz Übernahme der hierfür verwendbaren Vermögenswerte des sog. »großen« deutschen Eigentums ihre Ansprüche mit einem Federstrich gelöscht *und* sie an das Deutsche Reich verwiesen hatte. Wir meinen, die Verweisung an das Deutsche Reich, d. h. an die BRD als (in dieser Beziehung) Rechtsnachfolgerin habe erst dann zu erfolgen, wenn das auf Österreich übergegangene große deutsche Eigentum (öffentliches Eigentum, privates erst bei klarem Verzicht der BRD auf Entschädigung) für die Befriedigung dieser so ungerecht behandelten Österreicher nicht ausreicht. *Dann* allerdings müßte die BRD denn doch sich zur Beitragsleistung, ja sogar zur vollen Pensionsübernahme bereitfinden, denn Österreich ist sicher nicht Rechtsnachfolger des Deutschen Reiches, wohl aber die BRD nach Art. 131 GG und § 1 (1) ld des hierzu ergangenen bundesdeutschen Gesetzes in bezug auf beamtenrechtliche Fragen. Jedenfalls muß sich Österreich um diese Menschen bemühen, und das wollte wohl auch der Beschluß des Nationalrates vom 11.6.1958 zum Ausdruck bringen.

Die sogenannten »Nicht-Bonner« unter den Volksdeutschen etc., um die es in diesem Aufsatz geht, machen zahlenmäßig derzeit rd. 1100 aus. Sie verdanken eine gewisse Versorgung nur indirekt dem Bonner Abkommen.

Die unter das Abkommen fallenden Personen sind – wiederum mit *Tarmann* formuliert – »Voll-Bonner« und »Zweidrittel-Bonner«. Erstere werden voll von Deutschland (BRD) versorgt, wie ein vergleichbarer österreichischer Beamter, zur Versorgung der anderen leistet die BRD nur $2/3$ (genauer: 70%) des Aufkommens, während Österreich den Rest zu seinen Lasten übernimmt. Mit der Statistik befaßte sich erstmals gründlicher die Delegationskonferenz in *Wien* vom 23. bis 28.9.1957. An ihr nahmen österreichischerseits teil ao. Gesandter Dr. Reichmann als Vorsitzender, die Sektionschefs Dr. Hackl, Dr. Latzka, die Ministerialräte Dr. Marenzi, Dr. Markovics, Dr. Hubinger und Dr. Ramsl, Generalsekretär der ÖBB, Hofrat Dr. Sandig mit Oberbahnrat Dr. Urban, Sektionsrat Dr. Steiner und Ministerialsekretär Dr. Gebetsreiter, während die deutsche Delegation zum Delegationsleiter hatte den vortr. Legationsrat I. Kl. Dr. Buch und als Mitglieder die Ministerialräte Kuhbier, Plog und Radetzky, Regierungsdirektor Dr. Herholz, Oberregierungsrat Dr. Schwarz, Konsul Dr. Kunisch und Konsulatssekretär 1, Kl. Rohde. Einige der vorgenannten Namen, besonders der österreichischen Seite figurieren auf der Teilnehmerliste aller bisherigen Delegationsverhandlungen und werden es wohl auch weiterhin. In der Wiener Sitzung stellte laut »Gemeinsamer Niederschrift« vom 28.9.1957 die österreichische Delegation fest, daß mit Stichtag 1.9.1957 insgesamt 4.969 Personen eine Versorgung nach dem Abkommen erhielten, wovon 3.387 die österreichische und 1.580 die deutsche Staatsangehörigkeit hatten. Nur zwei Personen waren staatenlos, hatten aber um die österreichische Staatsangehörigkeit nachgesucht, so daß die Frage der Staatenlosen kein Differenzpunkt zwischen beiden Delegationen mehr ist. Nur 451 Personen waren »Voll-Bonner«, alle übrigen »Zweidrittel-Bonner«.

Auch wenn man berücksichtigt, daß durch Erreichung der Altersgrenze inzwischen manche Versorgung berechtigte neu hinzugekommen ist (Vollendung des 60. Lebensjahres, bis dahin werden keinerlei Zahlungen an die betreffenden Personen geleistet, Notfälle ausgenommen), so hat die österreichische Regierung in *Gmunden* 1953 sich einer argen Täuschung hingegeben, wenn sie annahm, daß nur 3095 (davon 803 Voll-Bonner) Personen in Betracht kämen. Dadurch war die Verhandlungsbasis mit der BRD falsch. Es mußten ständig weitere Verhandlungen gepflogen werden, um den deutschen Beitrag dem tatsächlichen Erfordernis anzupassen. Dieser deutsche Beitrag betrug nach § 10 des Abkommens 70% der Ist-Ausgaben Österreichs (das durch das Zentralbesoldungsamt die Leistungen erbringt), höchstens aber 5,6 Millionen DM jährlich. Hierbei wurde angenommen, daß 1,1 Millionen auf die Voll-Bonner entfielen, bei denen die BRD also den Gesamtaufwand zu tragen hat. (Voll-Bonner sind nach dem Schriftwechsel zum Abkommen, der die Stelle von Durchführungsgesetzen bei völkerrechtlichen Verträgen und Gesetzen vertritt, Personen, die ihren Wohnsitz oder dauernden Aufenthalt im Reichsgebiet nach dem Stand vom 31.12.1937 hatten und ihn seither bis Ende November 1952 in das Gebiet der Republik Österreich verlegten. Alle anderen sind Zweidrittel-Bonner). Für die Zweidrittel-Bonner errechnete die österreichische Delegation damals 4,5 Millionen DM Beitrag der BRD. Statt dessen betrug das Erfordernis für 1953 bereits im Bundes-Rechnungsabschluß 1953 42,5 Mill. S (Voranschlag 8,4 Mill. S!) und der deutsche Beitrag nur 34,5 Mill. S. 1954 betrug das Erfordernis (Ist) 105,7 Mill. S gegen 69,9 Mill. S Voranschlag und deutscher Beitragsleistung von 33,6 Mill. S. 1955 war man vorsichtiger geworden und hatte 115,4 Mill. S in den Voranschlag aufgenommen, der Abschluß ergab 106,8 Mill. S, die deutsche Beitragsleistung aber 92,3 Mill. 2 (zufolge im

Verhandlungswege erreichter Erhöhung 1956 betrug der Voranschlag 114,4 Mill. S, der Abschluß 121,2 Mill. S und der deutsche Beitrag 71,5 Mill. S. (Kurs S 619,50 pro DM). Für 1957 wurde auf den Wiener Delegationsbesprechungen ein Erfordernis von 111,3 Mill. S und ein deutscher Beitrag von 78,0 Mill. S errechnet.

In allen Jahren ergibt sich also ein *bedeutendes* deutsches Mehr an Beitragsleistung, das die BRD im großen und ganzen willig geleistet hat. Die Höhe des Beitrages wurde durch Verbalnoten festgelegt. Seit 1.1.1958 erfolgt auf deutschen Wunsch übrigens eine Aufgliederung nach Empfängergruppen (Bahn, Post, Wehrmacht und Reichsarbeitsdienst, Nichtgebietskörperschaften etc.). Auf Ruhestandsbeamte und Hinterbliebene aufgeteilt betrug die Zahl der Empfänger am 1.9.1957, 2248 Ruheständler (davon 191 Voll-Bonner) und 2721 Hinterbliebene (davon 260 Voll-Bonner) laut Punkt 4 des Wiener-Protokolls. Die Zahl wird weiter ständig ansteigen.

Zu erwähnen ist hier ferner, daß die aus dem DBG herübergenommenen und auch im bundesdeutschen Bundesbeamtengesetz v. 14.7.1953, DBGBl. I S. 551 (Berlin: G.v. 20.7.1953, GuVBl. 653) enthaltene Ruhensbestimmung der §§ 53 bis 55 des österreichischen Gehalts-Überleitungsgesetzes, BGBl. Nr. 22/1947, durch den Staatsvertrag aus dem Grunde des Übergangs des deutschen Privateigentums auf die Republik Österreich eine unerwartete tatsächliche Ausweitung erfahren haben. Diese Bestimmungen (§ 55 GÜG, analog § 127 DBG und § 158 Bundesbeamtengesetz) sehen vor, daß die Bezüge von Ruhestandsbeamten (Ruhegenuß) ganz oder teilweise ruhen, wenn der Pensionist in einem öffentlichen Dienstverhältnis steht und dort Aktivbezüge bezieht. Als öffentliches Dienstverhältnis gilt auch jede Beschäftigung mit einem den (nach GÜG zunächst mit 300 S monatlich bemessenen) Freibetrag übersteigenden Einkommen bei »Vereinigungen, Einrichtungen oder Unternehmungen, deren gesamtes Kapital sich in öffentlicher Hand befindet«. (vgl. Wilhelm Zach, Das Gehaltsüberleitungsgesetz, Wien, Staatsdruckerei 1953). Wie nach den in dem II. Teil dieses Buches dargestellten Grundsätzen richtigerweise sich ergibt, wurden Unternehmungen deutschen Privateigentums im Sinne der Potsd. Beschl. bis zum Inkrafttreten des BtV. noch nicht als in öffentlicher Hand befindlich betrachtet (nuda proprietas). Seither aber wurden die Pensionen öffentlicher Bediensteter stillgelegt, wenn sie z. B. bei den VÖEST (100% auf »Österreich« übergegangenes deutsches Eigentum) beschäftigt wurden (Erlaß des BM. f. Finanzen v. 29.7.1957, Zl. 100.391-23/57 an das Zentralbesoldungsamt). Im Falle der Ausgabe von Volksaktien würde dieser Stillegungsgrund wegfallen. Der Eigentumsübergang deutschen Eigentums auf die Republik Österreich führt also auch zur Enteignung von Bezugsansprüchen österreichischer Staatsangehöriger. Die ratio der Stillegungsbestimmung läßt freilich erkennen, daß es sich hier um etwas völlig anderes handelt als das, was sonst in diesem Buche als (konfiskatorische) Enteignung behandelt und umschrieben ist.

BEILAGE 3

Rechtsschutzverein
aller ehemaligen Beamten, Angestellten und Pensionisten Wien XVII, Hernalser Hauptstraße 68

Memorandum

Geleitet von dem staatsbürgerlichen Bewußtsein, zu einer Befriedung noch ungelöster Probleme aus den Kriegs- und Nachkriegsjahren des Zweiten Weltkrieges beizutragen, sofern sie in den Rahmen seines Wirkungskreises gehören, gestattet sich der Rechtsschutzverein aller ehemaligen öffentlichen Beamten, Angestellten und Pensionisten – künftig nur Rechtsschutzverein genannt – zum Gmundner (Bonner) Abkommen folgende Erwägungen bzw. Bitten zu unterbreiten:

I. Die Österreichische Bundesregierung und die Regierung der Bundesrepublik Deutschland haben zur Beseitigung der Notlage der in Österreich nach dem Zusammenbruch bzw. nach der Austreibung lebenden ehem. öffentlichen Angestellten im Gmundner Abkommen eine vorläufige Regelung getroffen.
Dieses Abkommen war im Bewußtsein geschlossen worden, eine Soforthilfe zu leisten. Es hafteten ihm dabei Mängel einer Schnellösung an, die sich auch daraus erklären, daß dieses Abkommen kein endgültiges sein sollte und die Möglichkeit einer Kündigung von jeder der beiden Regierungen vorgesehen war. Daher wurde ausdrücklich bestimmt, daß der von dem Abkommen betroffene Personenkreis aus den bewilligten Versorgungsansprüchen und Versorgungsanwartschaften keine Rechtsforderungen gegen die Republik Österreich oder die Bundesrepublik Deutschland stellen sollte. Im § 12 des genannten Abkommens wurde ausdrücklich bestimmt, daß den darunter fallenden Personen kein individueller Rechtsanspruch aus diesem Abkommen eingeräumt wird. Ferner wurde bestimmt, daß diesem Abkommen österreichische dienst- und pensionsrechtliche Vorschriften zugrunde liegen sollen.
Die Austreibung der deutschen Bevölkerung aus den Ost- und Südostländern fußte auf den Vereinbarungen von Jalta und Potsdam und sollte in geordneter Weise vor sich gehen. Tatsächlich kam es jedoch zu einer wilden Austreibung, wobei jede geordnete Aussiedlung außer acht gelassen worden war. Im Zuge dieser wilden Austreibung gelangten nach dem Worte »Rette sich wer kann« eine

165

Anzahl von Personen, die sich zum deutschen Volkstum bekannt hatten, auch nach Österreich, ohne daß Österreich als Auffangland vorgesehen war. Durch das überstürzte Einströmen von Flüchtlingen und Vertriebenen in die Bundesrepublik Deutschland kam es dort zu einem katastrophalen Wohnungs- und Nahrungsmangel. Die drei westlichen Alliierten haben daher den nach Österreich eingeströmten deutschsprachigen Flüchtlingen und Vertriebenen die Weiterreise nach der Deutschen Bundesrepublik verboten.

In Österreich selbst herrschte zur Zeit starker Arbeitsmangel, und die Arbeitsämter machten die Zuweisung von Arbeitsstätten vom Nachweis der österreichischen Staatsbürgerschaft abhängig. Wer als Flüchtling bzw. Vertriebener in Österreich niemanden hatte, der für ihn sorgte, war genötigt, die österr. Staatsbürgerschaft ehestens anzunehmen. Dieser Entschluß kann vielfach keineswegs als eine freie Willensentscheidung gewertet werden, sondern war eine unter Notlage und Zwang erfolgte Willensäußerung.

II. Unter den nach Österreich gekommenen deutschen Flüchtlingen befanden sich solche aus den Sudetenländern, dem Protektorat Böhmen und Mähren, der Slowakei, Polen, Rumänien, Bulgarien und Jugoslawien. Unter diesen hatten nicht alle im ehemaligen Deutschen Reich, sofern sie im öffentlichen Dienst gestanden sind, Dienst gemacht. Nicht alle besaßen auch die deutsche Staatsbürgerschaft. Der Großteil von ihnen waren jedoch deutsche Staatsbürger, die im Deutschen Reich als Beamte, Angestellte oder Arbeiter Dienst versehen hatten und Urkunden mit der Anstellung auf Lebenszeit besaßen. Keine von diesen Personen, sofern sie nicht im Laufe der Zeit in den öffentlichen Dienst der Republik Österreich übernommen wurde, hatte jemals auch nur einen Tag in Österreich Dienst gemacht.

Es ergibt sich nach dem Gmundner Abkommen nunmehr die groteske Tatsache, daß jemand, der niemals in Österreich Dienst gemacht hat, hingegen einen Rechtsanspruch auf Grund seiner öffentlichen Dienstleistung im Deutschen Reich an dessen Rechtsnachfolger, als welchen sich die Bundesrepublik Deutschland de facto ansieht (siehe vermögensrechtliche Vereinbarung mit Israel usw.) besitzt, seinen Ruhegenuß nicht nach deutschen, sondern nach österreichischen beamtenrechtlichen und pensionsrechtlichen Vorschriften erhält. Es mag verständlich erscheinen, daß seinerzeit, beim Abschluß des Gmundner Abkommens, als sowohl in Österreich wie in Deutschland noch nicht konsolidierte Verhältnisse vorlagen, aus dem Gedanken heraus, ein Minimum geäußert wurde, die niedrigen österreichischen Besoldungssätze zu verwenden, da bei der damaligen bedrängten Wirtschaftslage der Deutschen Bundesrepublik jede Ersparnis von Bedeutung war. Unverständlich bleibt jedoch, daß dabei seitens der Unterhändler jeder Rechtsanspruch der Betroffenen außer acht gelassen wurde.

Andererseits hatte Österreich ein Interesse daran, die hierher eingeströmten Flüchtlinge versorgt zu wissen. Es war und ist eine große menschliche Tat Österreichs, zu den außerordentlichen Versorgungsgenüssen des Gmundner Personenkreises ein Drittel beizutragen, obwohl dazu keine rechtliche Verpflichtung besteht.

Heute, nach der Konsolidierung der wirtschaftlichen Verhältnisse, erscheint es allerdings angezeigt, die tatsächlichen Verhältnisse und Rechtsansprüche zu berücksichtigen und miteinander in einen gesunden Einklang zu bringen.

III. Es sei daher gestattet, die Unzulänglichkeiten aufzuzeigen, die sich aus dem Gmundner Abkommen für die einzelnen ergeben:

1. Den Gmundner Ruhegenußempfängern steht kein Rechtsanspruch zu.

2. Es werden nicht die ihnen rechtmäßig zustehenden deutschen Besoldungsvorschriften der Berechnung der Ruhegenüsse zugrunde gelegt, sondern die durch nichts begründeten und vollkommen willkürlich vereinbarten österreichischen.

3. Die Einstufungen, die Festsetzung eines Dienstranges, erfolgte Beförderungen werden durch österreichische Dienststellen nach freiem Ermessen vorgenommen bzw. beurteilt. Diesbezüglich wird auf den Anhang verwiesen.

4. Die Zeit von 1945 bis März 1951, die in der Bundesrepublik Deutschland für den gleichen Personenkreis der Flüchtlinge und Vertriebenen als ruhegehaltsfähige, sogenannte amtslos verbrachte Zeit berücksichtigt wurde, blieb für die Gmundner Ruhegenußempfänger unberücksichtigt.

5. Den Gmundner Pensionisten ist im allgemeinen die Überweisung ihrer Ruhegenüsse auf ein Postscheckkonto verwehrt.

6. Die im öffentlichen Dienst verbrachte Dienstzeit von unter 10 Dienstjahren wurde den Betroffenen bisher weder angerechnet noch abgegolten.

7. Die Bestimmung über die Gewährung eines Übergangsgehaltes (Wartegeldes) an die noch nicht 60 Jahre alten ehem. öffentlichen Dienstmänner äußerst rigoros ausgelegt.

IV. Diese Unzulänglichkeiten bzw. die Benachteiligung des gesamten Personenkreises nach dem Gmundner Abkommen würden mit einem Schlage wegfallen, wenn dieser Personenkreis den nach dem Gesetz zu Art. 131 versorgten Personen in der Bundesrepublik gleichgestellt würde. Dies könnte nach Ansicht des Rechtsschutzvereines durch einen entsprechenden Zusatz bei dem ohnedies vorbereiteten Schlußgesetz zu Art. 131 erfolgen.

Sollte dies aus staatspolitischen Erwägungen nicht möglich oder nicht erwünscht sein, dann wäre das Gmundner Abkommen entsprechend abzuändern, bzw. zu ergänzen. Insbesondere wäre auf die Gewährung eines Rechtsanspruches für die 4.967 Personen des Gmundner Abkommens Rücksicht zu nehmen und wären beamten- und pensionsrechtliche Vorschriften der Bundesrepublik Deutschland der Berechnung des dann ordentlichen Ruhegenusses zugrunde zu legen.

Ohne den Gmundner Ruhegenußempfängern einen Rechtsanspruch auf ihre Versorgungsgenüsse zu geben, wäre eine Befriedung ausgeschlossen und ist eine andere Regelung im Hinblick auf die Rechtslage auch nicht zu rechtfertigen.

Unter den Gmundner Ruhegenußempfängern befinden sich 3.387 Personen, welche die österreichische Staatsbürgerschaft, und 1.580, welche die deutsche Staatsangehörigkeit besitzen.

Die deutschen Staatsbürger erachten es als völlig unverständlich, daß für sie österreichische Pensionsvorschriften gelten sollen, und die österreichischen Gmundner Pensionisten weisen mit Recht darauf hin, daß sie die österreichische Staatsbürgerschaft unter gegebenem Zwang seinerzeit angenommen haben und daß ihre seinerzeit rassisch oder politisch verfolgten Landsleute, die auch erst im Wege der Austreibung nach Österreich gekommen sind und hier aus obigen Gründen verbleiben mußten, laufend Ruhegenußbezüge direkt aus der Deutschen Bundesrepublik (Regierungspräsident Düsseldorf) beziehen, denen die deutschen besoldungsrechtlichen Vorschriften zugrunde liegen. Diese Personen haben nach 1945 aus den gleichen Gründen wie die Gmundner Ruhegenußempfänger die österreichische Staatsbürgerschaft angenommen, ohne daß diese Tatsache als hinderlich angesehen wurde. Es obwaltet hier, wie kurz aufgezeigt, keine Gleichheit des Rechtes. Aber auch in menschlicher Hinsicht wurde zweierlei Maß angewendet.

Bei der Berechnung der Versorgungsbezüge nach dem Gmundner Abkommen werden gegenwärtig österreichische Versorgungsvorschriften angewendet. Diese stimmen mit den Vorschriften und den erworbenen Rechten im Herkunftsland nicht überein. In der Bundesrepublik Deutschland wurde diesbezüglich eine wesentliche Angleichung getroffen und im Einzelfall immer zu Gunsten des Antragstellers entschieden. dies konnte erfolgen und hat im allgemeinen die Bewilligung aller sogenannten 131er erfahren, weil die Festlegung der Richtlinien in Zusammenarbeit, zumindest aber unter Anhörung der Wünsche und Bedenken der Standesverbände der 131er erfolgt ist. In Österreich wurden die Interessentengruppen bedauerlicherweise nicht angehört, und dadurch waren die Fehlerquellen größer als in der Bundesrepublik Deutschland.

Durch eine Angleichung an die sogenannten 131er wäre auch die Benachteiligung der Gmundner Ruhegenußempfänger durch den Verlust bzw. die Nichteinrechnung der Jahre 1945 bis März 1951, die sogenannte amtslos verbrachte Zeit, in die ruhegenußfähige Zeit ausgeglichen.

V. Die Gmundner Ruhegenußempfänger fühlen sich daher berechtigterweise in ihren Rechten verkürzt. Ein starres Festhalten an der bisherigen Struktur des Gmundner Abkommens könnte einen erheblichen Teil der in Österreich lebenden ehemaligen Angehörigen des öffentlichen Dienstes aus reinem Selbsterhaltungstrieb dazu veranlassen, den bisherigen Wohnsitz in Österreich aufzugeben und nach der Bundesrepublik zu ziehen. Sofern bei solchen Personen die Bestimmungen der Ziffer 5 des § 3 G. 131 nicht hinderlich sind, würden diese Personen nach dem G. 131 versorgungsberechtigt sein, da die Stichtagsbestimmung des § 4 im Hinblick auf die Regelung im § 4 Abs. 1 Ziffer 2c a.a.O. hiefür nicht im Wege stünde. Ein sehr hoher Prozentsatz der in Österreich lebenden Angehörigen des öffentlichen Dienstes erfüllt die Voraussetzungen der zuletzt angezogenen gesetzlichen Bestimmung, da sie »vor oder nach Ablauf des 8. Mai 1945 im Zuge allgemeiner Vertreibungsmaßnahmen, insbesondere Ausweisung oder Flucht nach dem Ausland gelangt sind«. Um so mehr unterstreicht diese Voraussetzung noch die durch die 2. Novelle a.a.O. ergänzte Neufassung. Die Tatsache der seinerzeit notgedrungen angenommenen österreichischen Staatsbürgerschaft könnte hinsichtlich der Zahlung der Versorgungsbezüge einmal durch die Bestimmung des § 159 Abs. 1 BBG in Verbindung mit dem letzten Satz dieser Bestimmung enthemmt werden, außerdem würden diese Personen sofort wiederum um die Zuerkennung der deutschen Staatsangehörigkeit nachsuchen.

Ferner gibt der mit der zweiten Novelle eingeführte § 4 a G. 131 die Möglichkeit, auch bei einem Verbleiben in Österreich Versorgungsbezüge zu gewähren, wenn eine Rückkehr in das Bundesgebiet aus Krankheits- oder Altersgründen nicht zumutbar ist.

Eine solche Entwicklung wäre jedoch für die meist überalterten Personen, die inzwischen in Österreich seßhaft geworden sind, weder wünschenswert, noch aber läge dies im Interesse der Deutschen Bundesrepublik.

VI. Bei der beabsichtigten Novellierung des Gmundner Abkommens möge vornehmlich der Grundsatz von der Unteilbarkeit des Rechtes Anwendung finden. Es wird dabei auf die großzügige Bereinigung der Ansprüche der politisch, rassisch und aus religiösen Gründen Verfolgten hingewiesen. Die Heimatvertriebenen haben kein minder hartes Schicksal erlitten und haben auch keine geringeren Schäden an Körper und Eigentum aufzuzeigen als der bedauernswerte, oben genannte Personenkreis. Es ist daher weder vom rechtlichen noch vom menschlichen Gesichtspunkt aus zu verstehen, daß die gerade nach Österreich verschlagenen Gmundner Ruhegenußempfänger eine schlechtere Versorgung erhalten sollen.

Erwähnt sei, daß unter den ehemals politisch, rassisch oder aus religiösen Gründen Verfolgten, die im Zuge der Vertreibung aus den Sudetenländern oder dem Protektorat Böhmen-Mähren nach Österreich gekommen sind, fast alle erst nach 1945 die österreichische Staatsbürgerschaft angenommen haben, trotzdem aber ihre ordentlichen Ruhegenüsse auf Grund ihrer in der verlorenen Heimat erworbenen Rechtsansprüche direkt von der Oberfinanzdirektion Düsseldorf nach Österreich überwiesen erhalten. In diesen Fällen wendet sich niemand gegen eine Besserstellung gegenüber der österreichischen Beamtenschaft und auch deutscherseits bestehen in staatspolitischer Hinsicht keine Bedenken für eine Gewährung und Überweisung ordentlicher Ruhegenüsse für diesen Personenkreis ins Ausland.

Lediglich der Vollständigkeit halber sei darauf hingewiesen, daß die bis zum Jahre 1956 in der deutschen Gesetzgebung strikt gehandhabte territoriale Beschränkung der Bewilligung und Auszahlung von Ansprüchen gegen die Bundesrepublik Deutschland durch das Bundesrückerstattungsgesetz durchbrochen wurde, so daß nunmehr auch Personen nichtdeutscher Staatsangehörigkeit ihre Entschädigungsansprüche an das Deutsche Reich, bzw. dessen Rechtsnachfolger, als welchen sich die Bundesrepublik Deutschland wiederholt bezeichnet hat, geltend machen können und ins Ausland ausbezahlt erhalten.

Wenn der deutsche Gesetzgeber bei den aus politischen, rassischen oder religiösen Gründen Verfolgten die gegenwärtige Staatsbürgerschaft als völlig irrelevant für die Gewährung von Rechtsansprüchen ansieht, so kann

172

gegenüber den Gmundner Ruhegenußempfängern kein anderes Maß angewendet werden.

Es würden aber auch die Hoheitsrechte Österreichs in keiner Weise berührt werden, wenn ein Gmundner Ruhegenußempfänger die Ruhegenüsse, die er von einem fremden Staat bezieht, in Österreich verzehrt, soferne es sich nicht um Versorgungsgenüsse für Dienste handelt, die er dem österreichischen Staate geleistet hat. In diesem Zusammenhang wird auf das österreichische Beamtenüberleitungsgesetz verwiesen, nach welchem ehemals öffentliche Beamte und Angestellte, die vom österreichischen Staate nicht übernommen wurden, ihre Ansprüche an die Bundesrepublik Deutschland zu stellen haben.

Mit Rücksicht darauf können sich auch Altösterreicher, die in österreichischen öffentlichen Diensten standen und daher von Österreich Versorgungsgenüsse nach österreichischen Vorschriften beziehen, nicht beschwert erachten, wenn Personen, die einem anderen Staate öffentliche Dienste geleistet haben, allenfalls auch höhere Versorgungsgenüsse erhalten, die nicht aus österreichischen Mitteln stammen.

Würde den in Österreich lebenden 4.967 Gmundner Ruhegenußempfängern, von denen 1.580 deutsche Staatsangehörige sind, eine Versorgung nach deutschen Beamten-Besoldungs-Richtlinien verweigert werden, so wären die Grundsätze von Rechtsgleichheit und Rechtskontinuität gröblich verletzt. Die einzige gerechte Lösung ist nach der geltenden Rechtsübung die Gleichstellung der heute in Österreich lebenden »Gmundner Ruhegenußempfänger« mit denen in der Deutschen Bundesrepublik lebenden 131ern und die Übernahme ihrer Versorgung durch die Deutsche Bundesrepublik.

Aus all dem erhärtet sich die Forderung, die Bundesrepublik Deutschland möge veranlaßt werden, die Versorgung der gegenwärtig nach den Richtlinien des Gmundner Abkommens in Österreich lebenden und versorgten Personen durch eine Ergänzung des GG. zu Art. 131 seitens der Bundesrepublik Deutschland zu übernehmen.

Bei dieser Gelegenheit wird auf die in Österreich lebenden rund 300 Personen verwiesen, die aus den Ländern des Südostens stammen und die keinen Dienst im Deutschen Reich versehen haben, jedoch aus Gründen reiner Menschlichkeit von der Republik Österreich zu 100% versorgt werden wie die Gmundner Ruhegenußempfänger. Mit Rücksicht darauf, daß bei diesen Personen kein Zuwachs zu verzeichnen und diese selbst schon in einem vorgeschrittenen Alter sind, möge die Bundesrepublik Deutschland aus den Erwägungen, im vorliegenden Falle Angehörige des deutschen Volkstums zu sehen, auch diesen Personen eine Gleichstellung mit den 131ern großzügig bewilligen.

Die beiden Delegationen mögen sich bei der Beurteilung obiger Fragen stets vor Augen halten, daß die übernommenen wirtschaftlichen Verpflichtungen auf eine relativ kurz begrenzte Zeit bemessen sind, da mit jedem Jahr ein hoher Prozentsatz der Gmundner Ruhegenußempfänger durch Tod abgeht.

Schließlich bittet der Rechtsschutzverein, seinen Vertretern zu gestatten, den Beratungen der deutsch-österreichischen Kommission beiwohnen zu dürfen, damit gegebenenfalls auftauchende Fragen, die einer Erklärung bedürfen, im kurzen Wege durch die sachkundigen Vertreter des Vereines aufgeklärt werden können. Der Rechtsschutzverein wird aus einer Bewilligung dieser seiner Bitte keine irgendwie gearteten Rechte ableiten. Er ist jedoch davon überzeugt, in echt demokratischem Geist zu handeln, wenn er zu einer vollen Befriedung und Befriedigung der heute noch vielfach stark geschmälerten Ansprüche seiner Mitglieder beiträgt.

Die Übernahme der Gmundner Versorgungsempfänger durch die Bundesrepublik Deutschland hätte aber auch für Österreich nicht unbeträchtliche Vorteile, wobei insbesondere angeführt wird:

1. Der österreichische Staat würde an Ruhegenüssen der Gmundner Versorgungsempfänger ca. 35 Mill. Schilling jährlich ersparen und diesen Betrag anderen sozialen Einrichtungen zuwenden.

2. Das noch bestehende Limit für den Beitrag Deutschlands und die damit verbundene finanzielle Unsicherheit für Österreich – allenfalls für die Gmundner Versorgungsempfänger noch höhere Beiträge aufwenden zu müssen – würde entfallen.

3. Die Übernahme der Gmundner Versorgungsempfänger durch die Bundesrepublik Deutschland würde wesentliche Ersparnisse in der österreichischen Verwaltung (Bundeskanzleramt, Bundesministerium für Finanzen, Zentralbesoldungsamt) mit sich bringen.

4. Die Devisenlage Österreichs würde aus der Versorgung der Gmundner Versorgungsempfänger durch die Bundesrepublik Deutschland einen nicht unbedeutenden stabilen Faktor erhalten.

5. Die Überprüfung der österreichischen Gebarung durch den Deutschen Rechnungshof würde entfallen. Dies scheint vom Standpunkt der Staatshoheit Österreichs gewiß bedeutsamer als der Umstand, daß österreichische Staatsbürger aus dem Ausland Versorgungsgenüsse beziehen, auf die sie einen Rechtsanspruch haben.

6. Den immer wiederkehrenden Angriffen aus verschiedenen Bevölkerungsschichten, daß für Fremde (die Gmundner Versorgungsempfänger als Neuösterreicher) österreichische Steuergelder verwendet werden, würde der Boden entzogen werden. Auch würde der Einwand aus österreichischen Beamtenkreisen, die Gmundner Versorgungsempfänger dürfen nicht besser gestellt sein als die österreichischen Kollegen, weitgehend entfallen.

7. Die Gleichstellung der Gmundner Versorgungsempfänger mit den nach Art. 131 GG. versorgten Personen

wäre für die österreichische Wirtschaft von nicht geringer Bedeutung. Dieser Personenkreis liegt noch immer wirtschaftlich sehr darnieder und würde erhöhte Einkünfte sofort in Verbrauchsgüter umsetzen. Auch das Wohnungsproblem für Angehörige dieses Personenkreises würde günstig beeinflußt werden.

Als effektiver Nachteil bleibt sohin lediglich der Entgang der bisher von Österreich eingehobenen Lohnsteuer übrig, der jedoch durch den höheren Eingang an Devisen mehr als wettgemacht würde.

Der Rechtsschutzverein aller ehemaligen öffentlichen Beamten, Angestellten und Pensionisten weist schließlich noch auf die tatsächliche Überalterung der Betroffenen hin. Diesen alten Heimatvertriebenen, die alles verloren haben und nicht mehr erwerben können, sollte der Lebensabend doch erleichtert werden. Daher sollte bei der endgültigen Entscheidung nicht zuletzt auch das Herz der Unterhändler mitsprechen. Der Rechtsschutzverein bittet, die vorangeführten Gründe bei den Vertretern der Bundesrepublik Deutschland entsprechend zu beleuchten, damit den berechtigten Wünschen der Gmundner Versorgungsempfänger entsprochen werde.

Der Rechtsschutzverein will keineswegs verabsäumen, allen berufenen öffentlichen Dienststellen für eine wohlwollende Vertretung der Wünsche und Bitten seiner Mitglieder, das heißt, der Gmundner Ruhegenußempfänger, seinen herzlichsten Dank auszusprechen.

Wien, am 20. Juni 1958.

BEILAGE 4

Traduction non officielle!
Keine offizielle Übersetzung!

9. Oktober 1993

Wiener Erklärung

Wir, Staats- und Regierungschefs der Mitgliedstaaten des Europarates, die wir zum ersten Mal in der Geschichte unserer Organisation anläßlich dieser Wiener Gipfelkonferenz versammelt sind, erklären feierlich das Folgende: Das Ende der Teilung Europas bietet uns eine historische Chance, den Frieden und die Stabilität auf diesem Kontinent zu festigen. Alle unsere Länder sind der pluralistischen und parlamentarischen Demokratie, der Unteilbarkeit und Universalität der Menschenrechte, dem Rechtsstaat und einem durch seine Vielfalt bereicherten gemeinsamen kulturellen Erbe verbunden. Dadurch kann Europa ein weiter Raum demokratischer Sicherheit werden.

Dieses Europa ist Träger einer immensen Hoffnung, die um keinen Preis durch territoriale Ambitionen, das Wiederaufleben aggressiver Nationalismen, das Fortbestehen von Einflußsphären, durch Intoleranz oder totalitäre Ideologien zerstört werden darf.

Wir verurteilen all diese Verirrungen. Sie stürzen Völker des ehemaligen Jugoslawiens in Haß und Krieg und bedrohen andere Regionen. Wir rufen die Entscheidungsträger dieser Völker auf, ihren Konflikten ein Ende zu setzen. Wir laden diese Völker ein, mit uns gemeinsam das neue Europa aufzubauen und zu festigen.

Wir sind uns bewußt, daß der Schutz der nationalen Minderheiten für die Stabilität und demokratische Sicherheit unseres Kontinents wesentlich ist.

177

Der Europarat ist die europäische politische Institution, die vorzüglich in der Lage ist, die Demokratien Europas, die sich von der kommunistischen Unterdrückung befreit haben, gleichberechtigt in ständige Strukturen aufzunehmen. Deshalb ist ihr Beitritt zum Europarat ein zentrales Element in der europäischen Konstruktion, die auf den Werten unserer Organisation fußt.

Der Beitritt setzt voraus, daß der antragstellende Staat seine Institutionen und seine Rechtsordnung in Übereinstimmung mit den grundlegenden Prinzipien der Demokratie, des Rechtsstaats und der Achtung der Menschenrechte gebracht hat. Die Volksvertreter müssen auf dem Wege freier, gleicher und allgemeiner Wahlen bestimmt werden. Die Garantie der Meinungsfreiheit, insbesondere der Medien, der Schutz der nationalen Minderheiten und die Achtung der Grundsätze des Völkerrechts müssen in unseren Augen entscheidende Kriterien bei der Beurteilung jeder Bewerbung bleiben. Die Verpflichtung, die Europäische Menschenrechtskonvention zu unterzeichnen und binnen kurzer Frist die Gesamtheit ihrer Kontrollbestimmungen anzuerkennen, ist gleichfalls wesentlich. Wir sind entschlossen, innerhalb des Europarates die uneingeschränkte Einhaltung der eingegangenen Verpflichtungen durch alle Mitgliedstaaten sicherzustellen.

Wir bekräftigen unseren Willen, die Integration der neuen Mitgliedstaaten zu fördern und die notwendigen Reformen der Organisation unter Beachtung der Vorschläge der Parlamentarischen Versammlung und der Anliegen der Gemeinden und Regionen, die für die demokratische Meinungsäußerung der Völker wesentlich sind, vorzunehmen.

Wir bekräftigen die Politik der Öffnung und der Zusammenarbeit gegenüber allen Ländern Zentral- und Osteuropas, die sich für die Demokratie entscheiden. Die vom Europarat erstellten Programme zur Unterstützung des demokratischen Übergangs müssen entwickelt und den Bedürfnissen der neuen Partner ständig angepaßt werden. Wir beabsichtigen, den Europarat voll in die Lage zu versetzen, auf diese Weise zur demokratischen Sicherheit beizutragen, die Herausforderungen der Gesellschaft des 21. Jahrhunderts anzunehmen, indem wir im Rechtsbereich die Werte, die unsere europäische Identität bestimmen, zum Ausdruck bringen und die Verbesserung der Lebensqualität fördern.

Diese Zielsetzungen erfordern eine stärkere Koordinierung der Arbeiten des Europarates mit jenen der anderen Institutionen, die am Aufbau eines demokratischen und sicheren Europa mitwirken, um dadurch den Forderungen nach Komplementarität und besserer Nutzung der Ressourcen zu entsprechen.

In dieser Hinsicht begrüßen wir die in erster Linie auf der Basis des Übereinkommens von 1987 etablierte Zusammenarbeit mit der Europäischen Gemeinschaft, vor allem die Entwicklung gemeinsamer Aktionen, insbesondere für die Länder Zentral- und Osteuropas. Wir sind der Meinung, daß eine solche Partnerschaft in immer unterschiedlicheren Tätigkeitsbereichen das spezifische und entwicklungsfähige institutionelle Verhältnis widerspiegelt, das den Beziehungen zwischen den beiden Institutionen eigen ist.

In der Absicht, die demokratische Sicherheit zu fördern, treten wir außerdem für eine Vertiefung der institutionellen Zusammenarbeit im Bereich der Menschenrechte zwischen dem Europarat und der KSZE ein. Nützlicherweise könnten mit der KSZE, einschließlich ihres Büros der demokratischen Institutionen und der Menschenrechte, sowie ihres Hochkommissärs für die nationalen Minderheiten, Abmachungen getroffen werden.

Wir sind entschlossen, uns voll des politischen Forums zu bedienen, welches das Ministerkomitee und die Parlamentarische Versammlung bieten, um gemäß den Zuständigkeiten und in Übereinstimmung mit dem Auftrag der Organisation die Stärkung der demokratischen Sicherheit in Europa zu fördern. Der politische Dialog innerhalb unserer Organisation wird einen wertvollen Beitrag zur Stabilität unseres Kontinents leisten. Dies wird uns besser gelingen, wenn wir in der Lage sind, diesen politischen Dialog mit allen europäischen Staaten aufzunehmen, die den Willen geäußert haben, die Grundsätze des Europarates zu achten.

Wir sind überzeugt, daß die Schaffung von angemessenen Rechtsstrukturen und die Ausbildung von Führungskräften unerläßliche Bedingungen für das Gelingen des wirtschaftlichen und politischen Übergangs in Zentral- und Osteuropa sind, und legen daher den größten Wert auf die Entwicklung und die Koordinierung von Hilfsprogrammen zu diesem Zweck, in Verbindung mit der Europäischen Gemeinschaft.

Die Schaffung eines von Toleranz und Wohlstand gekennzeichneten Europas hängt nicht allein von der Zusammenarbeit zwischen den Staaten ab. Es bedarf dazu ebenfalls einer grenzüberschreitenden Zusammenarbeit zwischen Gemeinden und Regionen, unter Achtung der Verfassung und der territorialen Integrität eines jeden Staates. Wir laden die Organisation ein, ihre Arbeit in diesem Bereich fortzusetzen und sie auf die Zusammenarbeit zwischen nicht benachbarten Regionen auszudehnen.

Wir sprechen die Überzeugung aus, daß die kulturelle Zusammenarbeit, für die der Europarat ein besonders geeignetes Instrument ist – durch Erziehung, Medien, kulturelle Aktion, Schutz und Aufwertung des kulturellen Erbes, Beteiligung der Jugendlichen – für den Zusammenhalt Europas unter Achtung seiner Vielfalt wesentlich ist. Unsere Regierungen verpflichten sich, die Prioritäten und Zielsetzungen des Europarates in ihrer bilateralen und multilateralen Zusammenarbeit zu berücksichtigen.

In der Absicht, zum Zusammenhalt unserer Gesellschaften beizutragen, betonen wir die Wichtigkeit der im Rahmen der Sozialcharta des Europarates und des Europäischen Kodex für soziale Sicherheit eingegangenen Verpflichtungen, um die Mitgliedsländer mit einem angemessenen sozialen Schutz auszustatten.

Wir anerkennen den Wert der im Rahmen des Europarates geleisteten Zusammenarbeit zum Schutz der natürlichen und zur Verbesserung der architektonischen Umwelt.

Wir werden die Bemühungen zur Erleichterung der Integration legaler Einwanderer sowie zur Verbesserung der Regelung und der Kontrolle der Wanderungsbewegungen unter Achtung der Bewegungsfreiheit innerhalb Europas fortsetzen. Daher laden wir die »Wiener Gruppe« ein, ihre Arbeiten fortzusetzen, um mit anderen zuständigen Gruppen zu einem globalen Lösungsansatz der durch die Migration hervorgerufenen Herausforderungen beizutragen.

Gestärkt durch unsere Freundschaft mit den Staaten, die außerhalb Europas dieselben Werte teilen, wollen wir mit ihnen unsere gemeinsamen Bestrebungen für den Frieden und die Demokratie ausbauen.

Des weiteren bekräftigen wir, daß die Vertiefung der Zusammenarbeit zur Berücksichtigung der neuen europäischen Gegebenheiten uns keinesfalls von unserer Verantwortung für die Nord/Süd-Interdependenz und -Solidarität ablenken darf.

In diesem Zusammenhang beschließen wir, Staats- und Regierungschefs der Mitgliedstaaten des Europarates:
- die Wirksamkeit der Europäischen Menschenrechtskonvention durch die Errichtung eines einzigen Gerichtshofes zur Kontrolle der eingegangenen Ver-

pflichtungen zu verbessern (siehe Beschluß in Anhang I)

– politische und rechtliche Verpflichtungen betreffend
  den Schutz der nationalen Minderheiten in Europa einzugehen und das Ministerkomitee zu beauftragen, die
  dafür geeigneten internationalen Rechtsinstrumente
  auszuarbeiten (siehe Beschluß in Anhang II)
– eine Politik zur Bekämpfung des Rassismus, des Fremdenhasses, des Antisemitismus und der Intoleranz zu
  verfolgen und zu diesem Zweck eine Erklärung sowie
  einen Aktionsplan zu verabschieden (siehe Beschluß
  in Anhang III)
– die Schaffung eines beratenden Organs, in dem sowohl
  die Gemeinden, als auch die Regionen Europas au-
  thentisch vertreten sind, grundsätzlich zu billigen
– den Europarat einzuladen, die Schaffung von Instru-
  menten zu prüfen, welche die Entwicklung von europäischen Partnerschaftsaktionen im Bereich der
  Kultur, unter Beteiligung der öffentlichen Hand und
  der Kräfte der Gesellschaft anregen
– das Ministerkomitee zu beauftragen, im Statut der Organisation die für ihre Arbeit erforderlichen Verbesserungen vorzunehmen und dabei auf die von der Parlamentarischen Versammlung vorgelegten Vorschläge
  Bedacht zu nehmen.

Anhang I

Reform des Kontrollmechanismus der Europäischen Menschenrechtskonvention

Wir, Staats- und Regierungschefs der Mitgliedstaaten des
Europarates haben hinsichtlich der Reform des Kontrollmechanismus der Europäischen Menschenrechtskonvention das Folgende beschlossen:

Mit der Europäischen Konvention zum Schutz der Menschenrechte und Grundfreiheiten, die vor 40 Jahren in Kraft getreten ist, hat der Europarat ein einzigartiges internationales System des Menschenrechtsschutzes geschaffen. Es zeichnet sich vor allem dadurch aus, daß die Vertragsstaaten die Verpflichtung eingehen, die in der Konvention niedergelegten Menschenrechte wirksam zu schützen und sich diesbezüglich einer internationalen Kontrolle zu unterwerfen. Diese Aufgabe nehmen bisher die Europäische Kommission für Menschenrechte und der Europäische Gerichtshof für Menschenrechte wahr.

Seit dem Inkrafttreten der Konvention im Jahr 1953 hat sich die Zahl der Vertragsstaaten der Konvention fast verdreifacht, weitere Staaten werden ihr nach Aufnahme in den Europarat beitreten. Wir sind der Auffassung, daß es sehr dringend ist, den bisherigen Kontrollmechanismus an diese Entwicklung anzupassen, um auch künftig einen wirkungsvollen internationalen Schutz der Menschenrechte aufrecht erhalten zu können. Ziel dieser Reform ist es, die Effizienz der Schutzmöglichkeiten zu stärken, die Verfahrensdauer zu verkürzen und das gegenwärtige hohe Niveau des Menschenrechtsschutzes auch weiterhin zu halten.

Zu diesem Zweck haben wir beschlossen, als Bestandteil der Konvention, einen einzigen Europäischen Gerichtshof für Menschenrechte zu errichten, der an die Stelle der bisherigen Kontrollorgane treten wird.

Wir beauftragen das Ministerkomitee des Europarates, den Entwurf eines Änderungsprotokolles zur Europäischen Konvention zum Schutze der Menschenrechte und Grundfreiheiten, zu dem bereits wesentliche Fortschritte erzielt worden sind, mit dem Ziel zum Abschluß zu bringen, daß ein Text verabschiedet und bei dem Treffen auf Ministerebene im Mai 1994 zur Zeichnung aufgelegt werden kann. Wir werden danach eine möglichst baldige Ratifikation dieses Protokolls sicherstellen.

Anhang II

Die nationalen Minderheiten

Wir, Staats- und Regierungschefs der Mitgliedstaaten des Europarates haben hinsichtlich des Schutzes nationaler Minderheiten das Folgende beschlossen:

1. Die durch die Umwälzungen der Geschichte in Europa entstandenen nationalen Minderheiten müssen geschützt und geachtet werden, um dadurch zu Frieden und Stabilität beizutragen.
2. In dem Europa, das wir bauen möchten, müssen wir auf die folgende Herausforderung eine Antwort finden: Sicherung des Schutzes der Rechte der Angehörigen nationaler Minderheiten im Rahmen eines Rechtstaates unter Beachtung der territorialen Integrität und der nationalen Souveränität der Staaten. Unter dieser Bedingung werden diese Minderheiten einen wertvollen Beitrag zum Leben unserer Gesellschaften leisten.
3. Die Schaffung eines Klimas der Toleranz und des Dialoges ist für die Beteiligung aller am politischen Leben notwendig. In dieser Hinsicht müssen die Gemeinden und Regionen einen wichtigen Beitrag leisten.
4. Mit ihren Aktionen müssen die Staaten die Achtung der Grundsätze, die für unsere gemeinsame europäische Tradition wesentlich sind, sicherstellen: Gleichheit vor dem Gesetz, Nichtdiskriminierung, Chancengleichheit, Vereinigungs- und Versammlungsfreiheit sowie aktives Mitwirken am öffentlichen Leben.
6. Die Staaten sollten Bedingungen schaffen, die es den Angehörigen nationaler Minderheiten ermöglichen, ihre Kultur, unter gleichzeitiger Beibehaltung ihrer Religion, Tradition und Bräuche, weiterzuentwickeln. Diese Personen müssen im privaten wie im öffentlichen Bereich ihre Sprache sprechen können und dies sollte ihnen unter ge-

wissen Bedingungen auch bei ihren Kontakten mit den öffentlichen Behörden möglich sein.

6. Wir betonen die Bedeutung, die bilaterale Abkommen zwischen Staaten zum Schutz betroffener nationaler Minderheiten für die Stabilität und den Frieden in Europa haben können.

7. Wir bekräftigen unsere Entschlossenheit, die in den Kopenhagener und anderen KSZE-Dokumenten enthaltenen Verpflichtungen zum Schutz nationaler Minderheiten voll zu entwickeln.

8. Wir sind der Meinung, daß sich der Europarat darum bemühen muß, diese politischen Verpflichtungen so weitgehend wie nur möglich in rechtliche Verpflichtungen umzusetzen.

9. In Anbetracht seiner grundlegenden Berufung ist der Europarat in ganz besonderer Weise geeignet, zur Lösung der Probleme nationaler Minderheiten beizutragen. In diesem Zusammenhang beabsichtigen wir, die bereits enge Zusammenarbeit zwischen dem Europarat und dem Hochkommissär der KSZE für nationale Minderheiten fortzusetzen.

Somit beschließen wir, das Ministerkomitee zu beauftragen:

- vertrauensbildende Maßnahmen auszuarbeiten, die geeignet sind, Toleranz und Verständnis zwischen den Völkern zu vertiefen

- jede angeforderte Hilfe für die Verhandlung und Durchführung von Verträgen über Belange nationaler Minderheiten sowie von Abkommen über grenzüberschreitende Zusammenarbeit zu leisten;

- kurzfristig ein Rahmenabkommen auszuarbeiten, das die Prinzipien genau formuliert, zu deren Einhaltung sich die Vertragsstaaten zum Schutz nationaler Minderheiten verpflichten. Dieses Übereinkommen stünde auch für Nichtmitgliedstaaten zur Unterzeichnung offen;

– die Arbeit an der Redaktion eines Protokolls aufzunehmen, das die Europäische Menschenrechtskonvention im kulturellen Bereich durch Bestimmungen ergänzt, die individuelle Rechte, besonders für Angehörige nationaler Minderheiten, gewährleisten.

Anhang III

Erklärung und Aktionsplan zur Bekämpfung
von Rassismus, Fremdenfeindlichkeit, Antisemitismus
und Intoleranz

Wir, Staats- und Regierungschefs der Mitgliedstaaten des
Europarates
Sind der Überzeugung, daß die Vielfalt der Traditionen
und Kulturen seit Jahrhunderten zu den Reichtümern Europas zählt und daß der Grundsatz der Toleranz der Ga-
rant für die Aufrechterhaltung einer offenen Gesellschaft
in Europa ist, welche die kulturelle Vielfalt achtet, der
wir verbunden sind;
Sind überzeugt, daß die Verwirklichung einer demokratischen und pluralistischen, die Gleichheit der Würde aller
Menschen achtenden Gesellschaft eines der Hauptziele
der europäischen Konstruktion bleibt;
Sind alarmiert durch das gegenwärtige Wiederaufleben
von Rassismus, Fremdenfeindlichkeit und Antisemitismus, der Ausbreitung eines Klimas der Intoleranz, der
Zunahme von Gewaltakten insbesondere an Migranten
und Personen, die von Einwanderern abstammen, sowie
durch erniedrigende Behandlung und damit verbundene
diskriminierende Praktiken;
Sind gleichermaßen alarmiert durch das Wiederaufleben
aggressiver Nationalismen und Ethnozentrismen, die
neue Erscheinungsformen des Fremdenhasses darstellen;
Sind beunruhigt über die Verschlechterung der Wirt-

schaftslage, die den Zusammenhalt der europäischen Gesellschaften dadurch bedroht, daß sie Formen der Ausgrenzung schafft, die geeignet sind, soziale Spannungen
und Fremdenfeindlichkeit zu begünstigen;
Sind überzeugt, daß diese Erscheinungsformen der Into-
leranz die demokratischen Gesellschaften und deren
Grundwerte gefährden und die Grundfesten der Europäischen Konstruktion untergraben;
Bekräftigen die Erklärung des Ministerkomitees vom 14.
Mai 1981, worin dieses bereits sämtliche Formen der Intoleranz samt den daraus hervorgehenden Gewaltakten
mit Nachdruck verurteilt hat;
Bekräftigen wiederum die Werte der Solidarität, die allen
Mitgliedern der Gesellschaft bewußt sein müssen, um
Marginalisierung und sozialen Ausschuß abzubauen;
Wir sind überdies der Überzeugung, daß die Zukunft Europas von den Einzelnen wie von den Gruppen über Toleranz hinaus den Willen fordert, zusammen zu handeln
wozu sie ihre verschiedenen Beiträge gemeinsam ein-
bringen.

– Verurteilen aufs schärfste Rassismus in allen seinen
  Formen, Fremdenfeindlichkeit, Antisemitismus sowie
  die Intoleranz und alle Formen religiöser Diskrimini-
  rung;
– Ermutigen die Mitgliedstaaten, die bereits unternom-
  menen Anstrengungen zur Beseitigung dieser Phänomene fortzusetzen, und verpflichten sich, die nationalen Gesetze und die internationalen Vertragswerke
  zu verstärken und auf nationaler wie auf europäischer
  Ebene geeignete Maßnahmen zu ergreifen;
– Verpflichten sich, gegen alle zu Rassenhaß, Gewalt
  und Diskriminierung verleitenden Ideologien, politische Richtungen und Praktiken sowie gegen jede
  Handlungsweise oder jeden Sprachgebrauch vorzuge-
  hen, die zur Verstärkung der Ängste und Spannungen

zwischen rassisch, ethnisch, national, religiös oder gesellschaftlich unterschiedlichen Gruppen geeignet sind;

– Rufen die europäischen Völker, Gruppen, Bürger und vor allem die Jugend aufs dringendste auf, sich entschieden im Kampf gegen alle Formen der Intoleranz zu engagieren und sich aktiv am Aufbau einer europäischen Gesellschaft zu beteiligen, die auf gemeinsamen Werten, charakterisiert durch Demokratie, Toleranz und Solidarität, gegründet ist.

Zu diesem Zweck beauftragen wir das Ministerkomitee, so rasch wie möglich den nachfolgenden Aktionsplan zu entwickeln und umzusetzen sowie die nötigen finanziellen Mittel aufzubringen.

Aktionsplan

1. Ingangsetzen einer breit angelegten europäischen Jugendkampagne, um die Öffentlichkeit zugunsten einer toleranten Gesellschaft, die auf der Gleichheit der Würde aller ihrer Mitglieder begründet ist und gegen alle Erscheinungsformen von Rassismus, Fremdenhaß, Antisemitismus und Intoleranz zu mobilisieren.
Diese durch den Europarat in Zusammenarbeit mit den europäischen Jugendorganisationen koordinierte Kampagne wird durch die Gründung nationaler Komitees neben ihrer europäischen auch eine nationale und lokale Dimension aufweisen.
Insbesondere wird sie darauf abzielen, Pilotprojekte unter Beteiligung aller Teile der Gesellschaft anzuregen.

2. Aufforderung an die Mitgliedstaaten, die Garantien gegen alle Formen von Diskriminierung zu verstärken, die auf Rasse, nationalen oder ethnischen Ursprungs oder auf Religion begründet ist und zu diesem Zweck:

- unverzüglich ihre Gesetze und Vorschriften zu über-
prüfen, um die Bestimmungen daraus zu entfernen, die
geeignet sind, eine auf einem dieser Motive beruhende
Diskriminierung zu bewirken oder Vorurteile zu
schüren;
- die tatsächliche Umsetzung der Gesetzgebung gegen
Rassismus und Diskriminierung zu sichern;
- Präventivmaßnahmen zur Bekämpfung von Rassismus, Fremdenfeindlichkeit, Antisemitismus und Intoleranz zu verstärken und durchzuführen unter besonderer Beachtung von Maßnahmen, die auf das ver-
stärkte Bewußtwerden dieser Phänomene und auf
Vertrauensbildung abzielen.

3. Ein Komitee von Regierungsexperten mit folgendem
Mandat zu schaffen:
- die Gesetzgebung und sonstige Maßnahmen der Mitgliedstaaten zur Bekämpfung von Rassismus, Fremdenfeindlichkeit, Antisemitismus und Intoleranz sowie deren Wirksamkeit zu prüfen;
- weitere Maßnahmen auf lokaler, nationaler und europäischer Ebene vorzuschlagen;
- allgemeine politische Empfehlungen an Mitgliedsstaa-
ten zu formulieren;
- diesbezügliche internationale Rechtsinstrumente im
Hinblick auf ihre allfällige Verstärkung zu untersuchen.
Weitere Modalitäten der Arbeitsweise dieses neuen Mechanismus sollten vom Ministerkomitee beschlossen
werden.

4. Stärkung des gegenseitigen Verständnisses und des
Vertrauens zwischen den Völkern durch die Kooperati-
ons- und Hilfsprogramme des Europarates. Die Arbeit
auf diesem Gebiet sollte insbesondere umfassen:
- Untersuchung der tiefsitzenden Ursachen der Intole-

ranz und der möglichen Gegenmittel, insbesondere durch die Organisation eines Seminars und die Unterstützung von Forschungsprogrammen;
- Förderung von Erziehungsprogrammen im Bereich der Menschenrechte und der Achtung kultureller Vielfalt;
- Ausbau von Programmen, zur Beseitigung von Vorurteilen im Geschichtsunterricht durch das Betonen wechselseitiger positiver Einflüsse zwischen den verschiedenen Ländern, Religionen und Ideen im Lauf der geschichtlichen Entwicklung Europas;
- Ermutigung zur grenzenüberschreitenden Zusammenarbeit zwischen Gemeinden, zur Vertrauensstärkung;
- Intensivierung der Zusammenarbeit auf dem Gebiet der Beziehungen zwischen den Gemeinschaften und Chancengleichheit;
- Ausarbeitung einer Politik zur Bekämpfung von sozialem Ausschluß und extremer Armut.

5. Aufforderung an die Medienmitarbeiter über Akte des Rassismus und Intoleranz tatsachengetreu sowie verantwortungsbewußt zu berichten und sie so zu kommentieren sowie berufsethische Grundsätze zu entwickeln, die diese Forderungen wiederspiegeln.
Bei der Ausführung dieses Plans, wird der Europarat die Arbeit der UNESCO auf dem Gebiet der Toleranz, insbesondere ihre Vorbereitungen für das »Jahr der Toleranz« im Jahr 1995, angemessen in Betracht ziehen.
Ein erster Bericht über die Ausführung dieses Aktionsplans wird dem Ministerkomitee bei seiner 94. Tagung im Mai 1994 vorgelegt werden.

Bibliographie

Zeitschriften

1. Zeitschriften zum deutsch-tschechischen Problem

Beiträge des Witico Bundes zu Fragen der Zeit, Tübingen
Forum für Kultur und Politik, herausgegeben von Odo Ratza,
Kulturstiftung der deutschen Vertriebenen, Bonn
Mitteilungen der Klemens-Gemeinde, herausgegeben von Gerhard Freissler, St. Agatha/Niederösterreich
Mitteilungsblatt der Ackermann-Gemeinde, München
Schriften der Kulturstiftung der Deutschen Vertriebenen, Bonn
1993–1994
Sudetendeutsche Zeitung, München
Sudetendeutsches Archiv, München
Sudetenland, München
Sudetenpost, Linz-Wien
Übelacker Horst Rudolf, Aufsatzreihe in: Veröffentlichungen
der Stiftung Kulturkreis 2000, Reihe Forum, München

2. Zeitschriften, die sich teilweise mit Fragen der Tschechischen Republik bzw. des tschechischen Volkes beschäftigen

Bohemia, Zeitschrift für Geschichte und Kultur der böhmischen
Länder, München
Deutscher Ostdienst (DOD), München
Der Donauraum, Wien
Eckartbote, Wien
Europa der Völker. Zeitschrift für Volkstumsfragen Europas,
herausgegeben von Dr. Beno Artner bzw. vom Freundeskreis
Südtirol, Lieboch
Europa Ethnica, Wien
Europa vincet, Bratislawa

191

Katolski Posol. Katholische Zeitschrift der Sorben, Bautzen/
Buáyšin
Istina. Katholišeski Vestnik, Moskau
Königsteiner Jahrbuch, Königstein/Ts.
Kulturpolitische Korrespondenz (KK), München
Mitteilungen des Instituts für Österreichische Geschichtsfor-
schung, Wien
Schriftenreihe der Bundeszentrale für politische Bildung, Bonn
Organ des Sorbenvereines Domowina in Bautzen/Budyšin
Serbske Nowiny, Budyšin/Bautzen
Slovak Studies, Preßburg/Bratislawa
Stimme von und für Minderheiten, herausgegeben von der In-
itiative Minderheitenjahr 1994 (Bürgerinitiative demokrati-
sches Leben), Innsbruck
Südost-Forschungen. Internationale Zeitschrift für Geschichte,
Kultur und Landeskunde Südosteuropas, München/Wien
Südosteuropa, Zeitschrift für Gegenwartsforschung, München
Ustav Dejin Kresdansdva na Slovenku, Bratislava/Preßburg
Wiener Beiträge zur Geschichte der Neuzeit, Wien

Literatur

Armbruster, Hubert/Klein, Friedrich/Münch, Fritz/Veiter,
Theodor, Die völkerrechtliche Bedeutung des Münchner Ab-
kommen, Kissingen/Esslingen/Bonn 1963
Armbruster, Hubert/Klein, Friedrich/Münch, Fritz/Veiter,
Theodor, Völkerrechtswissenschaftliches Gutachten zur
Gültigkeit des Münchner Abkommens, München 1966
Banger, Andreas, Ausgrenzung der Sudetendeutschen, Besuch
des tschechischen Außenministers Josef Zieleniec in Bonn
mit Ablehnung von Verhandlungen der tschechischen Re-
gierung mit der Sudetendeutschen Landsmannschaft, in:
DOD, Bonn 3.12.1993
Becher, Walter, Europa und die Deutsche Nation, München
1971
Becher, Walter, Zeitzeuge. Ein Lebensbericht, München 1990
Bekir Balta, Tahsin/Ermacora, Felix/Kano, Toru/Rao, T.S. Ra-
ma, Die Frage der völkerrechtlichen Gültigkeit des Münchner Abkommens, München 1967

Binder, Harthmut (Hrsg.), Franz Kafka und die Prager-deutsche Literatur. Deutungen und Wirkungen, Bonn 1988

Binder, Harthmut (Hrsg.), Prager Profile, vergessene Autoren im Schatten Kafkas, Berlin 1991

Biographisches Lexikon zur Geschichte der böhmischen Länder, Band 1, München 1974/76

Birke, E., Der Erste Weltkrieg und die Gründung der Tschechoslowakei 1914–1919, in: Handbuch der Geschichte der böhmischen Länder III »Die böhmischen Länder im Habsburger Reich 1848–1919«, Stuttgart 1968

Bittner, Karl, Deutsche und Tschechen. Zur Geschichte des böhmischen Raumes, Brünn 1926

Blumenwitz, Dieter, Der Prager Vertrag, Bonn 1985

Blumenwitz, Dieter/Mangoldt, Hans von, Menschenrechtsverpflichtungen und ihre Verwirklichung im Alltag: Auswirkungen für die Deutschen, Köln 1990

Blumenwitz, Dieter, Minderheiten- und Volksgruppenrecht. Aktuelle Entwicklung, Bonn 1992

Blumenwitz, Dieter/Mangoldt, Hans von, Fortentwicklung des Minderheitenschutzes und der Volksgruppenrechte in Europa, Köln 1992

Blumenwitz, Dieter, Die Beneš-Dekrete aus dem Jahre 1945 unter dem Gesichtspunkt des Völkerrechts, in: »Forum für Kultur und Politik«, herausgegeben von Odo Ratza, Bonn 1993

Bös, Oskar, Die Sudetendeutschen – die Volksgruppe im Herzen Europas, München 1989

Böttcher, Hans Viktor/Dahm, Christoph, Materialien zu Deutschlandfragen, Bonn 1992

Böttcher, Hans-Viktor/Dahm, Christof, Materialien zu Deutschlandfragen – Politiker und Wissenschaftler nehmen Stellung. Die deutschen Nachbarschaftsverträge 1991–1992, Bonn 1993

Bohmann, Alfred, Das Sudetendeutschtum in Zahlen, München 1959

Bohmann, Alfred, Das Sudetendeutschtum in Zahlen, München 1969

Bohmann, Alfred, Menschen und Grenzen, Band IV, Bevölkerung und Nationalitäten in der Tschechoslowakei, Köln 1975

Bosl, Karl, Handbuch der Geschichte im Zeitalter der modernen Massendemokratie und Diktatur, München 1962

Bosl, Karl/Aschenbrenner, Viktor, Nürnberg–Böhmen–Prag;
Blütezeiten der Kultur in Böhmen, Mähren und Schlesien,
München 1964

Bosl, Karl, Böhmen und seine Nachbarn, München 1976

Brand, Walter, Auf verlorenem Posten, München 1985

Brehm-Loebel, Bruno-Hansgeorg (Hrsg.), Heimat Sudetenland
– unvergessene Heimat, München 1951

Brousek, Karl M., Wien und seine Tschechen, Integration und
Assimilation einer Minderheit im 20. Jahrhundert, Wien 1980

Burian, Peter, Die Nationalitäten in Cisleithanien und das
Wahlrecht der März-Revolution 1848/49, Graz 1962

Charmatz, Richard, Österreichs innere Geschichte von 1848–
1895, 2 Bände, 3. Auflage, Leipzig/Berlin 1918

Charmatz, Richard, Österreich als Völkerstaat, Wien/Leipzig
1918

Cohen, G., The Politics of Ethnic Survival of Germans in
Prague 1861–1914, Princeton 1981

Czaja, Herbert, Unsere sittliche Pflicht, Leben für Deutschland,
München 1993

Dahm, Christoph, Die Verständigung der deutschen Vertriebenen mit den östlichen Nachbarn, Bonn 1992

Decker, Günther, Das Selbstbestimmungsrecht der Nationen,
München 1955

Dietl, Werner, Die deutsche christlichsoziale Volkspartei in der
Ersten Tschechoslowakischen Republik (1918/1929), München 1991

Diwald, Hellmut, Mut zur Geschichte, Mut zur Wahrheit, Gie-
ßen 1979

Dokumente zur Sudetenfrage, München 1984

Dokumente zur Vertreibung der Sudetendeutschen, München
1992

Dubček, Alexander, Leben für die Freiheit, München 1993

Eibicht, Rolf-Josef (Hrsg.), Deutschland, Sudetenland und das
»Münchner Abkommen« – in gesamtdeutscher Sicht, München 1991

Eibicht, Rolf-Josef, Die Tschechoslowakei – das Ende einer
Fehlkonstruktion, München 1993

Eibicht, Rolf-Josef (Hrsg.), Die Sudetendeutschen und ihre
Heimat. Erbe–Auftrag–Ziel. Zur Diskussion um Rückkehr
und Wiedergutmachung, München 1993

Eibicht, Rolf-Josef/Böse, Oskar, Die Sudetendeutschen, eine Volksgruppe im Herzen Europas, München 1993

Epstein, Leo, Das Sprachenrecht der Tschechoslowakischen Republik, Reichenberg 1927

Ermacora, Felix, Menschenrechte in der sich wandelnden Welt, Band 1, Wien 1974

Ermacora, Felix, Die sudetendeutschen Fragen, Rechtsgutachten zum damals erst im Entwurf vorliegenden Vertrag zwischen der BRD und der Tschechischen und Slowakischen föderativen Republik über gute Nachbarschaft und freundschaftliche Zusammenarbeit, München 1992

Ermacora, Felix, Nowak, Manfred, Tretter, Hannes, International Human Rights, Documents and Introductory Notes, herausgegeben vom Ludwig Boltzmann Institute of Human Rights, Vienna 1993

Fiedler, Wilfried (Hrsg.), Internationaler Kulturgüterschutz und deutsche Frage. Völkerrechtliche Probleme der Auswanderung, Zerstreuung und Rückführung deutscher Kulturgüter nach dem Zweiten Weltkrieg, Berlin 1991

Fischel, Alfred, Das österreichische Sprachenrecht, 2. Auflage, Brünn 1910

Franzel, Emil, Sudetendeutsche Geschichte, München 1954

Franzel, Emil, Die Sudetenfrage 1918–1938–1968, München 1968

Franzel, Emil, Das böhmische Feuer, Augsburg 1969

Franzel, Emil, Gegen den Wind gesprochen, München 1983

Franzel, Emil, Die Vertreibung, Sudetenland 1945–1946, München 1983

Gigold, Heinrich, Tschechen und Deutsche. Die Geschichte einer Nachbarschaft, Hof 1993

Glassl, Horst, Der mährische Ausgleich, München 1967

Glettler, Monika, Die Wiener Tschechen um 1900, München 1972

Glettler, Monika, Pittsburgh–Wien–Budapest. Programm und Praxis der Nationalitätenpolitik der Auswanderung der ungarischen Slowaken nach Amerika um 1900, Wien 1980

Gogolak, Ludwig von, Beiträge zur Geschichte des slowakischen Volkes, I. Die Nationswerdung der Slowaken und die Anfänge der Tschechoslowakischen Frage 1526–1790, München 1963

Gogolak, Ludwig von, Beiträge zur Geschichte des slowakischen Volkes, II. Die slowakische nationale Frage in der Reformepoche Ungarns 1790–1848, München 1969

Gogolak, Ludwig von, Beiträge zur Geschichte des slowakischen Volkes, III. Zwischen zwei Revolutionen 1848–1919, München 1972

Goldmann, Rüdiger, Von der Böhmerwald-Bewegung zur Sudetendeutschen Jungenschaft, in:»Deutsche Jugendbewegung in Europa«, Köln 1963

Golombeck, Oskar/Veiter, Theodor, Das Recht auf die Heimat als völkerrechtlicher Tatstand, in:»Die katholische Kirche und die Völkervertreibung«, Köln 1967

Gornig, Gilbert, Staatennachfolge und die Einigung Deutschlands II, Staatsvermögen und Staatsschulden, Berlin 1992

Habel, Fritz Peter, Dokumente zur Sudetenfrage, 4. Auflage, München 1984

Habel, Fritz Peter, Die Sudetendeutschen, Studienbuchreihe der Stiftung Ostdeutscher Kulturrat, Band 1, München 1992

Habel, Fritz Peter/Kistler, Helmuth, Deutsche und Tschechen 1948–1948, München 1985

Hacker, Jens, Deutschland und die gesamteuropäische Friedensordnung, Bonn 1993

Hayek, H. J., T. G. Masaryk Revisited: a critical assessment, New York 1983

Hemmerle, Rudolf, Heimat Nordböhmen, München

Héraud, Guy, Minoritäten und ethnische Gruppen in der europäischen Geschichte bis 1939. Selbstbestimmungsrecht der Völker und Schutz der Minoritäten, in: Peter Pernthaler (Hrsg.), Volksgruppenrecht. Ein Beitrag zur Friedenssicherung, München 1980

Héraud, Guy und andere Mitarbeiter, Grundlagen für ein revolutionäres Minderheitenrecht. – Europa der Regionen, Graz 1993

Herbst, Eduart, Zur Sprachen- und Nationalitätenfrage in Böhmen. Von einem deutsch-böhmischen Abgeordneten, Wien 1883

Herrmann von Herrnritt, Rudolf, Nationalität und Recht, Wien 1899

Herrmann von Herrnritt, Rudolf, Die Ausgestaltung des österreichischen Nationalitätenrechtes durch den Ausgleich in Mähren und in der Bukowina, Wien 1914

Heuberger, Valeria/Kolar, Othmar/Suppan, Arnold/Vyslonzil, Elisabeth, Nationen, Nationalitäten, Minderheiten. Probleme des Nationalismus in Jugoslawien, Ungarn, Rumänien, der Tschechoslowakei, Bulgarien, Polen, der Ukraine, Italien und Österreich 1945–1990, Wien 1994

Hilf, Rudolf, Deutsche und Tschechen, in: »Aktuelle Außenpolitik«, 2. Auflage, Bonn 1986

Hillgruber, Christian/Jestaed, Matthias, Die europäische Menschenrechtskonvention und der Schutz nationaler Minderheiten, Bonn 1993

Hoensch, Jörg K., Geschichte Böhmens von der slawischen Landnahme bis ins 20. Jahrhundert, München 1987

Hoffmann, R. J., T. G. Masaryk und die tschechische Frage, München 1988

Horak, Stephan M. (Hrsg.), Eastern European National Minorities Handbook, Littletown 1985

Hornung, Maria und Herwig, Deutsche Sprachinseln aus Altösterreich, 2. Ausgabe, Wien 1986

Hroch, Miroslaw, Die Vorkämpfer der nationalen Bewegung bei den kleinen Völkern Europas, Praha/Prag 1968

Hudak, Adalbert, Slowaken und Tschechen, München 1969

Hummelberger, Walter, Die Wiener Tschechen und der Anschluß, in: Forschungen und Beiträge zur Wiener Stadtgeschichte, Band 2, Wien 1938/1978

Jaksch, Wenzel, Europas Weg nach Potsdam. Schuld und Schicksal im Donauraum, Stuttgart 1958

Kaindl, Friedrich, Der Völkerkampf und Sprachenstreit in Böhmen im Spiegel der zeitgenössischen Quellen, Wien/Leipzig 1927

Kann, Robert A., Das Deutsche Reich und die Habsburger Monarchie 1871–1918, in: Robert A. Kann/Friedrich Prinz (Hrsg.), Deutschland und Österreich, ein bilaterales Geschichtsbuch, Wien/München 1980

Kimminich, Otto, Der Beitrag der Sudetendeutschen zum internationalen Volksgruppenrecht, München 1978

Kimminich, Otto, Die Sudetendeutsche Volksgruppe – ihr Name und ihr Selbstverständnis, München 1981

Kimminich, Otto/Raschhofer, Hermann, Die Sudetenfrage und ihre völkerrechtliche Entwicklung vom Ersten Weltkrieg bis zur Gegenwart, 2. Auflage, München 1988

197

Kimminich, Otto, Das Recht auf die Heimat, Bonn 1989

Kimminich, Otto, Das Recht auf die Heimat, 3. Auflage, Bonn 1989

Kimminich, Otto, Die Menschenrechte in den Friedensregelungen nach dem Zweiten Weltkrieg. Schutz der Menschenrechte im geteilten und wiedervereinigten Deutschland, Berlin 1990

Klein, Friedrich/Veiter, Theodor, Die Menschenrechte. Entwicklung–Stand–Zukunft, Wien 1966

Klepetař, Harry, Der Sprachenkampf in den Sudetenländern, Prag/Warnsdorf/Wien 1930

Koch, Klaus/Suppan, Arnold, Außenpolitische Dokumente der Republik Österreich 1918–1938 (ADÖ), Band I, Selbstbestimmung der Republik 21.10.1918 bis 14.3.1919. Band II, Im Schatten von Saint-Germain 15.3.1919 bis 10.9.1919, Wien 1993

Kosiek, Rolf, Jenseits der Grenzen. Tausend Jahre Volks- und Auslandsdeutsche, München 1991

Koucky, Jan/Hendrechova, Jana, Higher Education and Research in the Czech Republic: Major Chances Since 1989, Prag 1994

Kren, J./Kural, V./Brandes, D., Integration oder Ausgrenzung: Deutsche und Tschechen 1890–1945, Bremen 1986

Krolop, Kurt, Prag, in: Emil Brix und Allan Janik (Hrsg.), Kreatives Milieu. Wien um 1900, Wien/München 1993

Kuhn, Heinrich, Handbuch der Tschechoslowakei, München 1968

Langhans, Daniel, Der Reichsbund der deutschen katholischen Jugend in der Tschechoslowakei 1918–1938, Bonn 1990

Laun, Rudolf, Das Recht auf die Heimat, Innsbruck 1959

Luža, Radomir, The Transfer of the Sudetengermans. A Study of Czech-German relations 1933–1962, Wien 1964

Madeyski von Poray, Stanislaus, Die Nationalitätenfragen in Österreich und ihre Lösung, Wien/Prag 1899

Maier, Erich, 40 Jahre Sudetendeutscher Rechtskampf, München 1983

Malenovsky, Jiři, Der Status nationaler Gruppen in der ČSFR, in: Felix Ermacora, Hannes Tretter und Alexander Pelzl

198

(Hrsg.), Volksgruppen im Spannungsfeld von Recht und Souveränität in Mittel- und Osteuropa, Wien 1993

Mamy-Luza, S., Geschichte der Tschechoslowakischen Republik 1918–1948, Böhlau 1980

Masaryk, Thomas, Palackýs Idee des böhmischen Volkes, Prag 1899

Matal, Karl, Die Wiener Tschechen 1918–1978, in: Ernö Deák (Hrsg.), Die Volksgruppen in Österreich in integratio, Wien 1979

Mende, Erich, Von Wende zu Wende 1962–1982, München 1983

Meissner, Boris/Veiter Theodor, Das Potsdamer Abkommen und die Deutschlandfrage, II. Teil: Berliner Deklaration und Sonderfragen, Wien 1987

Meissner, Boris/Veiter, Theodor (Hrsg.), Das Potsdamer Abkommen und die Deutschlandfrage, Berlin 1987

Merkel, Hans, 50 Jahre Münchner Abkommen, München 1986

Merkel, Hans, 50 Jahre Münchner Abkommen, Passau 1988

Mlynar, Zdenek, Das Ende des Pragers Frühlings, Königstein/Ts. 1988

Molisch, Paul, Zur Geschichte der Badenischen Sprachenverordnungen vom 5. und 22. April 1897, Wien 1923

Molisch, Paul, Vom Kampf der Tschechen um ihren Staat, Wien/Leipzig 1929

Mommsen, Hans, Die Sozialdemokratie und die Nationalitätenfragen im habsburgischen Vielvölkerstaat, Wien 1963

Müller, Uwe, Die deutsche Volksgruppe in der Tschechoslowakei, Chancen und Perspektiven, in: »Forum für Kultur und Politik«, Heft 6, herausgegeben von Odo Ratza, Bonn 1993

Nawratil, Heinz, Die Vertreibung der Deutschen – unbewältigte Vergangenheit Europas, in: Kulturelle Arbeitshefte Nr. 29, 2. Auflage, Bonn 1993

Neudorfl, Marie L., Czech History, Modern Nation-Building and Tomás G. Masaryk (1850–1937), in: Canadian Review of Studies in Nationalism 1–2, 1993

Nitsch, Rolf, Heimat Westböhmen (Egerland), München

Nittner, Ernst, Die sudetendeutsche Volksgruppe nach der Vertreibung 1946–1986, in: 1000 Jahre deutsch-tschechische Nachbarschaft in den böhmischen Ländern, München 1988

Pernthaler, Peter, Land, Volk und Heimat als Kategorien des

österreichischen Verfassungsrechts, in: Schriftenreihe des Instituts für Föderalismusforschung, Band XXVII, Innsbruck

Pleticha, Heinrich, Unvergeßliches Prag. Die goldene Stadt in Geschichte und Gegenwart, München 1992

Pleticha Heinrich/Müller, Wolfgang, Böhmen und Mähren, München 1990

Pluhar, Josef, Češi a Slováci doma a za Hranicemi (Tschechen und Slowaken zu Hause und jenseits der Grenzen), Praha/Prag 1935

Posselt, Martin, Die Pflege von Gedenkstätten und Friedhöfe in der Heimat, in: Kulturbrief der Sudetendeutschen Landsmannschaft, Folge 11, München 1992

Pranka, Rainer, London und Prag, München 1981

Prinz, Friedrich, Geschichte Böhmens, München 1988

Rabl, Kurt, Das Ringen um das sudetendeutsche Selbstbestimmungsrecht 1918/19, München 1958

Rabl, Kurt (Hrsg.), Studien und Gespräche über Heimat und Heimatrecht, 5 Bände, 1960

Rádl, Emanuel, Der Kampf zwischen Tschechen und Deutschen, Reichenberg 1928

Raschhofer, Hermann, Die Sudetenfrage, ihre völkerrechtliche Entwicklung vom Ersten Weltkrieg bis zur Gegenwart, München 1953

Raschhofer, Hermann, Völkerbund und Münchner Abkommen, München 1976

Raschhofer, Hermann/Kimminich, Otto, Die Sudetenfrage. Ihre völkerrechtliche Entwicklung vom Ersten Weltkrieg bis zur Gegenwart, 2. Auflage, München 1988

Rauchberg, Hans, Der nationale Besitzstand in Böhmen, 3 Bände, Leipzig 1905

Riedl, Manfred, Ohne Revision der Potsdamer Beschlüsse kein gemeinsames europäisches Haus, in: »Sudetendeutsche Zeitung«, München 18.8.1989

Röder, Siegfried, Germanische Namen in Böhmen, in: »Sprachspiegel«, Nummer 4, Luzern 1993

Rönnefarth, Helmuth, Die Sudetenkrise in der internationalen Politik, 2 Bände, Wiesbaden 1961

Rogall, Joachim, Die Deutschen im Osten, 2. überarbeitete Auflage, Bonn 1992

Rumpler, Helmut, Das Völkermanifest Kaiser Karls vom 16.10.1918, Wien 1966

Satava, Leoš, Autochthonie Mala etnika u Evrope, 2 Bde., Praha 1987

Schenck, Hans, Die Böhmischen Länder, ihre Geschichte, Kultur und Wirtschaft, Köln 1993

Schenk, Hans, Historische Landeskunde der böhmischen Länder, ihre Geschichte, Kultur und Wirtschaft, Köln 1993

Schmid, Karin, Die Slowakische Republik 1939–1945: Eine staats- und völkerrechtliche Betrachtung, Berlin 1982

Schremmer, Ernst, Reiseleiter böhmische Länder, München

Schultes, Anton, Die Nachbarschaft der Deutschen und Slawen an der March, Wien 1954

Seibt, F. (Hrsg.), Die Teilung der Prager Universität 1882 und die intellektuelle Desintegration in den Böhmischen Ländern, München 1982

Seibt, Ferdinand, Deutschland und die Tschechen. Geschichte einer Nachbarschaft in der Mitte Europas, München 1993

Seiboth, Frank, Rabl, Kurt, Die Sudetendeutschen und die tschechoslowakische Scheindemokratie. Die Rechtsgrundlagen eines deutschen Friedensvertrages, München 1960

Seidl-Hohenveldern, Ignaz, Wer ist »Deutscher« im Sinne der Maßnahmen gegen das deutsche Auslandsvermögen, in: Juristenzeitung 1957, S. 98 ff.

Simon, Kurt Albert, »Rudolf Lodgman von Auen«, Nürnberg 1984

Skene, Alfred, Der nationale Ausgleich in Mähren 1905, Wien 1910

Slawitschek, Rudolf, Die Frage des Sprachengebrauches bei den autonomen Behörden in Böhmen, Prag 1910

Smelser, Ronald, Das Sudetenproblem und das Dritte Reich, München 1985

Spetko, Josef, Die Slowakei, München 1992

Springer, Rudolf (Pseudonym für Karl Renner), Der Kampf der österreichischen Nationen um den Staat, Leipzig/Wien 1902

Stanek, Thomas, Die Abschiebung der Deutschen aus der Tschechoslowakei 1945–1947, Prag 1991

Statistisches Bundesamt (Hrsg.), Die Deutschen Vertreibungsverluste, Stuttgart 1958

Stohschneider, Gottfried, . . . in ordnungsgemäßer und humaner

Weise. Erschütterung der Tatsache über Vertreibung, München 1953

Stourzh, Gerald, Die Gleichberechtigung der Nationalitäten in der Verfassung und Verwaltung Österreichs 1848–1918, 5 Bände, Wien 1973–1987

Strauß, Franz Josef, Der Beitrag der Sudetendeutschen zur Freiheit, Neu-Gablonz 1978

Suppan, Arnold, Die österreichischen Volksgruppen, Tendenzen ihrer gesellschaftlichen Entwicklung im 20. Jahrhundert, München 1983

Traub, R., Das Sprachenrecht bei den Gerichten im Königreich Böhmens, Prag 1917

Turnwald, Wilhelm (Hrsg.), Die Dokumente zur Austreibung der Sudetendeutschen, München 1951

Turnwald, Wilhelm, Dokumente zur Austreibung der Sudetendeutschen, 3. Auflage, München 1952

Übelacker, Horst Rudolf, Zur Problematik des Münchner Abkommens in der Gegenwart, Seeheim 1967

Übelacker, Horst Rudolf, Zur Problematik des Münchner Abkommens in der Gegenwart, Seeheim 1967

Übelacker, Horst Rudolf, Die Zukunft Europas und das Sudetenland. Beiträge aus gesamtdeutscher Sicht zu Fragen des Rechts und der Politik, Tübingen 1992

Übelacker, Horst Rudolf, Die Zukunft Europas und das Sudetenland. Aufsätze aus gesamtdeutscher Sicht zu Fragen des Rechts und der Politik, Tübingen 1992

Vásatý, J., Die gesetzliche Gleichheit der böhmischen und der deutschen Sprache in den Ländern der Krone Böhmens, Prag 1886

Veiter, Theodor, Nationalitätenproblem und Geopolitik, in: »Der Weg«, Heft 15, Prag 1930

Veiter, Theodor, Die slowenische Volksgruppe in Kärnten. Geschichte, Problemstellung, Rechtslage, Wien 1936

Veiter, Theodor, Die Sudetenländer, in: Karl Gottfried Hugelmann, Das Nationalitätenrecht des alten Österreich, Wien/Leipzig 1936

Veiter, Theodor, Nationale Autonomie, Wien 1938

Veiter, Theodor, Der internationale Eigentumsschutz der Flüchtlinge, in: »Handbuch des internationalen Flüchtlingsrechts«, Wien 1960

Veiter, Theodor, »Österreich«, in: »Fragen des Mitteleuropäischen Minderheitenrechts«, Band 18, Herrenalb

Veiter, Theodor, Die Flüchtlingsvolksgruppe. Ein Beitrag zum Grundrecht ethnischer Gruppen auf ihre Heimat, in: »Vertreibung Zuflucht, Heimat«, Wien 1962

Veiter, Theodor, Das Volksgruppenrecht als elementarer Baustein für ein vereinigtes Europa, München 1967

Veiter, Theodor/Meissner, Boris, Das Selbstbestimmungsrecht nach sowjetischer und westlicher Lehre, Wien 1967

Veiter, Theodor, Das Recht der Volksgruppen und Sprachminderheiten in Österreich, Wien 1970

Veiter, Theodor (Hrsg.), Volkstum zwischen Moldau, Etsch und Donau, Festschrift für Prof. Dr. Franz Hieronymus Riedl, Wien 1971

Veiter, Theodor, Potsdam und der völkerrechtliche Vertrag zu Lasten Dritter, in: »Das Potsdamer Abkommen und die Deutschlandfrage«, Band I, Wien 1977

Veiter, Theodor, Das Weltflüchtlingsproblem und das Recht auf die Heimat, in: AWR-Bulletin 16. Jahrgang, Wien 1978

Veiter, Theodor, Das Recht auf die Heimat, in: »Das Parlament«, Nr. I, Bonn 1978

Veiter, Theodor, Entwurzelung und Integration, Wien 1979

Veiter, Theodor, Volksgruppenrecht 1918–1938, Wien 1980

Veiter, Theodor, Das Selbstbestimmungsrecht als Menschenrecht, in: »Klecatsky Festschrift«, Wien 1980

Veiter, Theodor, Die Entwicklung des Volksgruppenrechts 1957–1987, München 1987

Veiter, Theodor, Österreich und die sudetendeutsche Frage 1918–1938–1988, Wien 1988

Veiter, Theodor, Die Rolle der Kirche für die Erhaltung der Volksgruppen in Europa, Abschnitt Tschechoslowakei, in: Alexander Ritter, Colloquium über Kirchen, Geschichte und religiöses Leben bei den Deutschen Bevölkerungsgruppen im Ausland in der Akademie Sankelmar, Flensburg 1993

Veiter, Theodor, Politik–Gesellschaft–Wissenschaft, Memoiren aus Politik und Zeitgeschichte, Innsbruck/Thaur 1993

Veiter, Theodor, Deutsche und Tschechen in Europa, in: Franz Josef Eibicht, Gedächtnisschrift für Hellmut Diwald, Tübingen 1994

Die Vertreibung der Deutschen Bevölkerung aus der Tschechoslowakei, Band IV/1, Frankfurt 1984 Kulturstiftung der Deutschen Vertriebenen (Hrsg.), Vertreibung und Vertreibungsverbrechen 1945–1948, Bonn 1989

Vertreibung und Vertreibungsverbrechen 1945–1948, Bonn, Kulturstiftung der deutschen Vertriebenen 1989

Vertrieben . . . literarische Zeugnisse von Flucht und Vertreibung, herausgegeben von der Kulturstiftung der Deutschen Vertriebenen, 2. Auflage 1992

Vrba, Rudolf, Der Nationalitäten- und Verfassungskonflikt in Österreich, Prag 1990

Wandruszka, Adam/Urbanitsch, Peter, Die Habsburger Monarchie 1848–1918, Band III: Die Völker des Reiches, Wien 1980

Wanhof, Adalbert, Die deutschen Sprachinseln in der Tschechoslowakei, in: »Königsteiner Jahrbuch, 1986«

Wanka, Willi, Opfer des Friedens, München 1988

Werner, Emil/Jaksch, Wenzel, Arbeitshilfe Nr. 59/1991, Bonn 1991

Wiener Erklärung des Europaratgipfels betreffend Maßnahmen zum Schutze der Menschenrechte und der Demokratie vom 8./9.10.1993 in Folge 6, Jahrgang Nr. 2 (1993) vom Dezember 1993, in: »News Letter« des Österr. Instituts für Menschenrechte, Salzburg

Winter, Eduard, Tausend Jahre Geisteskampf im Sudetenraum. Das religiöse Ringen zweier Völker, 2. Auflage, München 1955

Wollte Beneš das Egerland abtreten? Dokumente der zeitgeschichtlichen Forschungsstelle Ingolstadt, in: DOD vom 3.12.1993

Zayas, Alfred M. de, Die Anglo-Amerikaner und die Vertreibung der Deutschen, München 1977

Zessner, Karl, Josef Seliger und die nationale Frage in Böhmen. Eine Untersuchung über die nationale Politik der deutschböhmischen Sozialdemokratie 1899–1920, Stuttgart 1976

Zvara, Juray, Nationalitätenpolitik der ČSFR, Prag 1983

Zysarz, Herbert, Waren die Nationalitätenfragen der Sudetenländer lösbar? München 1973

Anmerkungen

1 Jiři Kořalka, Tschechen im Habsburger Reich und in Europa 1815–1914. Sozialgeschichtliche Zusammenhänge der neuzeitlichen Nationsbildung und der Nationalitätenfragen in den Böhmischen Ländern, Wien, München 1991.

2 Tomás Stanek, »Odsun Nemcu z Ceskoslovenska 1945–1947«, Prag (Academia Verlag) 1991; besprochen in KK 869 v. 25. Juni 1993 von Anton Herget; Robert A. Kann, Das Deutsche Reich und die Habsburger Monarchie 1871–1918, in: Robert A. Kann, Friedrich E. Prinz (Hrsg.), Deutschland und Österreich, ein bilaterales Geschichtsbuch, Wien/München 1980.

3 Siegfried Röder, Germanische Namen in Böhmen, in: »Sprachspiegel«, Nummer 4, Luzern 1993

4 Theodor Veiter, Die Sudetendeutschen, in: Karl Gottfried Hugelmann, Das Nationalitätenrecht des alten Österreich, Wien/Leipzig 1936, S. 289–428, mit Ergänzungen auf S. 771–788. Obwohl es sich um die bisher umfassendste Darstellung der Geschichte der Sudetendeutschen in der Habsburger Monarchie handelt, ist diese Studie auch von sudetendeutscher Seite praktisch nie herangezogen und zitiert worden; Rafael Pacher, Deutschböhmen, wie es gesetzlich bereits besteht, Wien 1918; Jean Bourlier, Les Tchèques et la Bohême contemporaire, Paris 1897; Richard Charmatz, Österreich als Völkerstaat, Wien/Leipzig 1918; Alfred Fischel, Materialien zur Sprachenfrage in Österreich, Brünn 1902; Harry Klepetař, Der Sprachenkampf in den Sudetenländern, Prag/Warnsdorf/Wien 1930; Karel Kramař, Das böhmische Staatsrecht, Wien 1896 (Sonderdruck aus »Die Zeit«); Paul Molisch, Vom Kampf der Tschechen um ihren Staat, Wien/Leipzig 1929; Emanuel Rádl, Der Kampf zwischen Tschechen und Deutschen, Reichenberg 1928; Richard Raithel, Fragen aus der vaterländischen Geschichte, Wien/Leipzig 1916; Alfred

Skene, Entstehen und Entwicklung der slawisch-nationalen Bewegung in Böhmen und Mähren im 19. Jahrhundert, Wien 1893; Rudolf Springer (Pseudonym für Karl Renner), Der Kampf der österreichischen Nationen um den Staat, Leipzig/Wien 1903; H. Toman, Das böhmische Staatsrecht und die Entwicklung der österreichischen Reichsidee, Prag 1872; Theodor Veiter, Nationalitätenproblem und Geopolitik, in:»Der Weg«, Prag, Jahrg. 1930, Heft 15; Friedrich Wieser, Die deutsche Steuerleistung und der öffentliche Haushalt in Böhmen, Leipzig 1904; Leoš Šatava, Authochtonie Mala etnika u evrope, 2 Bde., Praha, 1987; Stephan M. Horak (Hrsg.), Eastern European national minorities. Handbook Littletown 1985; »Il mondo slavo« Padova (Ljubljana Editrice) bis incl. 1988, 14 Jahresbände; Fritz Peter Habel, Die Sudetendeutschen, Studienbuchreihe der Stiftung Ostdeutscher Kulturrat, Band 1, München 1992; Rudolf Grulich, Ethnos, glotta kai Ekklesia. Katholische Kirche und nationale Minderheiten, »Sprachen und Staaten«, Festschrift für Heinz Kloss, Teil II, Hamburg 1976, S. 287–319; Alfred Bohmann, Das Sudetendeutschtum in Zahlen, München 1959; Adalbert Wanhof, Die deutschen Sprachinseln in der Tschechoslowakei, in: »Königsteiner Jahrbuch« 1986; Maria und Herwig Hornung, Deutsche Sprachinseln aus Alt-Österreich, 2. Ausgabe, 1986; Theodor Veiter, Ethnic diversity in the danube area, in: »Der Donauraum« Jahrbuch 1987, Wien 1988

5 Kurt Krolop, Prag, in: Emil Brix und Allan Janik (Hrsg.), Kreatives Milieu. Wien um 1900, Wien/München 1993

6 Peter Burian, Die Nationalitäten in Cisleithanien und das Wahlrecht der März-Revolution 1848/49, Graz 1962; Helfried Pfeifer, »Das Recht der nationalen Minderheiten in Österreich«, München 1961; Theodor Veiter, »Österreich«, in: »Fragen des Mitteleuropäischen Minderheitenrechts«. Studie des Instituts für Ostrecht, Band 18, Herrenalb S. 296 ff.

7 Rudolf Vrba, Der Nationalitäten- und Verfassungskonflikt in Österreich, Prag 1900; Harry Klepetař, Der Sprachenkampf in den Sudetenländern, Prag/Warnsdorf/Wien, 1930; Eduard Herbst, Zur Sprachen- und Nationalitäten-

frage in Böhmen. Von einem deutsch-böhmischen Abgeordneten, Wien 1883; Rudolf Herrmann von Herrnritt, Nationalität und Recht, Wien 1899; Raimund Friedrich Kaindl, Der Völkerkampf und Sprachenstreit in Böhmen im Spiegel der zeitgenössischen Quellen, Wien/Leipzig 1927; Havrda, »Jazyková prakse samosprávná a potreba zakonné úpravy«, in: »Správni obzor«, Bd. II, S. 43; Karel Kramař, Das böhmische Staatsrecht, Wien 1896; J. Vášaty, Die gesetzliche Gleichheit der böhmischen und der deutschen Sprache in den Ländern der Krone Böhmens, Prag 1886; R. Traub, Das Sprachenrecht bei den Gerichten im Königreich Böhmen, Prag 1917; Rudolf Springer (Pseudonym für Karl Renner), Der Kampf der österreichischen Nationen um den Staat, Leipzig/Wien 1902; Rudolf Slawitschek, Die Frage des Sprachengebrauches bei den autonomen Behörden in Böhmen, Prag 1910; Jan Löwenbach, Die Sprachenfrage bei den Gerichten in Böhmen, Prag 1908; Alfred Fischel, Das österreichische Sprachenrecht, 2. Aufl., Brünn 1910; Adolf Fischnof, Der österreichische Sprachenzwist, Wien 1888; Theodor Veiter, Nationalitätenproblem und Geopolitik, in: »Der Weg«, Prag, Jahrgang 1930, S. 463; Theodor Veiter, Das Recht der Volksgruppen und Sprachminderheiten in Österreich, Wien 1960, mit umfassend kommentierter Behandlung des Art. XIX STGG; Pražák Právo ústavné (Verfassungsrecht), Prag, 3 Bände.

8 Stanislaus Madeyski von Poray, Die Nationalitätenfrage in Österreich und ihre Lösung, Wien/Prag 1899; Thomas Masaryk, Palackýs Idee des Böhmischen Volkes, Prag 1899; Paul Molisch, Zur Geschichte der Badenischen Sprachenverordnungen vom 5. und 22. April 1897, Wien 1923; Paul Molisch, Vom Kampf der Tschechen um ihren Staat, Wien/Leipzig 1929; J. Vásatý, Die gesetzliche Gleichheit der böhmischen und der deutschen Sprache in den Ländern der Krone Böhmens, Prag 1886

9 Vgl. die Geschichte des Nationalitätenrechts des alten Österreich in den Karpatenländern, offiziell ver-

faßt von Wenedikter, in Wirklichkeit aber von Theodor Veiter, da Wenedikter im Jahre 1936 schon zu alt war.

10 Alfred Skene, Der nationale Ausgleich in Mähren 1905, Wien 1910; Horst Glassl, Der mährische Ausgleich, München 1967; Theodor Veiter, Nationale Autonomie, Wien 1938

11 Fritz Peter Habel, Die Sudetendeutschen, München 1992, S. 29

12 Karl Albert Simon, Rudolf Lodgman von Auen, Nürnberg 1984; Walter Becher, Zeitzeuge, München 1990, S. 42

13 Emil Franzel, Gegen den Wind gesprochen, München 1983; Ronald Semelser, Das Sudetenproblem und das Dritte Reich, München 1980

14 Siehe das in Houston, später in Kanada erschienene 15bändige Austrian History Yearbook, das nach dem Zweiten Weltkrieg herausgebracht wurde; Biographisches Lexikon zur Geschichte der böhmischen Länder, Band 1, München 1974/76; E. Birke, Der Erste Weltkrieg und die Gründung der Tschechoslowakei 1914–1919, in: Handbuch der Geschichte der böhmischen Länder III »Die böhmischen Länder im Habsburger Reich 1848–1919«, Stuttgart 1968; Karl Bittner, Deutsche und Tschechen. Zur Geschichte des böhmischen Raumes, Brünn 1926; Richard Charmatz, Österreichs innere Geschichte von 1848–1895, zwei Bände, 3. Auflage, Leipzig/Berlin 1918; G. Cohen, The Politics of Ethnic Survival of Germans in Prague 1861–1914, Princeton 1981; H.J. Hayek, T.G. Masaryk, Revisited: a critical assessment New York 1983; Jörg K. Hoensch, Geschichte Böhmens von der slawischen Landnahme bis ins 20. Jahrhundert, München 1987; R.J. Hoffmann, T.G. Masaryk und die tschechische Frage, München 1988; Robert A. Kann, Das Nationalitätenproblem der Habsburger Monarchie, 2 Bände, Graz/Köln 1964; W. Kosch, Die Deutschen in Böhmen und ihr Ausgleich mit den Tschechen, Leipzig 1909; J. Kren-V. Kural-D. Brandes, Integration oder Ausgrenzung: Deutsche und Tschechen 1890-1945, Bremen 1986; Hans Mommsen, Die Sozialdemokratie und die Nationalitätenfragen im habsburgischen Vielvölkerstaat, Wien 1963; Karl Bosl, Handbuch der Geschichte der böhmischen Länder, Band IV, Der tschecho-

slowakische Staat im Zeitalter der modernen Massendemokratie und Diktatur, München 1962; F. Prinz, Ge-
schichte Böhmens 1848–1948, München 1988; Hans
Rauchberg, Der nationale Besitzstand in Böhmen, 3 Bän-
de, Leipzig 1905; F. Seibt (Hrsg.), Die Teilung der Prager
Universität 1882 und die intellektuelle Desintegration in
den Böhmischen Ländern, München 1982; Gerald Stourzh,
Die Gleichberechtigung der Nationalitäten in der Verfassung und Verwaltung Österreichs 1848–1918, Wien 1985;
Adam Wandruszka, Otto Urbanitsch, Die Habsburger
Monarchie 1848–1918, 5 Bände, Wien (Akademie der
Wissenschaften) 1973–1987; Eduard Winter, Tausend
Jahre Geisteskampf im Sudetenraum. Das religiöse Ringen
zweier Völker, 2. Auflage, München 1955; Karl Zessner,
Josef Seliger und die nationale Frage in Böhmen. Eine Un-
tersuchung über die nationale Politik der deutsch-böhmi-
schen Sozialdemokratie 1899–1920, Stuttgart 1976; Theo-
dor Veiter, Die slowenische Volksgruppe in Kärnten, Ge-
schichte, Problemstellung, Rechtslage, Wien 1936; Fritz
Peter Habel (Hrsg.), Die Sudetendeutschen, München
(Langen-Müller) 1992

15 Abgedruckt bei Fritz Peter Habel a.a.O. S. 80/81.

16 Wortlaut bei Habel Seite 94/95.

17 Zum Staatsvertrag von St. Germain gibt es eine Vielzahl
an Publikationen, die durchaus objektiv gehalten sind:
Erich Zöllner, Geschichte Österreichs von den Anfängen
bis zur Gegenwart, 8. Auflage, Wien 1990; Walter Goldin-
ger, Dieter A. Binder, Geschichte der Republik Österreich
1918–1938, Wien/München 1992 – mit zahlreichen Hinweisen auf die Beziehungen Österreichs zur Ersten Tschechoslowakischen Republik. Dort auch ein umfassendes Li-
teraturverzeichnis.

18 Felix Ermacora, Die sudetendeutschen Fragen, München
1992, S. 30; J. C. Roberts, Austria at the Paris peace con-
ference: the diplomatic history of the treaty of St. Germain,
Houston University of Texas, 1955

19 J. A. Mikuš, Slowakia political history 1918–1950, Mil-
waukee 1963; A. Zana, Die Geschichte der Slowakei, Bratislawa 1930; Milan Stanislao Ďurica, La Slowakie et Ses
Efforts vers l'indépendance de 1848 à 1938. In: Slowak

209

Studies XXVIII–XXIX, 1989, Bratislawa 1992 – dort eine Fülle weiterer Literatur zur Einverleibung der Slowakei in die Erste Tschechoslowakische Republik.

20 Siehe Theodor Veiter, Das Recht der Volksgruppen und Sprachminderheiten in Österreich, Wien 1970

21 Näheres bei Felix Ermacora, Die sudetendeutschen Fragen, München 1992; Horst Rudolf Übelacker, Die Zukunft Europas und das Sudetenland, Tübingen 1992

22 Felix Ermacora, Die sudetendeutschen Fragen a.a.O., S. 36 f.

23 Felix Ermacora, Die sudetendeutschen Fragen a.a.O., S. 44 ff.; S. Mamay-Luža, Geschichte der Tschechoslowakischen Republik 1918–1948, Wien 1980; Hermann Raschhofer, Otto Kimminich, Die Sudetenfrage. Ihre völkerrechtliche Entwicklung vom Ersten Weltkrieg bis zur Gegenwart, 2. Auflage, München 1988; Alfred M. de Zayas, Die Anglo-Amerikaner und die Vertreibung der Deutschen, München 1977; Fritz Peter Habel, Dokumente zur Sudetenfrage, 4. Auflage, München 1984; Fritz Peter Habel, Die Sudetendeutschen, München 1992; Hubert Armbruster, Friedrich Klein, Fritz Münch, Theodor Veiter, Die völkerrechtliche Bedeutung des Münchner Abkommens, Kissingen/Bonn 1963; Walter Heinrich, Hat der Westen eine Idee? Starnberg 1958; Karl Bosl, Nürnberg/Böhmen/Prag, München 1964; Theodor Veiter, Das Volksgruppenrecht als elementarer Baustein für ein vereinigtes Europa, München 1967; Walter Becher, Europa und die Deutsche Nation, München 1971; Franz Josef Strauß, Der Beitrag der Sudetendeutschen zur Freiheit, Neu Gablonz 1977/1978; Heinrich Windelen, Die Sudetenfrage in slowakischer Sicht, Bad Kissingen 1983; Hans Merkel, 50 Jahre Münchner Abkommen, Passau 1988; Otto Kimminich, Der Beitrag der Sudetendeutschen zum internationalen Volksgruppenrecht, München 1978

24 Vgl. Theodor Veiter, Politik-Gesellschaft-Wissenschaft. Memoiren aus Politik und Zeitgeschichte, Innsbruck/Thaur 1993. Zum Münchner Abkommen ist eine Fülle an Literatur erschienen, zum Beispiel: Jörg K. Hoensch, Geschichte Böhmens von der slawischen Landnahme bis ins 20. Jahrhundert, München 1987; Felix Ermacora, Der un-

bewältigte Friede, Wien 1989; Fritz Peter Habel, Doku-
mente zur Sudetenfrage, München 1984; Otto Kimminich,
Die Beurteilung des Münchner Abkommens im Prager
Vertrag und in der dazu veröffentlichten völkerrechtlichen
Literatur, München 1988; Otto Kimminich, Hermann
Raschhofer, Die Sudetenfrage und ihre völkerrechtliche
Entwicklung vom Ersten Weltkrieg bis zur Gegenwart, 2.
Auflage, München 1988; Franz Korkisch, Zur Frage der
Weitergeltung des Münchner Abkommens von 1938, in:
Zeitschrift für öffentliches Recht und Völkerrecht XII,
1944, S. 83 ff.; Helmut Rönnefarth, Die Sudetenkrise in
der internationalen Politik, 2 Bände, Wiesbaden 1961;
Heinrich Kuhn, Handbuch der Tschechoslowakei, Mün-
chen1968; Walter Becher, Der Zeitzeuge, München 1990;
Horst Rudolf Übelacker, Zur Problematik des Münchner
Abkommens in der Gegenwart, Seeheim 1967.

25 Herbert Czaja, Auch über Untaten Deutscher muß man
sprechen, in: »Deutscher Ostdienst« (DOD) Bonn, 36.
Jahrgang, Nummer 31 vom 6. August 1993

26 Walter Becher, Zeitzeuge a.a.O., S. 151, Justiz im Dienste
der Vergeltung, München 1962

27 Radomir Luža, The Transfer of the Sudetengermans: A
Study of Czech-German relations 1933–1962, 1964; Felix
Ermacora, Die sudetendeutschen Fragen, a.a.O., S. 49;
J.W. Brügel, Die Aussiedlung der Deutschen aus der
Tschechoslowakei. »Vierteljahreshefte für Zeitgeschich-
te« VIII, 1960, S. 134 ff.; Dokumente zur Vertreibung der
Sudetendeutschen, München 1992; Horst Rudolf Übel-
acker, Die Zukunft Europas und das Sudetenland, Tübin-
gen 1992; Rolf-Josef Eibicht (Hrsg.), Deutschland, Sude-
tenland und das Münchner Abkommen, 1991

28 Wilhelm Turnwald (Hrsg.), Die Dokumente zur Austreibung der Sudetendeutschen, München 1951; Fritz Peter
Habel, Die Sudetendeutschen, a.a.O., S. 95 ff.

29 Der Wortlaut des Punktes XIII über die »geregelte Über-
führung der deutschen Bevölkerung« aus Polen, der Tschechoslowakei und Ungarn nach Deutschland findet sich bei
Ermacora, Die sudetendeutschen Fragen, a.a.O., S. 112 f.;
A. M. de Zayas, Die Anglo-Amerikaner und die Vertreibung der Deutschen. Vorgeschichte, Verlauf, Folgen,

München 1977 und »Anmerkungen zur Vertreibung der Deutschen aus dem Osten«, Stuttgart 1986.

30 A. Giannini, Le Costituzioni degli Stati dell'Europa Orientale Roma 1930, Band 1, S. 133–160; Slowak Studies XXVIII–XXIX (1988/1989), Bratislawa 1992, S. 158 ff.

31 Sie sind bei Walter Becher, a.a.O., S. 151 angeführt, aber auch gestützt auf eine Studie von Stanislav Pliva aus dem Jahre 1951, auch bei Ermacora, a.a.O., S. 59

32 Pressekundmachung der APA, der Österreichischen Nachrichtenagentur, aus Straßburg in den österr. Tageszeitungen vom 2. Juli 1993; Schreiben des Fürsten Hans Adam II. von Liechtenstein an den Verfasser des vorliegenden Buches vom 21. Juli 1993

33 F. Bokes, Dokumente des slowakischen nationalen Erwachens in den Jahren 1848–1914 (deutsche Übersetzung des slowakischen Titels) Bratislawa 1961; F. Bokes, Die Slowaken, Entwicklung des nationalen Bewußtseins (Originaltext ebenfalls slowakisch); Turžiansky Svetý Martin, 1923

34 Diese ist bei Milan S. Ďurica in seiner grundlegenden Studie »La Slovaquie et ses Efforts vers l'indépendence (de 1848 à 1938)« in den »Slowak Studies«, Band 1988–1989, auf den Seiten 37 ff. eingehend dargestellt.

35 Josef Rabat, Katholische Kirche in der ČSSR, in: »Informationen des internationalen katholischen Jugendwerkes für Ost- und Mitteleuropa«, Nummer 1/1987, sowie »Kirche in Not«, Königstein 1986; Leoš Šava, a.a.O., Anmerkung 6; Juraj Zvara, Nationalitätenpolitik der ČSSR, Prag 1983; Erik Turnwald, Aussöhnung und Endlösung, Kirnbach über Wolfach 1971; Theodor Veiter, Die Rollen der Kirchen für die Erhaltung der Volksgruppen in Europa, Abschnitt Tschechoslowakei, in: Alexander Ritter, Colloquium über Kirchengeschichte und religiöses Leben bei den deutschen Bevölkerungsgruppen im Ausland, in der Akademie Sankelmark, Flensburg, Institut für regionale Forschung und Information 1993

36 Vincel Jaksch, Wir heischen Gehör, Allmünz 1948; Martin Kornrumpf, In Bayern angekommen, München 1979 (Kornrumpf war Chefstatistiker des Staatskommissars für

das Flüchtlingswesen und Mitbegründer der Europäischen Forschungsgesellschaft für Flüchtlingsfragen, hat sich aber später von all dem distanziert); Alfred de Zayas, Die Anglo-Amerikaner und die Vertreibung der Deutschen, München 1977 (grundlegendes Werk eines amerikanischen Autors); Dokumente zur Austreibung der Sudetendeutschen (Weißbuch), München 1951. Zu bemerken ist, daß die Ackermann Gemeinde ein im Jahre 1993 bereits im 44. Jahrgang erscheinendes Mitteilungsblatt herausbringt, das unter der Leitung des hervorragenden katholischen Sudetendeutschen Franz Olbert steht (herausgebracht in D-80098 München, Heßstraße 26).

37 Näheres bei Horst Rudolf Übelacker, Die Zukunft Europas und das Sudetenland, Tübingen 1992

38 Text abgedruckt bei Fritz Peter Habel, Die Sudetendeutschen, a.a.O., S. 110

39 Oskar Böse (Hrsg.), Die Sudetendeutschen – die Volksgruppe im Herzen Europas, München 1989; Fritz Peter Habel, Die Sudetendeutschen, a.a.O., S. 117; Alfred Bohmann, Menschen und Grenzen, Band 4, Köln 1975

40 Wortlaut des Gesetzes bei Fritz Peter Habel, Die Sudetendeutschen, a.a.O., S. 122

41 Alexander Dubček, Leben für die Freiheit, München (Bertelsmann Verlag) 1993; Franz Gansrigler, in einem Zeitgeschichteartikel großen Ausmaßes in »Furche« Wien, Nummer 34 vom 26. August 1993

42 Wortlaut bei Fritz Peter Habel, a.a.O., S. 122

43 Näheres in der Zeitschrift »Nemzetör« (Donaubote), München

44 Der Völkermord ist nach geltendem Völkerrecht verboten: Konvention über die Verhütung und Bestrafung des Völkermordes vom 11.12.1946, GV Resolution 96 (1); Felix Ermacora, »Die sudetendeutschen Fragen«, a.a.O., S. 17 sieht im Unrecht der Vertreibung ein spezifisches völkerrechtliches und innerstaatliches Delikt (S. 17); Friedrich Klein, Fritz Münch, Hubert Ambruster, Theodor Veiter, Völkerrechtswissenschaftliches Gutachten zur Gültigkeit des Münchner Abkommens, München, Sudetendeutscher Rat, 1966; Hermann Raschhofer, Die Sudetenfrage. Ihre völkerrechtliche Entwicklung vom Ersten Weltkrieg bis

zur Gegenwart, München 1953, 1. Auflage bzw. zusammen mit Otto Kimminich, München 1988, 2. ergänzte Auflage; Horst Rudolf Übelacker, Die Zukunft Europas und das Sudetenland, a.a.O., S. 11 ff.

45 Abgedruckt nach Paraphierung, aber vor Unterzeichnung bei Felix Ermacora, a.a.O., S. 267 ff.

46 Dies berichtet der Annual Report of Activities 1992 der International Helsinki Federation for Human Rights für 1992. Auf Grund eines Symposiums der NGO in Wien im März 1992 mit Lichtbildern auf Seiten 14 und 15; »Le Monde«, Paris vom 4.9.1992, worauf die tschechische Nachrichtenagentur ČTK behauptete, die Slowakei habe durch ihren Regierungschef die Roma bzw. die Sinti und Roma als »sozial nicht anpassungsfähig« und »geistig zurückgeblieben« bezeichnet. Der slowakische Ministerpräsident Mečir hat darauf bei der Slowakischen Generalstaatsanwaltschaft Klage gegen die ČTK wegen Völkerverhetzung eingebracht, denn die Slowakei habe nie gegen Sinti und Roma irgendeine Stellungnahme bezogen. (Quelle: »Vorarlberger Volksblatt«, Bregenz vom 13.9.1993)

47 Näheres bei Felix Ermacora, Die sudetendeutschen Fragen, a.a.O., 1992 und die dort angeführte sehr umfassende Literatur.

48 G. Héraud, Minoritäten und ethnische Gruppen in der europäischen Geschichte bis 1939 – Selbstbestimmungsrecht der Völker und Schutz der Minoritäten, in: Peter Pernthaler (Hrsg.), Volksgruppenrecht. Ein Beitrag zur Friedenssicherung, München 1980

49 Theodor Veiter, Grundgedanken zum Selbstbestimmungsrecht der Südtiroler, in: Festschrift für Viktoria Stadlmayer, Bozen 1989

50 Näheres bei Felix Ermacora, Die sudetendeutschen Fragen, a.a.O., S. 95–99

51 Radomir Luža, The Transfer of the Sudetengerman. A Study of Czechgerman Relations 1932–1962, New York 1964; Günther Decker, Das Selbstbestimmungsrecht der Nationen, München 1955; Felix Ermacora, Die Selbstbestimmung im Lichte der UN-Deklaration betreffend die völkerrechtlichen Grundsätze über die freundschaftlichen

Beziehungen und die Zusammenarbeit zwischen den Staaten entsprechend der Charta, in: Festschrift für Rudolf Laun, Internationales Recht und Diplomatie, Jahrgang 1972, S. 555 ff.; Emil Franzel, Die Vertreibung, Sudetenland 1945–1946, München 1983; Felix Ermacora, Manfred Novak, Hannes Tretter, International Human Rights. Documents and Introductory Notes. Vienna 1993; Kurt Rabl (Hrsg.), Studien und Gespräche über Selbstbestimmung und Selbstbestimmungsrecht, Band I, München 1964; Alfred M. Zayas, Anmerkungen zur Vertreibung der Deutschen aus dem Osten, Stuttgart 1986; Emil Franzel, Die Sudetenfrage 1918–1938–1968, München 1968; Walter Becher, Europa und die Deutsche Nation, München 1971; Dokumente zur Vertreibung der Sudetendeutschen, München 1992

52 Fritz Peter Habel, Helmut Kistler, Deutsche und Tschechen 1848–1948, München 1985; Wenzel Jaksch, Europas Weg nach Potsdam, 4. Auflage, München 1990; Kurt Rabl, Das Ringen um das sudetendeutsche Selbstbestimmungsrecht 1918/1919, München 1958

53 Sudetenpost, Wien/Linz, vom 2.9.1993

54 Otto Kimminich, Das Recht auf die Heimat, 3. Auflage, Bonn 1989; Kurt Rabl (Hrsg.), Das Recht auf die Heimat, Bonn 1965; Rudolf Laun, Das Recht auf die Heimat, Innsbruck 1959; Kurt Rabl (Hrsg.), Studien und Gespräche über Heimat und Heimatrecht, 1960; Peter Pernthaler, Land, Volk und Heimat als Kategorien des Österreichischen Verfassungsrechts, in: Schriftenreihe des Instituts für Föderalismusforschung, Band XXXVII, Innsbruck; Boris Meissner, Theodor Veiter (Hrsg.), Das Potsdamer Abkommen und die Deutschlandfrage, in: Völkerrechtliche Abhandlungen, Band 4/II, 1987; Hermann Raschhofer, Otto Kimminich, Die Sudetenfrage. Ihre völkerrechtliche Entwicklung vom Ersten Weltkrieg bis zur Gegenwart, 2. Auflage, München 1988; Theodor Veiter, Nationale Autonomie, Wien 1938; Felix Ermacora, Menschenrechte in der sich wandelnden Welt, Band 1, Wien 1974; Ignaz Seidel-Hohenveldern, Wer ist »Deutscher« im Sinne der Maßnahmen gegen das deutsche Auslandsvermögen, in: JZ 1957, S. 98 ff.; Franz Pahl, Heimat und Selbstbe-

stimmung, Jahrestagung 1984 des Witikobundes, Landshut 1985

55 Horst Rudolf Übelacker, Die Zukunft Europas und das Sudetenland, Tübingen 1992, S. 58 ff.; Dokumente zur Vertreibung der Sudetendeutschen, München 1992

56 Franz Neubauer, Einseitige Lösungen sind für uns nicht hinnehmbar, in:»Sudetenpost«, Wien/Linz vom 13. Mai 1993

57 »Furche« – Interview in Nummer 35 vom 2. September 1993

58 Siehe den ausführlichen Bericht des Symposiumsteilnehmers Christoph Strack im Vorarlberger Kirchenblatt vom 26.9.1993

59 Sudetendeutsche Zeitung, München und Sudetenpost, Wien/Linz vom 8.7.1993

60 »Elsevier« vom 29.3.1990

61 Zwischen dem Wortlaut über die Menschenrechte und dem Regionalismus in der Tschechischen Republik und deren Verfassungswirklichkeit klafft eine tiefgreifende Kluft. Diesbezüglich ist auf die Abhandlung von Jiři Malenovský »Der Status nationaler Gruppen in der ČSFR« in deutscher und tschechischer Sprache hinzuweisen in dem Sammelband von Felix Ermacora, Hannes Tretter und Alexander Pelzl (Hrsg.), Volksgruppen im Spannungsfeld von Recht und Souveränität in Mittel- und Osteuropa, Wien 1993, S. 69-84. Der Autor verweist auf den bitteren Übergang von der kommunistischen Totalität zur Demokratie (im Jahre 1989). Er geht noch vom Fortbestehen eines tschechischen und slowakischen föderalistischen Staates aus. Das erwähnte Buch Ethnos Nr. 40 bezieht sich auf ein Symposium in Wien im November 1991, ist aber erst Ende 1993 erschienen und daher teilweise weitgehend überholt. Immerhin aber hat Jiři Malenovsky den Status ethnischer Gruppen in der Tschechischen Republik sorgsam dargestellt und aufgezeigt, daß im Grunde genommen bis zum heutigen Tage keine allgemeine innerstaatliche Rechtsform über die allgemeine Verbindlichkeit der internationalen Verträge vorhanden ist, wobei lediglich die Charta der mentalen Rechte und Freiheiten vom 9.1.1991 in der Tschechischen Republik in Kraft steht. Diesbezüg-

216

lich sei auf die Bestimmungen der Verfassung hingewiesen.

62 Siehe die sorgsam gearbeitete Studie vom Joachim Rogall, Die Deutschen im Osten, 2. überarbeitete Auflage, Bonn 1992, S. 6 ff.; in diesem Zusammenhang ist aber auch auf die Geschichte des sozialdemokratischen sudetendeutschen Politikers Wenzel Jaksch hinzuweisen: Emil Werner, Wenzel Jaksch, Arbeitshilfe Nr. 59/1991, Bonn 1991 und die dort angeführten Publikationen von Wenzel Jaksch, aber auch von Ernst Paul und Friedrich Prinz.

63 amnesty international Informationen, Wien (7–8/1993)

64 Abgedruckt im Mitteilungsblatt Juli/August 1993 der Ackermann-Gemeinde in München, vor allem die Ausführungen des Sekretärs der Ackermann-Gemeinde Franz Olbert

65 Wolfgang S. Heinz, Weltmenschenrechtskonferenz in Wien, in: »Pogrom« Nr. 172, Göttingen, August/September 1993. Sondernummer mit dem Titel »Die UNO und die Menschenrechte«

66 Abgedruckt im DOD vom 21. Juni 1992

67 Näheres hierzu bringt die slowakische europäische Zeitschrift »Europa Vincet« in Bratislawa, redigiert von Jan Gézi, Jozef Markus und Ingo Friedrich, wobei aber die Schwierigkeiten bei der Rückerstattung des den Karpatendeutschen früher gehörenden Eigentums, das den Beneš-Dekreten zum Opfer gefallen ist, nicht übersehen werden. Daß auch Deutschland mithelfen muß, die Entschädigung der Karpatendeutschen zu ermöglichen, wird in dem Artikel »Kurskorrektur« in Heft Nr. 4/1993 der Zeitschrift ausdrücklich erwähnt. Immerhin haben die Karpatendeutschen einen eigenen Verband mit Untergliederung in Regionen der Slowakei. Zu erwähnen ist auch die Zeitschrift »Carpatian Observer«, die in Worcester, New York Pob 10868 erscheint, sich allerdings mit allen Karpatenländern, also insbesondere auch Rumänien, beschäftigt.

68 Theodor Veiter, Minderheiten- und Volksgruppenrecht als Instrument zur Vermeidung von neuen Flüchtlingsströmen. Vortrag auf dem Jahreskongreß vom September 1993 der AWR in Travemünde, zur Publikation bestimmt im

AWR-Bulletin, Wien, Verlag Braumüller. Die Tschechische Republik hat sich daran nicht beteiligt.

69 Hurst Hannum (Hrsg.), Documents on Autonomy and Minority Rights, Dordrecht 1993; Yoram Dinstein, Mala Tabory (Hrsg.), The Protection of Minorities and Human Rights 1992; Catherine Brölmann, René Lefeber, Marjolen Zieck, Nordrecht 1993; International Journal on Group Rights, herausgegeben von Jyonah Alexander, Washington D.C., Band 2, 1994

70 Alle erforderlichen Details finden sich bei Arnold Suppan, Die österr. Volksgruppen, München 1983, mit einer Fülle an Literaturhinweisen; »Die Volksgruppen in Österreich« mit einer Abhandlung von Monika Glettler über das tschechische Vereinswesen in Wien, Wien 1979

71 »Sudetenpost« Wien/Linz vom 13.5.1993 und »Sudetendeutsche Zeitung«, München, in mehreren Artikeln aus dem Jahre 1993

72 Siehe den umfangreichen Artikel »Wenn Deutsche deutsch sprechen ...«, in: »Sudetenpost« vom 8. Juli 1993, Seite 3. Der ethnische Konflikt ist offenbar eine Dauererscheinung, dies im Sinne des Focus Artikels »Ethnic Conflict« in der vom UNHCR herausgegebenen, umfassend informierenden Zeitschrift Refugee Nr. 93 vom August 1993. Die Tschechische Republik hat nur den Status eines Beobachters (Observer) bei IOM: IOM in facts, Genf 1990

73 Abkommen zwischen der Österreichischen Bundesregierung und der Regierung der Tschechischen Republik über die wirtschaftliche, industrielle, technische und technologische Zusammenarbeit. BGbl Nr. 545 vom 6.8.1993

74 Abgedruckt in der »Sudetenpost«, Linz vom 25.3.1993

75 Wortlaut der vom Volk so gewünschten Klestil-Erklärung über die aktive Außenpolitik des Staatsoberhaupts, in: Salzburger Nachrichten vom 27. Juli 1993 mit einem Interview der führenden Redakteure Andreas Koller und Engelbert Washitel

76 Näheres in der sehr gediegenen Zeitschrift »Regione Trentino« Südtirol in Trient, Nummer 2, Juni 1993

77 Dieter Blumenwitz, Minderheiten- und Volksgruppen-

recht. Aktuelle Entwicklung, Kulturstiftung der deutschen Vertriebenen, Bonn 1992

78 Näheres siehe in der Zeitschrift »Sozialwissenschaften in Osteuropa. News Letter«, Juli 1993, erscheint beim Informationszentrum Sozialwissenschaften der Arbeitsgemeinschaft sozialwissenschaftlicher Institute e.V. Bonn, Abteilung Berlin in der Außenstelle der GESIS (Gesellschaft, sozialwissenschaftlicher Infrastruktur Einrichtung e.V.) bzw. social science information centre D-53113 Bonn, Lenné Straße 30; ferner die Publikationen der Arbeitsgruppe »Ost- und Ostmitteleuropa – Soziologie« der Deutschen Gesellschaft für Soziologie unter Leitung von Prof. Bálient Balla mit Bearbeitung der Soziologie des Ostkommunismus, Universität Leipzig 1993

79 Günther Knackstedt, Januz Reiter (Hrsg.), Die deutsch-polnischen Verträge vom 14.11.1990 und 17.6.1991 – Traktati Polzky Nemnetzki, 14.11.1990 r.i. 17.6.1991 r. Bonn, Auswärtiges Amt und Bundesministerium des Innern, 14.11.1990; Andreas Hillgruber, Europa in der Weltpolitik in der Nachkriegszeit, 1945–1993 mit Ergänzung von Jost Dülffer, 4. Auflage 1993, München; Dieter Blumenwitz, Was ist Deutschland? Staat und völkerrechtliche Grund-sätze zur deutschen Frage und ihre Konsequenzen für die deutsche Ostpolitik, Bonn 1989; Eckarth Klein, Diplomatischer Schutz im Hinblick auf Konfiskationen deutschen Vermögens durch Polen, Bonn 1992; Gilbert Gornig, Staaten, Nachfolge und die Einigung Deutschlands, II Staatsvermögen und Staatsschulden, Bonn

80 Sudetendeutsche Zeitung vom 1.10.1993; dagegen Artikel von Herbert Czaja im DOD vom 8.10.1993 mit der Überschrift »Klaus bleibt kurzsichtig«

81 Sudetenpost, Wien/Linz vom 16.9.1993

82 Theodor Veiter, Volkstum zwischen Moldau, Etsch und Donau, Festschrift für Franz H. Riedl 1971; Theodor Veiter, Boris Meissner, Das Potsdamer Abkommen und die Deutschlandfrage, 2. Teil, Berliner Deklaration und Sonderfragen, Wien 1987; Das Recht auf die Heimat als völkerrechtlicher Tatbestand, in: »Die katholische Kirche und die Völkervertreibung«, herausgegeben von Oskar Golombek, Köln 1967; Theodor Veiter, Potsdam und der völker-

rechtliche Vertrag zu Lasten Dritter, in: Das Potsdamer Abkommen und die Deutschlandfrage, Band I, Wien 1977; Theodor Veiter, Die Entwicklung des Selbstbestimmungsrechts, in: Blumenwitz/Meissner, Das Selbstbestimmungsrecht der Völker und die deutsche Frage, Köln 1984; Theodor Veiter, Jeziski Imperializam, in: »Zbornik« Sarajewo 1978

83 Michael Frank, in: »Sudetendeutsche Zeitung«, München vom 18./19./20.4.1992. Anläßlich einer von der Tschechoslowakei in Bonn erfolgten Paraphierung des Prager Vertrages – der im übrigen alle Vermögensfragen ausklammert und auch sonst ungültig ist – veranstalteten Pressekonferenz erklärte der Sprecher des Prager Außenministeriums, daß nach tschechoslowakischem Recht die Sudetendeutschen ihr Eigentum an den konfiszierten Vermögenswerten verloren haben, wobei nach § 288 des tschechoslowakischen Zivilgesetzbuches diese Übertragung auf den Staat grundsätzlich lastenfrei erfolgte. Die Neuerwerber ehemals sudetendeutschen Grundvermögens haben nach innerstaatlichem Recht Eigentum, das frei von Rechten Dritter ist erworben.

84 Siehe Dieter Blumenwitz, Die Beneš-Dekrete aus dem Jahre 1945 unter dem Gesichtspunkt des Völkerrechts, in: Odo Ratza (Hrsg.), Heft 6 des »Forum für Kultur und Politik«, Bonn 1993, S. 11; Hermann Raschhofer, Die deutsche Reparationsregelung und die Reparationsposition der Tschechoslowakei, in: »Festschrift für Friedrich August von der Heydte«, 1. Halbband, Bonn 1977; Otto Kimminich, Das Recht auf die Heimat, Bonn 1989; Boris Meissner, Theodor Veiter, Das Potsdamer Abkommen und die Deutschlandfrage, 2. Teil, Berliner Deklaration und Sonderfragen, Wien 1986; Dietrich Murswiek, Jürgen Schwarz, Wolfgang Seifert, Alexander Uschakov, Die Vereinigung Deutschlands, Aspekte innen-, außen- und wirtschaftspolitischer Beziehungen und Bindungen, Berlin 1992, mit Texten auch zur Konfiskation des sudetendeutschen Eigentums in der ČR; Dieter Blumenwitz, Hans von Mangoldt, Menschenrechtsverpflichtungen und ihre Verwirklichung im Alltag, Bonn 1990

85 Christof Dahm (Hrsg.), Die Verständigung der deutschen

Vertriebenen mit den östlichen Nachbarn, Bonn 1992; Otto Kimminich, Deutschland und Europa – Historische Grundlagen, Berlin 1992; Christof Dahm (Hrsg.), Verständigung der Deutschen mit den östlichen Nachbarn, Bonn 1992; Rudolf Hilf, Deutsche und Tschechen, München 1986

86 Vgl. Felix Ermacora, Die sudetendeutschen Fragen, München 1992

87 Fred Borth, Aus der Heimat vertrieben, München 1993; Ota Filip, Die stillen Toten unterm Klee. Wiedersehen mit Böhmen, München 1993; Ferdinand Wenzel, Der deutsch-tschechische Zwist, Fulda 1992; Friedrich Prinz (Hrsg.), Deutsche Geschichte im Osten Europas, Berlin 1993; Arnulf Rieber, Thomas Garringue Masaryk als Philosoph, in: »Sudetenland«, Heft 3, München 1993, S. 227 ff.; Hans Schenk, Die böhmischen Länder, ihre Geschichte, Kultur und Wirtschaft, Köln 1993; Theodor Veiter, Österreich und die sudetendeutsche Frage 1918–1938–1988, Wien 1988; Theodor Veiter und Friedrich Klein, Vertreibung, Zuflucht, Heimat, Band III der Abhandlungen zu Flüchtlingsfragen, Wien 1962

88 Näheres in: »Sudetenpost« vom 13. Mai 1993 und vom 8. Juli 1993 mit Hinweis auf die Äußerungen des Witiko Bundes, daß es ein folgenschweres Versäumnis der Alliierten war, keine Abrechnung über das durch Prag entzogene Vermögen der Sudetendeutschen festzulegen.

89 Christof Dahm (Hrsg.), Verständigung der Deutschen mit den östlichen Nachbarn, Bonn 1993; ferner die auf die Sudetendeutschen Bezug habenden Beiträge im »Königsteiner Jahrbuch 1994« Königstein Ts, Sommer 1993

90 Uwe Müller (Chefredakteur der deutschsprachigen »Prager Zeitung«), Die deutsche Volksgruppe in der Tschechoslowakei – Chancen und Perspektiven, Bonn, Forum für Kultur und Politik, Kulturstiftung der deutschen Vertriebenen, Band 6, Februar 1993

91 Uwe Müller, a.a.O., S. 23; Tomas Stanek, Die deutsche Minderheit in den böhmischen Ländern, 1948–1989, Vortrag auf der Tagung »Die verschwiegene Minderheit« Jihlava/Iglau vom 10./12. April 1992, Manuskript im Besitz von Uwe Müller

92 Prager Volkszeitung, Nr. 27/1991
93 Sudetendeutscher Pressedienst (SdP) Nr. 4/1993 vom
   11.10.1993
94 Monika Glettler, Das tschechische Vereinswesen in Wien
   um 1900, in: »Die Volksgruppen in Österreich«, Wien
   1979, S. 285 ff.; Karel Brousek, Wien und seine Tschechen, Wien 1980; Arnold Suppan, die österreichischen
   Volksgruppen. Tendenzen und ihre gesellschaftliche Entwicklung im 20. Jahrhundert, München 1983
95 Hartmuth Binder, Prager Profile, vergessene Autoren im
   Schatten Kafkas, Berlin 1991; Hartmuth Binder, Franz
   Kafka und die prager-deutsche Literatur. Deutungen und
   Wirkungen, Berlin 1988; Christof Dahm (Hrsg.), Die Ver-
   ständigung der deutschen Vertriebenen mit den östlichen
   Nachbarn, Berlin 1993; Hans Schenk, Die böhmischen
   Länder, ihre Geschichte, Kultur und Wirtschaft, Köln
   1993; Theodor Veiter, Die sprachlichen Minderheiten in
   Mittel- und Osteuropa – Rechtslage und Problemstellung,
   in: Felix Ermacora, Hannes Tretter, Alexander Pelzl
   (Hrsg.), Volksgruppen im Spannungsfeld von Recht und
   Souveränität in Mittel- und Osteuropa, Kapitel ČSFR,
   Wien 1993; Elisabeth Lichtenberger, Wien/Prag, Metro-
   polenforschung, Wien 1993
96 Andreas Moritsch, Vom Ethnos zur Nationalität,
   Wien/München 1991; Theodor Veiter, Das Recht der
   Volksgruppen und Sprachminderheiten in Österreich,
   Wien 1970; Theodor Veiter, Nationalitätenkonflikt und
   Volksgruppenrecht. Entwicklung, Rechtsprobleme,
   Schlußfolgerungen, Wien 1977; Theodor Veiter, Volks-
   gruppenrecht, 1918–1938, Wien 1980; Theodor Veiter,
   Vertreibung, Zuflucht, Heimat, herausgegeben gemeinsam
   mit Friedrich Klein, Wien 1962; Andreas Moritsch
   (Hrsg.), Vom Ethnos zur Nationalität. Der nationale Diffe-
   renzierungsprozeß am Beispiel ausgewählter Orte in Kärnten und im Burgenland, Wien/München 1991; Dieter Blumenwitz, Gilbert Gornig, Minderheiten und Volksgruppenrechte in Theorie und Praxis, Wege in eine gemeinsame
   Zukunft mit den östlichen Nachbarn, Bonn 1993; Carmen
   Schmidt, Der Minderheitenschutz in den Baltischen Staaten, Bonn 1993; Dieter Blumenwitz, Der Begriff der Min-

derheit/Volksgruppe, in: »Deutschland und seine Nachbarn. Forum für Kultur und Politik«, Heft 6, Februar 1993, Bonn; Dieter Blumenwitz, Hans von Mangoldt, Fortentwicklung des Minderheitenschutzes und der Volksgruppenrechte in Europa, Köln 1992; Heinz Günther Steinberg, Die Bevölkerungsentwicklung in Deutschland im Zweiten Weltkrieg, mit einem Überblick über die Entwicklung von 1945 bis 1990, Forum für Kultur und Politik Nummer 5, Bonn 1991; H. Löffler, Die sudetendeutschen und das Selbstbestimmungsrecht – eine Chronik von 1918-1992, in: Deutsche Geschichte Heft 3–4, 1992, S. 122 ff.; Report of the meeting of experts on national minorities, Genf (KSZE) 1991; Theodor Veiter, Entwürfe für ein Europäisches Volksgruppenrecht, Referat auf dem AWR-Kongreß 1993 in Travemünde zum Abdruck vorgesehen im AWR-Bulletin, Wien 1993

97 Näheres in »Sudetenpost« Wien/Linz, Folge 20 vom 21.10.1993

98 Siehe den großen Leitartikel in der »Sudetenpost« vom 21.10.1993

99 Siehe den Leitartikel in der »Sudetenpost« vom 25.2.1993 von Franz Neubauer

100 Näheres hierzu in dem Bericht »Impressionen aus dem mährischen Schlesien, in: »Königsteiner Jahrbuch« 1994, Königstein 1993, S. 27 f.

101 Verfassung der Slowakischen Republik, Verlag TASR, Preßburg/Bratislawa 1992; Joseph M. Rydlo, La Slovaquie une Nation au Coeur de L'Europe. In der slowakisch-europäischen Zeitschrift »Europa Vincet« Preßburg/Bratislawa, Nr. 5/1993

102 Näheres in der »Sudetenpost« vom 23.10.1993

103 Ludwig von Gogolák, Beiträge zur Geschichte des slowakischen Volkes, I. Die Nationswerdung der Slowaken und die Anfänge der tschechoslowakischen Frage (1526–1790), München 1963; Ludwig von Gogolák, Beiträge zur Geschichte des slowakischen Volkes, II. Die slowakische nationale Frage in der Reformepoche Ungarns (1790–1848) München 1969; Ludwig von Gogolák, Beiträge zur Geschichte des slowakischen Volkes, III. Zwischen zwei Revolutionen (1848–1919), München 1973; Ludwig von

Gogolák, Zum Problem der Assimilation in Ungarn in der Zeit von 1790–1918, Südostdeutsches Archiv, Band 9, München 1946; Ludwig von Gogolák, Ungarns Nationalitätengesetz und das Problem des magyarischen National- und Zentralstaates, in: Adam Wandruszka und Peter Urbanitsch, a.a.O., Die Habsburger Monarchie, 1848–1918, Band III, Die Völker des Reiches, Akademie der Wissenschaften, Wien 1980; Jiři Kořalka, Tschechen im Habsburger Reich und in Europa 1815–1914, München 1991 – behandelt die Geschichte der Slowaken und der Slowakei überhaupt nicht, was wohl auch damit zusammenhängt, daß er ein Verfechter des bei den Tschechen hochangesehenen Hussitismus ist und ab 1975 am Museum der revolutionären Hussitenbewegung in Tabor eine Position erwarb, die auch mit der Gründung des von ihm geschaffenen Husitský Tabor zusammenhing. Man muß dazu auch bemerken, daß Jiři Kořalka zwar ein außerordentlich fruchtbarer Autor zahlreicher Abhandlungen in tschechischer und in deutscher Sprache ist, seine antideutsche Grundhaltung aber überall durchschlägt, und daß es Sudetendeutsche gibt bzw. gab, übergeht er geradezu grundsätzlich. Dabei muß aber bedacht werden, daß der Gegensatz zwischen der Slowakischen und der Tschechischen Republik nicht zuletzt auch auf den tiefreichenden religiösen Gegensatz zwischen dem Hussitismus in Böhmen und den sehr betonten Katholizismus in der Slowakei zurückzuführen ist. Hier ist es am Platze, den Wiener rechtsextremistischen Journalisten Hans Rauscher in seine Schranken zu weisen, der in der Wiener Wochenschrift »Wirtschaftswoche«, Nr. 24 vom 11.-17. Juni 1992 die Behauptung aufstellte, daß die damals noch gar nicht existierende, sondern erst geplante Slowakische Republik eine nationalkommunistische, sozialistische Republik sei. Vgl. dem gegenüber den Artikel mit dem Titel »Böswillig Böses unterstellen – was ist das?« von Peter Lapas in der slowakischen Zeitschrift »Europa vincet«, Nr. 1, 1993

104 Ján Bobák, Pittsburgh Agreement and Slovak-Czech-Relations, in: »Europa Vincet«, Nr. 3, Preßburg/Bratislava 1993; Monika Glettler, Pittsburgh/Wien/Budapest. Programm und Praxis der Nationalitätenpolitik bei der Aus-

wanderung der ungarischen Slowaken nach Amerika um 1900, Wien 1980; J. Beliansky, Referent Pier, 3 Fragen betreffend das Schicksal des Pittsburgher Pakts, Cleveland 1993; Milan S.Ďurica, La Slovaquie et ses efforts vers l'indépendence (de 1848 à 1938) mit Ausführungen über die geplant gewesene Autonomie der Slowakei, in: »Slowak Studies« (1988–1989) Bratislava 1992 – mit Fotokopie des tschechisch-slowakischen Abkommens mit allen Unterschriften.

105 Abgedruckt in französischer Übersetzung in den Slovak Studies 1988–1989 von der Slovak Akademic Press, Bratislawa 1992, S. 78–84; ferner die grundlegende Abhandlung des slowakischen Autors František Vnuk über die slowakisch-tschechischen Beziehungen in der Nachkriegs-Tschecho-Slowakei 1945–1948, in den Slovak Studies 1988-1989, Preßburg/Bratislawa 1992, S. 85–127; ferner Joseph A. Mikuš, Slowaki as an Unconstitutional Status in Czecho-Slovakia in den Slovak Studies 1988–1989, Preßburg/Bratislava 1992, S. 128–147, dort maßgebende weitere Literatur.

106 Siehe Milan S.Ďurica, La Slovachia e le sue relazioni politiche con la germania, 1938–1945, Padua 1964

107 Siehe hierzu Theodor Veiter, Politik, Gesellschaft, Wissenschaft. Memoiren aus Politik und Zeitgeschichte, Innsbruck/Thaur 1993; Theodor Veiter, Österreich und die sudetendeutsche Frage 1918–1938–1988, Sudetendeutsche Landsmannschaft Österreich, Wien 1988; Theodor Veiter, Volkstum zwischen Moldau, Etsch und Donau, Wien 1971; Theodor Veiter, Boris Meissner, Das Potsdamer Abkommen und die Deutschlandfrage, Wien 1989; Theodor Veiter, Das Volksgruppenrecht. Element einer föderalen Ordnung Europas in Constantopoulos-Festschrift, Thessaloniki 1990; Karin Schmid, Die Slowakische Republik 1939–1945: eine staats- und völkerrechtliche Betrachtung, Berlin 1982. Dieses Buch ist von grundlegender Bedeutung und übersieht nicht, daß die Slowakische Republik als Schutzstaat des Deutschen Reiches gegolten hat. Dies kam allerdings nur in ganz seltenen Verordnungen der slowakischen Regierung zum Ausdruck, so vor allem im sogenannten Judenkodex, der wohl das Haarsträubendste war,

was der Antisemitismus je hervorgebracht hat, allerdings in der Praxis nicht angewendet wurde. Die deutsche Übersetzung erfolgte durch die Wiener Handelskammer.

108 Die »Furche« nennt sich nunmehr »Die neue Furche«, dies seit Umwandlung ihres äußeren Bildes ab 30.9.1993, die keine wirklich katholische Zeitschrift mehr ist und prominenten SPÖ-Autoren wie Norbert Leser und anderen ihre Spalten geöffnet hat. Sie erscheint aber jetzt in einem ausgesprochen katholischen Verlag, nämlich der Styria in Graz. Als katholische Wochenschrift im strengen Sinne kann in Österreich außer den diözesanen Blättern nur noch »Präsent« in Innsbruck angesehen werden.

109 Frankfurter Allgemeine Zeitung vom 1.10.1993; Sudetenpost (Beitrag von Alfred Langer) vom 21.10.1993. In der Slowakei hat sich der Karpatendeutsche Verein konstituiert, der heute über 30 Ortsgruppen verfügt und seit 1992 eine Monatszeitung »Karpatenblatt« herausgibt. Nicht zu verwechseln mit der Zeitschrift Karpathian Observer, der auch die übrigen Karpatenländer behandelt und »Nemzetör Donaubote«, beide in München, die aber beide auch slowakische Themen behandeln.

110 Alle erforderlichen Einzelheiten finden sich bei František Vnuk, Slovak-Czech relations in post-war Czecho and Slovakia 1945–1948, in: Slovak Studies Band XXVIII–XXIX 1988–1989, Preßburg/Bratislava 1992, S. 85 ff.: Die Lebensgeschichte von Jozef Tiso wurde von Milan S. Durica geschrieben (Die slowakische Politik 1938–1939 im Lichte der Staatslehre Tisos, Bonn, Emil Semmel-Verlag 1967), vor allem aber von Lisa Guarda Nardini Tiso: une doctrine chretienne sur la Nation in Slovak Studies 1988–1989, Bratislava 1992, S. 148 ff.

111 Hier sei erwähnt das Buch von Jiři Grusa-Eda, Krisevá-Peter Pithart, Prag, München 1993

112 Toni Herget, »Was wäre den Tschechen erspart geblieben, wenn . . .«, in: »Sudetenpost«, Wien/Linz vom 25.3.1993; dort auch den Leitartikel, Slowakei: Lehrbeispiel für schwierige Politik mit Prag.

113 Felix Ermacora, Die sudetendeutschen Fragen, Rechtsgutachten mit dem Text des Vertrages zwischen der Bundesrepublik Deutschland und der Tschechischen und Slowa-

kischen föderativen Republik über gute Nachbarschaft und freundschaftliche Zusammenarbeit, München 1992; Fritz Peter Habel, Die Sudetendeutschen – mit Beiträgen von Siegrid Kanz, Richard W. Eichler, Widmar Harder, Horst Kühnel, Friedrich Prinz und Walli Richter, Studienbuchreihe der Stiftung Ostdeutscher Kulturrat, München 1992, mit Literaturhinweisen; Walter Becher, Zeitzeuge. Ein Lebensbericht, München 1990; Fritz Peter Habel (Hrsg.), Dokumente zur Sudetenfrage, München 1990; Horst Rudolf Übelacker, Die Zukunft Europas und das Sudetenland, Tübingen 1992; Rolf-Josef Eibicht (Hrsg.), Die Sudetendeutschen und ihre Heimat. Erbe-Auftrag-Ziel, München 1991; Dieter Blumenwitz, Der Prager Vertrag, Kulturstiftung der deutschen Vertriebenen, München 1985

114 Siehe die vom Hussiten Museum in Tabor herausgegebene Jubiläumsschrift Český Historik Jiří Kořalka, Tabor 1991; Ackermann Gemeinde, Mitteilungsblatt Nr. 43/1992, Mai-Juni 1992; Sudetendeutsche Zeitung, München vom 24.4.1992; Prager Zeitung Nr. 17 vom 23.4.1992, Tomás Stanek, Die deutsche Minderheit in den böhmischen Ländern, 1948–1989, Vortrag bei der Tagung »Die verschwiegene Minderheit« Iglau/Jihlava vom 10.–12.4.1992

115 Näheres in dem umfassenden Bericht »Von der verschwiegenen zur anerkannten Minderheit«. Die Deutschen in der Tschechischen Republik, in: »Sudetenpost« Linz, Nr. 20 vom 21.10.1993

116 Näheres in Europa Ethnica, Heft 3, Wien 1993, mit Beiträgen über die Domowina von Ludwig Elle und Auszügen aus den Verfassungen des Freistaates Sachsen und des Landes Brandenburg; Koen Zondag, Bilingual education in Friesland: facts & prospects, Leeuwarden 1993; Carl Boehm, Die jüngere politische und kulturelle Entwicklung der dänischen nationalen Minderheit in der Bundesrepublik Deutschland und der deutschen nationalen Minderheit im Königreich Dänemark unter besonderer Berücksichtigung des friesischen Bevölkerungsteils in der Bundesrepublik, Hamburg 1991; Theodor Veiter, Die Rechtsstellung der Sprach- und Volksgruppen in der Bundesrepublik Deutschland, in: »Europa Ethnica« Jahrgang 1969

117 Arnold Suppan, Die österreichischen Volksgruppen. Ten-

denzen ihrer gesellschaftlichen Entwicklung im 20. Jahrhundert, München 1983; Karl M. Brousek, Wien und seine Tschechen, Band 7 der Schriftenreihe des Österreichischen Ost- und Südosteuropa Instituts 1980; Staatslexikon, Band 6 der Neuauflage, Freiburg i.Br. 1992

118 Näheres in »Deutscher Ostdienst« vom 3.9.1993; dort auch ein Artikel über Albert Reich als einem Pionier der Versöhnung zwischen Deutschen und Tschechen

119 Abgedruckt in »Sudetenpost« am 28.3.1993

120 »Hrvatske Novine« Eisenstadt vom 29.10.1993

121 Näheres in »Europastimme«, Feldbach, der Zeitung der Europäischen Föderalistischen Bewegung und des Bundes Europäischer Jugend vom September/Oktober 1993

122 Näheres bei Theodor Veiter, Entwürfe für ein Europäisches Volksgruppenrecht, Hauptreferat für den AWR-Kongreß in Travemünde bzw. im AWR-Bulletin, Wien 1993

123 Im Verlag Wilhelm Braumüller in Wien als Buch der Reihe Ethnos Nr. 42 ISBN 3-7003-0989-9, wozu zu bemerken wäre, daß die vor Jahrzehnten gegründete Buchreihe »Ethnos« von Prof. Dr. Franz Hyroniemus Riedl, Innsbruck, und vom Verfasser des vorliegenden Buches ins Leben gerufen wurde.

124 Siehe Christian Hillgruber, Mattias Jestaedt, Die europäische Menschenrechtskonvention und der Schutz nationaler Minderheiten, Bonn, Kulturstiftung der deutschen Vertriebenen/Studiengruppe für Politik und Völkerrecht 1993 mit der unwahren Behauptung, es handle sich dabei um Forschungsergebnisse der Studiengruppe, jedenfalls nicht aller ihrer Mitglieder, zum Beispiel auch nicht des Verfassers. Es fällt auch auf, daß die Verfasser dieses Buches sich im wesentlichen auf die sehr betont deutschfeindlichen Autoren Lucius Wildhaber bzw. Wildhaber-Breitenmoser, sowie Frowein/Peukert stützen und trotz zum Teil hervorragender Quellenangaben übersehen, daß nach dem Erscheinen dieses Buches erst die Wiener Weltmenschenrechtskonferenz und das Wiener Gipfeltreffen der Mitgliedstaaten des Europarates zum Thema des Schutzes nationaler Minderheiten und der europäischen Menschenrechtskonvention vorgesehen waren. Das Buch des betont

deutschnationalen Autors Christian Hillgruber und Mathias Jestaedt ist daher weitgehend überholt und unverwendbar. Auch fehlen alle Hinweise auf die meisten maßgebenden Autoren zum Minderheitenschutz wie Felix Ermacora, Hannes Tretter, Peter Pernthaler, Hans Klecatsky, Arnold Suppan, Manfred Nowak, Otto Kimminich, Edda Weiß, Danilo Türk, Philip Blair, Fried Esterbauer, Gudmundur Alfredsson, Emil Kontantinov, Franz Ludwig Graf von Stauffenberg, Paul Apovnik, Gerhard Hafner, Silvo Devetak.

125 Kant und der Frieden in Europa, Publikation der Ost-Akademie in Lübeck-Travemünde, 1992

126 Herbert Czaja, Unbestimmt formulierte Signale der »Wiener Erklärung«, in: Deutscher Ostdienst vom 22.10.1993

127 Deutscher Ostdienst Bonn vom 22.10.1993, dort weitere Hinweise.

128 Dr. Adan Al Sheikly, Die Kurdenfrage, Bregenz 1993. Die Studie ist vor allem durch die äußerst umfangreiche Bibliographie gekennzeichnet und bereichert.

129 Näheres in: Euskadi Information Bayonne (Ekin), Postfach 424

130 Darauf verweist W.M. Riegel in den Vorworten zu seinem dreibändigen Werk »Die Vertreibung der deutschen Bevölkerung aus den Gebieten östlich der Oder-Neiße«, Sonderausgabe, Augsburg 1993, mit Hinweisen auch auf die Vertreibung der Sudetendeutschen und Erklärungen des tschechischen Staatspräsidenten Václav Havel; Dokumentation »Die Vertreibung der deutschen Bevölkerung aus der Tschechoslowakei«, Band IV/I, Frankfurt DTV. 1984; Rudolf Hilf, Deutsche und Tschechen, München 1986; Wenzel Jaksch, Europas Weg nach Potsdam, München 1962; Eduard Beneš, Lidowá Demokracie, Prag III, Nr. 118 vom 21.5.1945; Johann Wolfgang Brügel, Die Aussiedlung der Deutschen aus der Tschechoslowakei, in: Vierteljahreshefte des Instituts für Zeitgeschichte Nr. 8/1960; Eduard Beneš, Memoirs, London 1947; Dieter Blumenwitz, Die Beneš-Dekrete aus dem Jahre 1945 unter dem Gesichtspunkt des Völkerrechts, in: Forum für Kultur und Politik der Kulturstiftung der deutschen Vertriebenen, herausgegeben von Odo Ratza, Bonn 1993

131 Über den Lastenausgleich gibt es eine Fülle an Publikationen. Wir erwähnen hier aber nur die Publikationen des ehemaligen Präsidenten des Lastenausgleichsamtes in Bad Homburg v.d.H. Karl Heinz Schaefer.

132 Näheres im Vorwort zu Band 1 der dreibändigen »Vertreibung der deutschen Bevölkerung aus den Gebieten östlich der Oder-Neiße« herausgegeben vom ehemaligen Bundesministerium für Vertriebene, Flüchtlinge und Kriegsgeschädigte, Band I/1 Augsburg 1993, S. III

133 Die Sudetenfrage in der deutschen Politik, herausgegeben vom Sudetendeutschen Rat, München 1965. Am 5.11.1962 folgte dann die Schirmherrschaftserklärung des Freistaates Bayern für die Deutschen in Böhmen, Mähren und Schlesien (die Schirmherrschaftserklärung erfolgte bereits anläßlich des 5. Sudetendeutschen Tages zu Pfingsten 1954 in München)

134 Abgedruckt von Dieter Blumenwitz in seiner Abhandlung »Die Beneš-Dekrete« aus dem Jahre 1945 unter dem Gesichtspunkt des Völkerrechts in Heft 6 des von Odo Ratza herausgegebenen Forums für Kultur und Politik, Bonn 1993; Deutsche Übersetzung auch bei J.J. Boehme-Wenzel vom 23.11.1992; Dokumente zur Vertreibung der Sudetendeutschen, München 1992; Felix Ermacora, Die sudetendeutschen Fragen, Rechtsgutachten, München 1992, mit Betonung, daß die Konfiskation des Vermögens der Sudetendeutschen als Kriegsverbrechen zu gelten hat. Horst Übelacker, Die Zukunft Europas und das Sudetenland, Tübingen 1992; Boris Meissner, Theodor Veiter, Das Potsdamer Abkommen und die Deutschlandfrage II, Wien 1986; Eckart Klein, Das Selbstbestimmungsrecht der Völker und die Deutsche Frage, Berlin 1990; Dieter Blumenwitz, Minderheiten- und Volksgruppenrecht, aktuelle Entwicklung, Bonn 1992; Dieter Blumenwitz, Hans von Mangoldt (Hrsg.), Fortentwicklung des Minderheitenschutzes und der Volksgruppenrechte in Europa, Bonn 1992; Christoph Pan, Grundrechte der europäischen Volksgruppen, Travemünde (43. internationaler Kongreß der AWR) 1.10.1993

135 »Sudetenpost«, Wien/Linz vom 11.6.1993

136 Sudetendeutsche Zeitung vom 18./19.4.1992

137 Näheres in: »Sudetenpost« Wien/Linz vom 8.7.199

138 Wortlaut im Deutschen Ostdienst/DOD vom 15.10.1993

139 Austria Presseagentur und Salzburger Nachrichten vom
    7.12.1993

140 »Sudetenpost«, Wien/Linz vom 2.9.1993

Personenregister

A

Auen, Lodgman von, Rudolf 26

B

Badeni, Kasimir 20
Becher, Walter 27, 46, 94, 118
Beneš, Eduard 7, 26, 29, 38, 101
Blair, Philip 111
Blehova, Marta 84
Bochemus, Stammvater der Tschechen 14
Boehm, Dr. Carl 110
Booms, Dr. Hans 117
Braumüller, Wilhelm 56
Broszat, Dr. Martin 117
Büchel, Markus 112

C

Cernak, Oldrich 48
Ciller, Tansu 113
Clary-Aldringen, Manfred Graf von 21
Clerides, Glavkos 112
Coppa, Giovanni 123
Croix, Feaux de la 53
Cuden, K. 101
Czaja, Dr. Herbert 38, 112

D

Dienstbier, Jiři 59
Diestelkamp, Dr. Adolf 117

Dubček, Alexander 48
Ďuriča, Milan S. 101

E

Eder, Karsten 56f.
Erhard, Ludwig 61
Ermacora, Dr. Felix 59, 64, 74, 94, 104, 109ff.

F

Fabjan, Klaus 109
Ferdinand I. 19
Festa, Dr. Friedrich 54
Filip, Ota 49, 87
Fischel, Alfred 23
Flor, Dr. Fritz 105
Franz Josef II. (Fürst von Liechtenstein) 10
Franzel, Emil 101
Friedrich II., preuß. König 25
Fuchs, Dr. Günther 53

G

Galandauer, Jan 87
Gasparovič, I. 98
Gautsch, Paul 20
Gawlik, Stanislaw 8
Gayda, General 25
Genscher, Hans-Dietrich 58, 124
Glier, Poldi 52

H

Habel, Fritz Peter 42, 94

N

Nardini, Lisa-Guarda 101
Neubauer, Franz 66, 88
Nohel, Josef 53
Nováka, Ama 87
Novotný, Antoný 48
Nowak, Manfred 74

O

Oberleithner, Adalbert 53
Okali, Iwan 87
Olbert, Franz 91
Osuský, Stefan 101

P

Pachmann, Ludek 63
Pan, Dr. Christoph 80, 109
Papke, Dr. Gerhard 117
Péchota, V. 87
Pelzl, Alexander 111
Perelli (Sektionschef) 54
Peters, Dr. Gustav 27
Preußler, Otfried 96
Pribreský, Dr. Andreas 84

R

Rádl, Emanuel 23
Rantasz, Leo 54
Reitzner, Richard 46
Renner, Karl 23, 30
Riedl, Franz H. 111
Rothfels, Dr. Hans 117
Rutha, Heinz 27, 37

S

Sané, Pierre 73
Satava, Leoš 89
Schaefer, Dr. Karl Heinz 56
Schembera, Dr. Emil 52ff., 56

Schieder, Dr. Theodor 117
Schnürch, Roland 125
Schuschnigg, Dr. Kurt 38
Schütz, Hans 46
Schwab, Elisabeth 52, 54
Schwagula, Dr. Karl 39
Sekyra, Jon 101
Seliger, Jodok 26
Skene, Alfred 23
Skubiszewski, Außenminister 78
Slawinski, Elona 87
Smahel, František 87
Smikallaes, Heinrich 117
Spann, Othmar 27f.
Springer, Rudolf, Pseudonym von Renner, Karl siehe dort
Staerk, Jana 84
Stalin, Josef 117
Stanik, Jana 87
Stauffenberg, Franz Ludwig Graf 111
Steiner, Dr. Ludwig 110
Stelzenberger, J. 101
Stingl, Dr. Josef 10. 73, 91
Stoiber, Edmund 7, 66f., 85f., 121
Studený, Stephan 52, 54
Suppan, Arnold 12, 83

T

Teichová, Dr. Alice 84, 87
Tiso 101, 103f.
Tiso, Jožef 85, 101, 103f.
Tretter, Hannes 111

U

Übelacker, Horst Rudolf 10, 94, 104
Urban, Prof. Otto 87

235

V

Vlk 108
Vlk, Melošav 68, 90, 108
Vosalik, Dr. Pavl 60
Vranitzky, Dr. 96

W

Waldheim, Dr. Kurt 57
Walesa, Lech 68
Weiß, Dr. Edda 109, 111

West, Rolf 105
Wierer, Rudolf 13
Wieser, Friedrich 23
Wilson, Woodrow 31
Winckler, Rudolf 52
Wintersberger 105

Z

Zielenieč, Josef 43
Zigrai, Dr. Florin 84
Zvara, Jurj 89

Bitte beachten Sie
die folgenden Seiten

Bücher zum Thema

Reden und Aufsätze von Herbert Czaja aus 25 Jahren. Ein Kompendium zur Ost- und Deutschlandpolitik, sowie ein Einblick in die politischen Ziele des Autors.

Herbert Czaja
Unsere sittliche Pflicht
Leben für Deutschland
352 Seiten, 8 Seiten Abb.
Langen Müller

Leben und Wirken des großen Europäers und Kaisersohnes Otto von Habsburg. Bilder, Dokumente und Gespräche machen dieses Buch zum spannenden Geschichtswerk.

Erich Feigl
Otto von Habsburg
Profil eines Lebens
232 Seiten mit 200 Abb.
Amalthea

Kenntnisreiche Analyse der historischen und politischen Elemente und Faktoren, Kräfte und Konstellationen, die zu der Potsdamer Konferenz 1945 führten.

Wenzel Jaksch
Europas Weg nach Potsdam
534 Seiten · Langen Müller

Bernd Posselt hat seit Anfang der achtziger Jahre die Untergrundarbeit der Paneuropa-Union gegen die kommunistischen Regime koordiniert und fast alle Umwälzungen von 1989 bis zum Moskauer Putsch von 1991, in dem sich die Sowjetunion auflöste, am Ort des Geschehens erlebt.

Bernd Posselt
Sturmzeichen
320 Seiten · Amalthea

Eine gründliche Untersuchung der für die Gegenwart entscheidenden 100 Jahre der böhmischen Geschichte.

Friedrich Prinz
Geschichte Böhmens 1848–1948
480 Seiten, 16 Seiten Bildteil mit 36 Abb.
Langen Müller

Die Lebenserinnerungen eines bedeutenden Zeitzeugen dieses Jahrhunderts als Vertriebener, objektiver Politiker und beobachtender Publizist.

Walter Becher
Zeitzeuge
496 Seiten mit 51 Abb. und Dokumenten
Langen Müller

Mit dem erinnernden Blick
auf die Geschichte bietet sich
Deutschen und Tschechen
die Chance, Nachbarschaft in
europäischem Geist auf-
zubauen.

Bayerische Landeszentrale für
politische Bildung (Hrsg.)
Heimkehr nach Europa
Neue bayerisch-böhmische
Nachbarschaft
366 Seiten
Langen Müller

Am Beispiel eines Dorfes im
Böhmerwald schildert die
Autorin die Folgen der Ver-
treibung, ohne Verschöne-
rung und Vorurteile – Ein
Plädoyer für Menschlichkeit.

Sidonia Dedina
Als die Tiere starben
216 Seiten
Langen Müller

Ein facettenreiches Bild der
Stadt, umwoben von Ge-
schichten, Sagen und Legen-
den und mit eigenen Erinnerungen liebevoll und ohne
Groll durchsetzt.

Gerhard Scholten
Mein Prag
Erinnerungen an die Stadt
meiner Jugend
216 Seiten
Amalthea

Keine Geschichte der Slowakei, sondern eine Geschichte
der Beziehungen seiner Be-
wohner zueinander.
800 Jahre deutsches Kulturgut in der Slowakei – ver-
sunken für alle Zeit?

Josef Spetko
Die Slowakei
Heimat der Völker
408 Seiten · Amalthea

Mit dem Niedergang der
Sowjetherrschaft wird der
Beginn neuer Beziehungen
zwischen Deutschen und
Tschechen ermöglicht. Dieses
Buch begegnet dem Nachhol-
bedarf an Informationen über
die jahrhundertelange
gemeinsame Geschichte.

Fritz Peter Habel
Die Sudetendeutschen
261 Seiten · Langen Müller

Überzeugende Information
über eine der bedeutendsten
Umwälzungen in der
deutschen Bevölkerungs-
geschichte der Neuzeit.

Ekkehard Kuhn
**Nicht Rache,
nicht Vergeltung**
Die deutschen Vertriebenen
368 Seiten mit 28 s/w-Abb. und
zahlr. Karten, Tabellen, Zeittafel
und Register
Langen Müller

Ein erschütternd genau dokumentiertes Buch über den Preis der Rache, den die geschlagenen Deutschen zahlten.

Marco Picone Chiodo
»Sie werden die Stunde verfluchen ...«
Sterben und Vertreibung der Deutschen im Osten
1944 – 1949
304 Seiten mit zahlr. Abb.
Herbig

Das zeitgeschichtliche Dokument eines einmaligen Vorgangs.

Willi Wanka
Opfer des Friedens
Die Sudetensiedlungen in Kanada
1938/1939
350 Seiten, zahlr. Abb.
Langen Müller

Kritische Beurteilung von Selbstbestimmungsrecht, Recht auf die Heimat und die Vermögenskonfiskation im Zuge der Vertreibung, gemessen an europäischen Rechtsmaßstäben.

Felix Ermacora
Die sudetendeutschen Fragen
284 Seiten
Langen Müller

Eine einfühlsame Wegweisung mit Bildern, die zum erinnernden Nachdenken führen und Texten, die aus der Nostalgie zur Gegenwart und Zukunft leiten.

Jiři Gruša · Eda Kriseová
Petr Pithart
Prag
144 Seiten
Langen Müller

40 Jahre nach Verkündigung der »Charta der deutschen Heimatvertriebenen« hat die zentrale Forderung nach Verwirklichung des Rechtes auf Heimat nichts an Aktualität verloren.

Hartmut Koschyk (Hrsg.)
Das Recht auf Heimat
Ein Menschenrecht
216 Seiten
Langen Müller

Ein Heimatvolk vertrieb das andere von Haus und Hof. In gesammelten Texten werden Flucht, Ausweisung und brutale Vertreibung der Sudetendeutschen dokumentiert.

Walli Richter (Hrsg.)
Letzte Tage im Sudetenland
472 Seiten
Langen Müller